D1562426

WITHDRAWN

WITHDRAWN

ENEAGRAMA

Andrea Vargas

ENEAGRAMA
¿Quién soy?

alamah

Eneagrama
¿Quién soy? Descubre tu personalidad y los secretos
para relacionarte exitosamente con los demás

Primera edición: 2008
Segunda edición: agosto de 2015

D. R. © 2008, Andrea Vargas

D. R. © 2015, derechos de edición mundiales en lengua castellana:
Penguin Random House Grupo Editorial, S.A. de C.V.
Blvd. Miguel de Cervantes Saavedra núm. 301, 1er piso,
colonia Granada, delegación Miguel Hidalgo, C.P. 11520,
México, D.F.

D. R. © diseño de cubierta: Penguin Random House/Jesús Guedea
D. R. © diseño de interiores: S Consultores en Diseño
D. R. © ilustraciones: Adriana Arbide
D. R. © fotografía de la autora: Flor Cortés

www.megustaleer.com.mx

Comentarios sobre la edición y el contenido de este libro a:
megustaleer@penguinrandomhouse.com

ISBN 978-607-31-3233-6

Impreso en México/*Printed in Mexico*

Dedicatoria

Para Guayo, con todo mi amor y cariño.
Gracias por tu paciencia y apoyo incondicional.

A mis hijas Andrea, Regina y Pamela.
¡Mil gracias por existir!

ÍNDICE

Agradecimientos

Gracias a mis alumnas y a todas las personas que con honestidad aportaron su testimonio y experiencia personal para enriquecer este libro.

Un agradecimiento especial a Adriana Arbide por los momentos tan divertidos que compartimos al trabajar juntas y por su creatividad e ingenio para darle vida a las personalidades a través de la caricatura.

Gracias a Carlota Gedovius por su entusiasmo y por su manera tan práctica de dirigirme y hacerme fácil y amena la ardua tarea de la redacción.

Gracias a Grupo Editorial Santillana, bajo el sello de Alamah, por apoyarme y creer en mí. En especial a Armando Collazos, Patricia Mazón, César Ramos, Sara Schulz, Rocío Salas y Cristina Paoli.

A Eugenia Ibarra por sus fotografías.

Y al más importante de todos: a Dios, por haberme puesto en este camino, con la esperanza de poder servir a otros.

Prólogo

Nunca imaginé que aquella llamada provocaría tantos cambios en mi vida:

—¡Gaby, ya lo descubrí, eres un tres!—. Eso fue lo que me dijo mi querida hermana, después de saludarme a través del celular, un día de hace como diez años.

—¿De qué me hablas, Andrea? ¡Un tres, de qué! ¿En dónde? ¿Por qué?...

—¡Del Eneagrama!—. Me contestó con gran seguridad.

—¿Del enea... qué?

—Gaby, acabo de salir de mi clase y te describieron exactamente como eres. ¡Es impresionante!

Con un poco de temor y mucha curiosidad me atreví a preguntar:

—Bueno y... ¿cómo soy?

Con la confianza que sólo una hermana tiene para decir las cosas, me soltó lo siguiente:

—Eres vanidosa, te encanta el reconocimiento de los demás, eres adicta al trabajo y te gusta ser el centro de atención. Esto sólo para abrir boca—. Yo quería decirle que no era cierto, pero no hice más que meter la cabeza entre los hombros y quedarme callada. Después, compadeciéndose del mazazo que me había dado, continuó:

—Pero no te creas, no todo es malo, también dijeron cosas buenas: eres muy eficiente, práctica, logras las metas que te propones, entre muchas otras virtudes que tienes... —Al fin respiré más tranquila. Después, intrigada, le pedí que me diera más información...

Poco tiempo después ella se volvió mi maestra y yo soy su fiel y obediente alumna. Me di cuenta de que había observado el mundo sólo a través de una pequeña ventana, *mi ventana* ¡Y qué había otras ocho totalmente diferentes para verlo y que todas eran igualmente correctas! Además, durante el tiempo que tomé clases con Andrea, descubrí la gran capacidad que tiene para hacer sencilla, divertida, comprensible y practica esta maravillosa información.

Posteriormente, la acompañé en tres ocasiones a San Francisco, California, para estudiar con Helen Palmer, una de las mayores autoridades en el tema. Nuestros compañeros de estudio eran de diversos países, profesiones y edades. Mi asombro creció por el profundo conocimiento de los instructores y las revelaciones sobre aspectos de mi personalidad, la de mi esposo, mis hijos, mis compañeros de trabajo y amigos; y por el hecho de comprobar cómo esta sabiduría traspasa todas las fronteras ideológicas y culturales.

¿Quién soy? ¿Por qué soy así? ¿Qué me motiva a hacer lo que hago? ¿Qué motiva a mis semejantes? o ¿Por qué el otro es como es? Son las preguntas esenciales en las relaciones humanas. Y como somos tan felices, según sean nuestras relaciones, el *Eneagrama* se vuelve simplemente un camino que nos hace más humanos, toca lo mas profundo de nuestro ser, de nuestra esencia y, al darnos cuenta de qué es lo que nos mueve, también podemos encontrar formas para ser mejores personas.

Puedo asegurarte que el Eneagrama ha sido para mí una maravillosa herramienta de crecimiento personal y, lo más importante, me ha servido enormemente para entender y relacionarme mejor con las personas que me rodean. Y te lo garantizo, querido lector, querida lectora, que lo será también para ti.

Cuando decidimos emprender el viaje hacia *Eneagrama* encontramos que las respuestas no son siempre halagadoras ni las soluciones fáciles; sin embargo, vivir en la superficialidad y reprimir nuestro lado oscuro de diversas maneras, como si todo estuviera bien en nosotros, tarde o temprano nos provocará un vacío mayor.

Pero si conocemos y observamos con más atención nuestra forma mecanizada de percibir, de sentir y de actuar, descubriremos que tenemos distintas formas de responder; entonces, la personalidad ya no nos gobierna: nosotros la gobernamos.

En este libro encontraras que el Eneagrama es una especie de mapa muy sencillo de paralelos y meridianos que, así como nos sirven para localizar los distintos países y sus latitudes en el mundo, éste nos sirve para localizar los espacios y rincones interiores, propios, y de los demás.

El propósito principal de este mapa interno es establecer en dónde estamos, saber quiénes somos, para luego planear la mejor ruta y así llegar a donde queremos.

Espero que este libro tenga el mismo impacto en tu vida como lo tuvo en la mía, gracias a esa llamada inesperada de Andrea que transformó mi vida por completo.

Dice Shunryu Suzuki: "Cuando tratas de entender todo, no entenderás nada. La mejor forma es entenderte a ti y entonces entenderás todo." Te garantizo que el *Eneagrama* es un buen comienzo. ¡Que disfrutes el libro!

Gaby Vargas

Prefacio

La primera vez que tuve contacto con el Eneagrama fue en el año de 1996, cuando mi vecina, Liz, me invitó a tomar un curso sobre números con un nombre muy raro: "Enea... quién sabe qué." Me dijo que en ese curso describen cómo eres de una manera "impresionante". No sé por qué, pero el tema llamó mi atención de inmediato.

Tuve la suerte de que mi primera maestra fuera Graciela Gómez, a quien le estoy muy agradecida. Ella es alumna y amiga personal de Claudio Naranjo, personaje fundamental en el mundo del Eneagrama.

El estilo de enseñanza de Graciela era muy afín a la escuela de Naranjo: sólo se enfocaba en la parte negativa de la personalidad. Era interesante pero, a la vez, resultaba un tanto amenazador ya que es difícil y doloroso escuchar y reconocer lo negativo, la sombra, los defectos que hay en cada uno de nosotros.

Cuando busqué mi personalidad en el Eneagrama creí que yo era un "UNO". Este tipo de personalidad representa la "IRA". Durante toda la vida, la gente me ha tachado de enojona y agresiva. Sin embargo, yo estaba equivocada pues el punto central de cualquier personalidad es ciego; es decir, no se percibe a simple vista. Hay que desenmascararlo y quitarle el disfraz para identificarlo a plenitud. Por tanto, concluí que yo no podía ser un "UNO" dado que estaba muy consciente de mi enojo.

Después, contesté un cuestionario y resultó que yo era un "TRES", pero no me "checaba" del todo. Continué observándome y leyendo diferentes libros sobre el tema, hasta que una frase del libro de Helen Palmer me abrió los ojos. Decía más o menos así: "... algunas personas disfrazan su miedo tras la apariencia de ser fuertes y agresivas." Me dije: "ésa soy yo." El libro era, *The Enneagram. Understanding Yourself and the Others in Your Life.*

Esa característica representaba a la personalidad "SEIS", cuyo punto central es el miedo. Yo nunca pensé ser miedosa; es más, siempre asumí que era muy fuerte y asertiva. ¿Cómo podía ser un "SEIS"? Enojona, mandona y envidiosa es probable, pero miedosa...

Como dice la frase: "Si te choca, te checa." Me chocó ser "SEIS". Yo quería ser "SIETE" o "TRES", que son más interesantes que un miedoso "SEIS". Me tomó seis meses aceptar mi personalidad pero, mientras más me observaba, más me percataba de cómo había encubierto o disfrazado mi miedo durante casi 30 años.

Al principio sentí horrible, me dolió el ego y me dio vergüenza, pero a la vez me dio luz para saber y aceptar mi realidad, con lo bueno y lo malo de mí. Entonces decidí que, o me quedaba en mi zona de comodidad o me ponía a trabajar con mi parte negativa. Decidí que al mismo tiempo podía aprovechar para desarrollar las cualidades de mi personalidad.

Entonces comenzó mi propio proceso interior. Hasta ese momento de mi vida nunca había pensado que pudieran existir diferentes tipos de personalidades. Pensaba que todos éramos parecidos, con diferentes educaciones, culturas o razas, pero creía que todos sentíamos, vivíamos y buscábamos más o menos lo mismo. Cuando descubrí que cada persona veía el mundo de manera muy diferente, se me abrió el panorama y el tema me apasionó. Quería saber más de mí y de la gente en general.

Convencí a mi hermana Gabriela de que me acompañara a San Francisco (porque me daba miedo ir sola). Se trataba de un curso que impartían Helen Palmer y el famoso psiquiatra de Stanford, David Daniels. La experiencia fue muy enriquecedora porque, en vez de ser una clase convencional, pasaban al frente los tipos "UNO", luego los tipos "DOS" y así las nueve personalidades en forma de panel. Los temas se exponían de manera muy cálida y humana. Se hablaba de la infancia, del trabajo, del amor... Al exponer cada uno su historia, los que estábamos como oyentes podíamos identificarnos con nuestro tipo de personalidad.

Durante tres años viajé a San Francisco hasta que me certifiqué como maestra de Eneagrama. De igual forma, terminé el proceso de Certificación del Enneagram Institute de Riso Hudson y con gran orgullo represento su escuela en México. Desde 2003 asisto anualmente a la Conferencia Internacional de Eneagrama (IEA), a la cual acuden representantes de todo el mundo y en donde se exponen las diferentes aplicaciones del Eneagrama. En México, junto con otras personas, fundamos la Asociación Internacional de Eneagrama capítulo México para todos aquellos que les interese esta poderosa herramienta.

Tuve la fortuna de conocer y asistir a varios entrenamientos de grandes maestros como: el SAT de Claudio Naranjo, Helen Palmer, David Daniels, Don Riso y Russ Hudson, Ginger Lapid-Bogda, Arnaldo Pangrazzi, Elizabeth Wagelo, Roberto Pérez, Jerome Wagner, Beatriz Chesnut, Thomas Candon y Mario Sikora, entre otros. Hasta la fecha he asistido a cuatro entrenamientos con ellos; sin embargo, quiero continuar mi aprendizaje sobre el misterio, la complicación y la maravilla que somos los seres humanos.

El propósito de escribir este libro no es descubrir el hilo negro. De eso ya se han encargado mis grandes maestros. Mi intención es transmitir de forma práctica, con palabras sencillas y con un toque de humor, lo que es el *Eneagrama*. Además de lo que he aprendido de mis maestros, aporto mi propia experiencia después de diez años de impartir clases sobre el Eneagrama. En ellas he podido observar tipos muy diferentes de personas.

En lo que a mi vida respecta, el Eneagrama ha sido un parteaguas. Por ello quiero compartir la luz que me dio, y todavía me da, para entenderme y entender a mis seres queridos.

Me doy por bien servida si alguna de las ideas o conceptos que presento en este libro te sirven para mejorar tu vida personal, tus relaciones de pareja, trabajo y familia. Una vez que despiertas, no puedes dejar pasar la vida.

Introducción

¿Qué es el Eneagrama?

El Eneagrama es una herramienta de psicología que nos ayuda a conocer y a entender, de una manera clara y profunda, nuestro tipo de personalidad y el de la gente que nos rodea.

El Eneagrama es un mapa del comportamiento humano. Está basado en nueve diferentes tipos de personalidad, las cuales nos revelan cómo funciona la mente, y nos permite ver y comprender por qué pensamos, sentimos y actuamos de tal o cual manera.

La palabra Eneagrama, tan rara y sofisticada, es de origen griego y se compone de dos partes: *enea,* que significa "nueve" y *grama,* "gráfica"; es decir, una gráfica de nueve.

Nueve formas diferentes de ver la vida, de percibirla, de filtrarla. Nueve maneras de sentir, de pensar y de reaccionar. Nueve diferentes tipos de personas que han desarrollado distintos caminos para sobrevivir y sentirse seguros. Todos son válidos y ninguno es mejor que otro.

Todos tenemos, en mayor o menor grado, tendencias de las nueve personalidades, ya que son características humanas. Sin embargo, como dice Helen Palmer, "hay un punto central o una energía que predomina más en mí y organiza todos mis pensamientos, sentimientos, acciones, planes... Este punto central es un punto ciego, porque es difícil detectarlo a simple vista".[1]

Lo importante no es saber en qué soy igual a los demás sino descubrir en qué soy diferente, para así poder identificar mi tipo de personalidad en el Eneagrama.

Cada una de las nueve personalidades son valiosas e importantes por igual. Cada una tiene tanto sus propios talentos como sus limitaciones específicas, y en esta diversidad radica la riqueza que se necesita para lograr la armonía del mundo.

¿Para qué me sirve conocer el Eneagrama?

- Me enseña a conocerme y aceptarme como soy en realidad, con mis habilidades y limitaciones, y dejar de aparentar lo que no soy.
- Me ayuda a mejorar mis relaciones con mis seres queridos y con la gente que me rodea, ya que puedo comprenderlos desde su personalidad y no desde mi punto de vista.
- Me ayuda a descubrir y a entender muchos aspectos desconocidos de mi personalidad, como: ¿qué es lo que estoy buscando?, ¿qué me mueve a actuar desde mi interior?, ¿cuáles son mis miedos, mis talentos y cualidades?, ¿qué es lo que me enoja?, ¿cuál es la parte difícil de mi personalidad que me causa problemas?
- Me muestra con exactitud en dónde me tienen atrapado mis pensamientos, mis miedos, mis defensas y mis conductas.
- Me indica cómo puedo crecer y madurar. De igual manera, me alerta para no caer en el deterioro y la autodestrucción.
- Me señala cómo percibo sólo una parte de la realidad. Así aprendo a conocer cómo la ven los demás.

---

[1] Palmer, Helen, *Enneagram Professional Trainning Program.*

¿Cuál es el principal objetivo del Eneagrama?

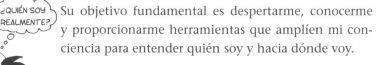

Su objetivo fundamental es despertarme, conocerme y proporcionarme herramientas que amplíen mi conciencia para entender quién soy y hacia dónde voy.

Sin darme cuenta, a lo largo de mi vida he adquirido hábitos mecánicos y repetitivos que me han servido para sentirme seguro, para sobrevivir y para ser querido y aceptado. De igual forma, he aprendido a crear barreras y defensas para no ser lastimado.

Por desgracia, todas estas conductas automáticas que tuvieron un propósito positivo, que es protegerme, en un momento dado llegan a atraparme y se vuelven en mi contra.

Un ejemplo: de chico, para evitar que me lastimaran, aprendí a protegerme siendo fuerte y agresivo. He repetido tantas veces este comportamiento que ya forma parte de mi personalidad; entonces, cuando siento que algo me amenaza, este comportamiento se dispara de manera involuntaria, lastima a otras personas y me impide crecer.

El objetivo es reconocer cuáles son mis hábitos repetitivos y darme cuenta, con plena conciencia, en qué momento empieza a actuar esta conducta mecánica y compulsiva, y tener la habilidad de separarme de mí para observar cómo actúa mi personalidad. En ese instante, debo aprender a detenerme, a no engancharme, a romper con esa compulsión que tengo de quejarme, de corregir, de ayudar, de controlar...

En vez de actuar en piloto automático, según mi costumbre, debo respirar profundo hasta relajarme y lograr un estado receptivo que me permita entender más a la otra persona, además de comprender las cosas como son en realidad.

Sólo si me conozco:

- Puedo cambiar, crecer y trascender.
- Soy dueño de mí mismo, me controlo y dejo de actuar en automático.

- Puedo saber qué quiero y hacia dónde voy.
- Me acepto, me caigo bien y me perdono.
- Puedo entender y relacionarme mejor con los demás.
- Puedo responderle mejor a la vida.
- Me adueño de mí mismo y evito que mi personalidad me gobierne.

En cambio, si no sé quién soy, la vida decide por mí porque estoy dormido.

¿A quién se le aplica el Eneagrama?

El Eneagrama es universal y se aplica a todos los seres humanos, sin importar sexo, cultura, nivel social, credo o religión, a partir de los siete años de edad, que es cuando ya está formada la personalidad. Su uso es ilimitado, profundo, práctico, incluso divertido.

En especial resulta útil en las situaciones en que se requiere de una comunicación efectiva, como en la vida diaria con la pareja, los amigos, la familia, en la educación de nuestros hijos, con personas con quienes la convivencia es difícil, en el mundo laboral, con clientes, ventas, contratación de personal, publicidad y mercadotecnia; en el campo de la psicología, la espiritualidad, etcétera...

¿Cómo se representa el Eneagrama?

Se representa por medio de un círculo que contiene una figura geométrica con un triángulo y un tipo de hexágono que conforman una estrella. El círculo representa el infinito, la unidad, la perfección; el triángulo representa las fuerzas activa, pasiva y neutralizadora; el hexágono representa el cambio y el movimiento que experimentamos en nuestras vidas. Cada punta de la estrella representa una de las nueve personalidades. Éstas, a su vez, están interrelacionadas a través de flechas, lo cual permite que el sistema sea rico, dinámico y evolutivo.

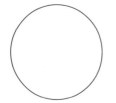   

¿Cuáles son los nueve tipos de personalidad?

Tipo de personalidad "UNO":
Es perfeccionista, ético, ordenado, íntegro, meticuloso, estructurado, exigente y moralista.
Busca: Mejorar y perfeccionar el mundo que lo rodea. Hacer lo correcto.
Miedo: A cometer errores, a ser criticado o juzgado por los demás.
Su punto ciego es la ira.

Tipo de personalidad "DOS":
Es servicial, cálido, generoso, amigable, complaciente, sentimental, compasivo, manipulador y dependiente.
Busca: Sentirse indispensable, querido y necesitado. Quiere agradar, complacer, caer bien.
Miedo: A que no lo quieran o lo rechacen.
Su punto ciego es la soberbia.

Tipo de personalidad "TRES":
Es ejecutor, seguro, práctico, activo, competente, ambicioso, protagonista y vanidoso.
Busca: Admiración, éxito, prestigio, estatus, ser el #1 en todo lo que hace.
Miedo: A fracasar, a sentir que no vale.
Su punto ciego es el engaño.

Tipo de personalidad "CUATRO":
Es creativo, hipersensible, artista, original, emotivo, intuitivo, romántico, intenso y temperamental.
Busca: La belleza, lo estético, ser auténtico, único, diferente y hacer conexiones profundas.
Miedo: A sentirse menos que los demás, al abandono, al rechazo.
Su punto ciego es la envidia.

Tipo de personalidad "CINCO":
Es observador, reservado, analítico, inteligente, curioso, independiente, frío y solitario.
Busca: Privacidad, ser independiente, entender el mundo que lo rodea.
Miedo: A sentirse invadido por los demás o a que se le termine lo poco que tiene.
Su punto ciego es la avaricia.

Tipo de personalidad "SEIS":

Es leal, responsable, confiable, cauteloso, obediente, comprometido, escéptico e indeciso.

Busca: Seguridad, consistencia, certeza y claridad.

Miedo: A lo desconocido, a sentir que no va a poder solo, a ser traicionado.

Su punto ciego es el miedo.

Tipo de personalidad "SIETE":

Es optimista, ingenioso, soñador, divertido, aventurero, hiperactivo, rebelde y superficial.

Busca: Lo positivo, nuevos proyectos e ideas, la parte agradable y aventurera.

Miedo: A confrontar, a comprometerse, al dolor y al sufrimiento.

Su punto ciego es la gula.

Tipo de personalidad "OCHO":

Es protector, líder, asertivo, decidido, poderoso, impositivo, impulsivo y controlador.

Busca: Mandar y controlar su territorio, sentirse fuerte y poderoso.

Miedo: A que lo vean débil, a abrir sus emociones. A sentirse traicionado o dominado por alguien.

Su punto ciego es la lujuria.

Tipo de personalidad "NUEVE":

Es conciliador, tranquilo, adaptable, mediador, relajado, distraído, necio y rutinario.

Busca: Mantener su paz física y mental, la armonía en el grupo.

Miedo: Al cambio, a ser rechazado o no querido si impone su postura.

Su punto ciego es la pereza.

¿De dónde viene el Eneagrama?

Para conocer sus orígenes es importante distinguir que una cosa es el símbolo del Eneagrama y otra es el estudio de las personalidades.

El símbolo tiene una antigüedad aproximada de más de 2500 años a. C. Su origen es desconocido; sin embargo se cree que proviene del Medio Oriente. George Ivanovitch Gurdjieff, maestro de gran magnetismo de origen armenio, encontró e introdujo el símbolo en Europa en 1920. Algunos autores consideran que el Eneagrama proviene de la tradición sufi y el objetivo de conocerlo es que cada persona encuentre su camino hacia Dios, además de encontrar una guía en su vida y la mejor manera de comunicarse con los demás.

La figura geométrica en forma de estrella representaba las leyes fundamentales del universo, el movimiento y la evolución. "La filosofía que está detrás del Eneagrama tiene componentes del judaísmo místico, el cristianismo, el Islam, el taoísmo, el budismo y la filosofía griega ancestral, en particular la de Sócrates, Platón, y los filósofos neo platónicos".[2]

De igual manera, el estudio de los diferentes tipos de personalidades es ancestral; basta recordar las mitologías griega y romana que datan del siglo VIII a. C. En ellas, las descripciones de los dioses representaban las características de los seres humanos.

La fusión del símbolo del Eneagrama con el estudio de las personalidades, como lo conocemos en la actualidad, es más reciente, y se la atribuimos al sudamericano Oscar Ichazo, quien hace la contribución más valiosa al Eneagrama.

En los años cincuenta, Ichazo acomoda en la estrella de Gurdjieff los siete pecados capitales de la Iglesia católica (ira, soberbia, envidia, avaricia, gula, lujuria y pereza) y añade el miedo y el engaño, lo cual da lugar a las nueve tendencias negativas que pueden estar presentes en el ser humano.

Otra de sus contribuciones más importantes es la interconexión de flechas entre los tipos de personalidad. Éstas explican la manera en que nos comportamos bajo situaciones de estrés o relajación.

En los años setenta, el famoso psiquiatra e investigador Claudio Naranjo, discípulo de Ichazo, hace una gran aportación al sistema: sintetiza el conocimiento ancestral y lo traduce al lenguaje de la psicología moderna occidental, logrando que hoy podamos entender el Eneagrama de una manera fácil y práctica. Por ejemplo, relaciona el miedo con lo que hoy en psicología se conoce como paranoia; la gula con narcisismo y así sucesivamente.

---

[2] Riso, Don Richard y Hudson Russ, *Understanding the Enneagram*, p. 33.

Naranjo continuó sus enseñanzas sobre el Eneagrama en California, y éste se divulgo con rapidez entre los jesuitas por todo Estados Unidos y Europa.

Hoy en día se conoce en todo el mundo y ha progresado de diferentes maneras gracias al talento y contribución de grandes maestros como Helen Palmer y David Daniels, quienes se enfocaron en el desarrollo de la intuición y la espiritualidad.

Don Riso y Russ Hudson han desarrollado las bases, estructuras y motivaciones psicológicas de cada tipo de personalidad, al igual que la correlación con otras tipologías psicológicas. Don Riso descubrió los "niveles de desarrollo", es decir, las facetas de crecimiento y deterioro que experimenta un ser humano durante su vida, los cuales describo más adelante. Ésta fue una gran aportación de Don Riso al estudio del Eneagrama.

Bob Ochs, sacerdote jesuita, aportó otro enfoque al relacionar el Eneagrama con el pensamiento católico. Ginger Lapid-Bogda le dio un enfoque empresarial. Tom Condon relacionó el Eneagrama con la PNL (Programación Neurolingüística), entre otros.

¿Qué es la personalidad y qué es la esencia?

Para entender el Eneagrama es importante saber que cada uno de nosotros está formado por dos partes: una es la personalidad y otra es la esencia.

La "personalidad" son todas aquellas características que definen mi identidad: yo pienso, yo hago, yo siento. Son todos aquellos comportamientos aprendidos que he adquirido a lo largo de mi vida. A través de repetirlos una y otra vez se convierten en hábitos, como la educación que recibí, mis creencias, miedos, actitudes, acciones, sentimientos y recuerdos. Mi forma de protegerme y defenderme para no ser lastimado es parte de mi personalidad, así como mi manera de expresarme, de caminar, de vestir, entre otras cosas; en resumen, son mi disfraz o la cara que doy al mundo para sobrevivir y sentirme seguro.

La esencia, como dirían Riso y Hudson, es mi verdadera naturaleza: "somos mucho más que nuestra personalidad".[3]

La esencia es esa parte espiritual, la parte del Creador que tengo dentro de mí y que es independiente de mi religión. Por estar tan apegado a mi personalidad y al mundo material, la descuido y olvido reconectarme con mi verdadero origen. Olvido recordar lo que soy.

El peligro es que estoy tan absorto en mi personalidad, en mis preocupaciones, en pertenecer, en defenderme, en hacer dinero, en estar a la moda, en presentar una imagen ante los demás, que, sin darme cuenta, me identifico a tal grado con mi personalidad que ésta se apodera de mi vida y se convierte en mi identidad.

Lo ideal es lograr un equilibrio entre mi personalidad y mi esencia, ya que ambas se necesitan entre sí y forman parte de lo que soy.

El Eneagrama muestra con claridad la forma en que cada tipo de personalidad se aleja de su esencia, y cómo esta desconexión causa una sensación de vacío, confusión, frustración, miedo, aburrimiento e insatisfacción.

En cambio, cuando puedo estar en mi centro y a la vez receptivo y abierto a lo que sucede en ese preciso momento, sin criticar ni juzgar; cuando experimento la vida tal como es, algo mágico ocurre: empiezo a percibir a las personas y a la vida desde otra dimensión y con mayor claridad. Surge la espontaneidad. Todo adquiere más color, nitidez y significado. Me siento contento, ligero, libre, flexible, productivo, más sensible y en armonía con la vida. Estoy en paz y siento agradecimiento y bienestar, como cuando llego a mi casa después de un largo viaje y experimento con certeza: "De aquí soy."

¿Cómo descubro qué tipo de personalidad soy?

Primero necesito tener mucha honestidad y una intención real de conocerme a fondo, porque todos nos sentimos buenos y perfectos, no queremos cambiar nuestros hábitos y no nos gusta ver lo que nos incomoda de nuestra personalidad: "¡Así soy y no puedo cambiar!"

---

[3] Riso, Don Richard y Hudson Russ, *La Sabiduría del Eneagrama*, p. 37.

Tengo que aprender a observarme muy de cerca, tomar distancia de mí para analizar cómo actúa mi personalidad. Observarme es la única manera de conocerme y empezar a cambiar. Requiere de gran esfuerzo, atención y práctica porque, además de que mi mente tiende a distraerse con facilidad, crecer y madurar es una decisión personal.

Todos los días me despierto y actúo en automático. Lo importante es darme cuenta de cuál es el tema que domina mi vida. Cuando me baño, de camino al trabajo o cuando conduzco el automóvil, ¿en qué estoy pensando?, ¿en dónde se encuentra mi mente la mayor parte del día? ¿En ser el mejor y buscar reconocimiento? ¿Siempre añoro lo que otros tienen y yo no? ¿Me dedico a corregir y educar a los demás? ¿Huyo y evito problemas? ¿Vivo preocupado y me quejo de todo? ¿O pienso en pura fiesta y diversión?

Lo más importante es observarme y descubrirme en el momento en que me quejo, juzgo, presumo, siento envidia, dudo... Con el simple hecho de *darme cuenta*, sin juzgarme ni culparme, cincuenta por ciento del trabajo ya está realizado. Una vez que lo reconozco en mí y lo acepto, este hábito empieza a desaparecer por el simple hecho de hacerlo consciente.

Cuando aprendo a observarme con más detalle y descubro características muy específicas que describen cierto patrón de mi comportamiento, es cuando puedo ubicarme con facilidad en el Eneagrama.

Cada tipo de personalidad describe ciertas características muy específicas. Debes identificarte al menos con 70 por ciento de ellas para saber que ésa es tu personalidad base.

Una vez que descubro mi tipo de personalidad, entiendo y acepto cuál es mi motor o la raíz que origina todos mis pensamientos, sentimientos y acciones. Es entonces cuando inicia el cincuenta por ciento restante del trabajo. El verdadero reto del Eneagrama es crecer; es decir, ampliar mi conciencia darme cuenta de que me percato de mis actos impulsivos para trabajar en ellos, transformarlos y sacar lo mejor que hay dentro de mí, lo más bello, íntimo, delicado y espiritual, que es mi esencia.

¿Qué son las alas en el Eneagrama?

Otro componente que me ayuda a ubicar mi tipo de personalidad en el Enea-grama son las alas. Las alas son los números que aparecen en ambos lados de mi tipo base de personalidad.

En palabras sencillas, las alas son mis vecinas, y son la "sal y la pimienta" de mi personalidad. Éstas la harán más rica o más insípida, según sea su influencia sobre mí.

Ninguna personalidad es totalmente pura; no puedo ser sólo un "SIETE" o un "DOS", ya que siempre tendré una mezcla o influencia, en mayor o menor grado, de los números que están a mi lado, tanto en los aspectos positivos como en los negativos.

Casi siempre tendré un "ala" más fuerte que la otra, lo que va a marcar una gran diferencia en mi personalidad.

Por ejemplo, si descubro que soy un "DOS", mis alas van a ser el "UNO" y el "TRES". Si mi ala "UNO" es muy fuerte, mi comportamiento estará muy mezclado con matices de "UNO", que es ordenado, serio y estructurado; por otra parte, si el ala que más influye en mí es "TRES", seré más extrovertido, vanidoso y rápido.

Es frecuente que mi primera "ala" aparezca en la adolescencia, mientras la segunda "ala" se hará presente entre los 35 y 40 años de edad.

Es muy importante conocer y hacerme consciente de mis alas para aprovechar los aspectos positivos, trabajar con los negativos y así equilibrar mi personalidad.

¿Qué significan las flechas en el Eneagrama?

Si observamos el diagrama podemos ver cómo cada personalidad se conecta a través de flechas a otras dos personalidades. Una flecha va en un sentido y la otra va en contra.

Mi personalidad base es como me comporto todos los días. Una flecha me indica la dirección hacia cómo me comporto cuando me siento pleno, tranquilo, en armonía y en paz. La otra flecha señala con claridad las actitudes negativas que adopto cuando me siento presionado, nervioso, tenso, ansioso y estresado.

Esta información, que explico de forma detallada en cada tipo de personalidad, es muy valiosa porque me ayuda a darme cuenta de qué tan equilibrado o desequilibrado me encuentro a cada momento.

¿Qué son los tres centros de inteligencia?

El Eneagrama plantea que cada uno de nosotros tenemos tres centros de inteligencia:

* *La cabeza o inteligencia mental:* En ésta se encuentran los pensamientos, las estrategias, las ideas, la lógica, el razonamiento, la imaginación, los sueños, las fantasías, los recuerdos, los símbolos, las matemáticas, etcétera.
* *El corazón o inteligencia emocional:* Aquí se encuentran las emociones, los sentimientos, la prudencia, la verdad, la empatía, la compasión, el amor, el dolor, las pérdidas, la conexión con el otro y conmigo mismo.
* *El cuerpo o inteligencia instintiva:* Es en donde se encuentran las sensaciones, las corazonadas, el "me late o no me late" algo, nuestros instintos, la fuerza, el autocontrol, los límites, la intuición, los impulsos, la acción. Aquí experimento la libertad, la plenitud, el bienestar o la enfermedad.

Todos tenemos estos tres centros de inteligencia, pero los empleamos de forma desequilibrada. Unos somos más pensantes; otros, demasiado impulsivos y viscerales; otros somos demasiado sensibles.

Lo ideal, como en todo, es lograr la armonía y el equilibrio entre mis tres centros. Para esto, debo observarme de una manera objetiva y darme cuenta de qué centro predomina en mí y a cuál de ellos lo tengo más descuidado.

El Eneagrama divide las nueve personalidades en grupos de tres, llamados "triadas", y los coloca en cada uno de estos tres centros. Cada tríada comparte características en común y percibe la vida, la filtra, la experimenta y reacciona ante ella desde un centro de inteligencia.

5 6 7   2 3 4   8 9 1

Los tipos de personalidad "OCHO, NUEVE Y UNO" pertenecen al centro del cuerpo.

Los tipos de personalidad "DOS, TRES Y CUATRO" pertenecen al centro del corazón.

Los tipos de personalidad "CINCO, SEIS Y SIETE" pertenecen al centro de la cabeza.

Preguntas más comunes:

¿Puedo ser de niño un tipo "DOS" y luego de adulto ser un "SIETE"? Es decir, ¿puedo cambiar mi tipo de personalidad a lo largo de mi vida?
No. La personalidad base no cambia; puedes dominarla, mejorarla, controlarla o empeorarla, pero nunca cambiarla.

¿Puedo no encontrarme dentro del Eneagrama?
No. Hay personas que tardan más tiempo en encontrarse. La clave es observarse y ser muy honesto para aceptar los aspectos que no te gustan de ti.

¿Con qué tipo de personalidad me conviene relacionarme?
Hay personalidades que tienden a atraerse por su tipo de energía, como 8-2, 9-4, 8-9, 6-1, 3-8. Sin embargo, lo importante es buscar una personalidad sana y equilibrada independientemente de su tipo.

¿Tiene algo que ver el valor de los números?
El valor numérico de cada personalidad no tiene importancia. Es sólo un lenguaje neutro que facilita su estudio; es decir, no es mejor un "UNO" que un "CINCO".

¿Cuál es el mejor tipo de personalidad?
Todas son valiosas por igual. Hay algunas más extrovertidas y, por ende, son más notorias y populares. Sin embargo, todas presentan partes positivas y negativas. Lo importante es desarrollar el potencial de ti mismo y no tratar de imitar a otra personalidad.

¿Qué tan confiables son los cuestionarios?
Hasta cierto punto son buenos; sin embargo, puede influir el nivel de estrés, la interpretación o el estado de ánimo en las respuestas. Es mejor observarte y autodescubrirte.

¿Por qué me convertí en un "CUATRO" y no en un "TRES" o en un "CINCO"? ¿Qué lo define?

Nacemos con un temperamento, con una predisposición neurológica; sin embargo, las condiciones que nos rodean tienen gran influencia en nosotros: nuestros padres, el lugar que ocupamos en la familia, la situación económica, cultural, social... Por tanto, podemos decir que es una mezcla de la naturaleza con el medio ambiente y tu historia personal la que define tu tipo de personalidad.

¿Cuál es la diferencia entre el Eneagrama y otras tipologías?

Todas las tipologías son importantes porque reflejan rasgos de nuestra personalidad, nos muestran nuestras preferencias, describen nuestra manera de ser y nuestra forma de tomar decisiones, entre otras cosas. Sin embargo, el Eneagrama no sólo describe a detalle cada tipo de personalidad sino que explora hasta las capas más profundas de nuestro ser. Explica cómo y por qué se formó cada tipo de personalidad, qué es lo que la mueve a actuar, cuál es su núcleo, cómo ve la vida, qué busca, qué evita, qué le da miedo, cuál es su intención real. También predice el comportamiento de cada una de ellas ante situaciones de estrés o calma y nos indica la manera más efectiva de comunicarnos con los demás, además de señalarnos caminos específicos para crecer y desarrollarnos.

¿Qué puedo hacer si no sé si soy un "UNO" o un "SEIS"? ¡Estoy confundido!

Una gran ayuda para aclarar qué tipo eres es observar las alas de ambos tipos para ver con cuál de ellas te identificas más. De igual manera, es importante revisar las flechas de las personalidades sobre las que tienes duda y pregúntarte cómo te comportas cuando estás enojado o tenso, observa a cuál de ellas te pareces más.

Recomendación:

El *Eneagrama* es una herramienta muy poderosa de autoconocimiento. Te pido que no te aproveches ni hagas mal uso de ella al manipular o catalogar a tus amigos y familiares a la ligera. Decirle a alguien cómo es resulta muy delicado y peligroso, ya que sólo conoces ciertas facetas y no la totalidad de esa persona. Permite que cada individuo realice su propio viaje interior y se descubra.

Breve descripción de los nueve tipos de personalidad:

Personalidad tipo "UNO": Perfeccionista, ético, íntegro, vive de acuerdo

con sus principios morales. La verdad y la justicia son muy importantes. Muy serio, exigente y rígido consigo mismo y con los demás. Es inaudito que rompa sus reglas. Tiene la necesidad compulsiva de actuar según lo que es correcto y de corregir el "error". Se fija metas altas para mejorar y se compara constantemente con los demás. Se siente dueño de la verdad y está convencido de que él tiene la razón. Es muy trabajador, ordenado y meticuloso; busca la perfección en todo lo que hace, razón por la cual casi nunca alcanza el "ideal", lo que le provoca frustración y enojo. Percibe todo como blanco o negro, con pocos tonos de gris. Pospone decisiones por temor a cometer errores, ya que pueden criticarlo o juzgarlo.

Los demás le dicen: "Relájate, no seas tan duro y estricto, no pasa nada."

Personalidad tipo "DOS": Optimista, cariñoso y muy servicial. Busca ayu-

dar, agradar, ser indispensable y ser el centro en la vida de aquellos que le interesan; es por eso que gusta de aconsejar, apoyar y sentirse querido y necesitado. Le resulta fácil relacionarse y hacer amigos. El amor, los sentimientos y las relaciones humanas son de vital importancia para él. Necesita que lo necesiten, por lo que le cuesta trabajo decir "no" y prefiere mil veces dar que recibir o pedir. A la vez, con aire de superioridad, se siente orgulloso de no requerir de casi nada. Piensa: "¿Qué harían sin mí?" Con tal de ganar afecto puede sacrificarse o ayudar en exceso; también puede volverse inoportuno posesivo e invasivo en la vida de los demás y abandonarse a sí mismo.

Los demás le dicen: "¡No te metas, no me ayudes, déjame, yo puedo solo!"

Personalidad tipo "TRES": Es ejecutor y realiza lo que se propone. Es eficiente, competente y seguro de sí mismo. Le resulta fácil motivar y convencer. Busca admiración, éxito y prestigio. Habla mucho de sí mismo. Es

adicto al trabajo, siempre está de prisa, tiene mucha energía y metas definidas por alcanzar. Es hábil y práctico para hacer muchas cosas a la vez; sin embargo, tiende a descuidar los detalles. Maestro de la "actuación", utiliza diferentes máscaras para impresionar a los demás y lograr su aprobación. Con tal de ser el mejor o llegar a la meta, congela sus sentimientos, se vuelve frío y puede atropellar o pasar sobre otros sin darse cuenta. Le preocupa el "qué dirán", razón por la cual le da mucha importancia a reflejar una imagen de ganador en su casa, ropa, coche, familia, etcétera.

Los demás le dicen: "Calma, disfruta el momento, no todo es trabajo y éxito."

Personalidad tipo "CUATRO": Es creativo, le gusta ser original y diferente a los demás. Posee gran sensibilidad para crear belleza. Es hipersensible, intuitivo, sincero y muy empático. ¡Las emociones profundas y los sentimientos lo son todo! Le gusta la naturaleza, la intensidad de la vida; sueña y fantasea con momentos románticos. Su intensidad para sentir es superior a cualquiera: "Mis tristezas son tragedias y mis alegrías son descomunales." Sus repentinos cambios de humor le generan problemas, ya que puede pasar con facilidad del odio al amor o de la alegría a la melancolía sin explicación alguna. Se siente vacío, incompleto, "algo" le falta para ser completamente feliz. Añora lo que no tiene y no valora lo que tiene.

Los demás le dicen: "Deja de exagerar y hacer drama, no seas tan intenso."

Personalidad tipo "CINCO": Es observador, objetivo, analítico y tiene una mente muy clara. Le apasiona el conocimiento y, cuando le interesa algún tema, se convierte en especialista. La mayor parte del tiempo vive en su mente. Busca un espacio para estar a solas, pues ahí se siente seguro, se recarga de energía, investiga, crea, sintetiza, reflexiona y se divierte. A veces se siente diferente y que no encaja entre los demás, por lo que busca ser autosuficiente para no depender de la gente. Colecciona desde objetos sofisticados hasta cachivaches. Tiende a retraerse y aislarse; por lo que le cuesta trabajo relacionarse, abrazar, expresar, tocar sentimientos, o apapachar al otro. En ocasiones desearía ser invisible y observar sin tener que participar o comprometerse.

Los demás le dicen: "Aterriza, involúcrate, interésate, muestra sentimientos."

Personalidad tipo "SEIS": Es responsable, trabajador, comprometido y leal. Sentir seguridad y confianza es lo más importante para él, y por eso le gusta saber en dónde está parado. Es escéptico, se cuestiona todo y no se la cree a la primera, así que es cauteloso y precavido. Duda de la gente que no es coherente entre lo que predica y hace. Cuando está enojado se torna defensivo y evasivo. Le da miedo tomar decisiones importantes y necesita el apoyo de alguien para hacerlo. Está muy consciente del peligro, es nervioso; por ello, le gusta planear y tener opciones de emergencia por si algo sale mal. Cuando siente angustia y ansiedad, se puede imaginar escenas catastróficas que puede experimentar como si fueran reales. La autoridad le crea conflicto: puede ser sumiso o rebelarse ante ella.

Los demás le dicen: "Aviéntate, no pasa nada, cree más en ti, sí puedes."

Personalidad tipo "SIETE": Es optimista, espontáneo, aventurero, simpático y soñador. ¡Se quiere comer al mundo, probar de todo y no perderse de nada! Busca lo agradable y divertido de la vida, ama la libertad y evita al máximo el dolor y el sufrimiento. Usa su encanto y optimismo para seducir y conseguir lo que quiere. No tiene límites. Es hábil para todo y no se especializa en nada. En su mente, visualiza y se deleita con el futuro al planear un sinfín de actividades y experiencias excitantes: viajes, fiestas, nuevos negocios, restaurantes, gente interesante. Su agilidad mental, su entusiasmo y falta de disciplina lo llevan a planear más de lo que puede hacer en realidad. Como consecuencia, no cumple, no termina, se vuelve superficial y poco confiable.

Los demás le dicen: "Comprométete, crece, termina lo que empiezas, no todo es fiesta."

Personalidad tipo "OCHO": Es protector, generoso, asertivo, directo y va al grano. Tiene mucha energía, es muy dominante y duro, le gusta el control y sentirse fuerte y poderoso. Es visionario y muy trabajador: hace que las cosas ocurran. Protege a los suyos, es un líder natural y ante cualquier injusticia utiliza su fuerza y agresividad si se requiere. Es rebelde, visceral y se enfurece con facilidad. Su manera de hablar intimida y asusta a la gente. Puede confrontar con violencia; no conoce los límites, la culpa ni el miedo. Recrudece la realidad. Es intenso y excesivo en todo. Es "la autoridad", así que obedece las reglas sólo cuando le convienen; de lo contrario, las rompe. Le atrae la gente independiente y decidida; desprecia a los débiles, inseguros y mediocres.

Los demás le dicen: "Contrólate, ten tacto, no seas tan impulsivo y agresivo."

Personalidad tipo "NUEVE": Es mediador, tranquilo, adaptable, sencillo y muy querido. Busca mantener la paz y la armonía a cualquier precio. Prefiere ceder con tal de evitar el conflicto. Minimiza los problemas y deja que se resuelvan solos. Le gusta la comodidad, la rutina y vivir muy bien. Es muy positivo y complaciente; como consecuencia, se olvida de sí mismo y se deja llevar por los gustos y necesidades de los demás. "Ellos van primero." Tiende a distraerse y a perder el tiempo con temas triviales, y deja para el último momento tareas importantes que puede hacer hoy. Rara vez se enoja pero, cuando lo hace, explota y se vuelve terco. Tomar decisiones, establecer prioridades y tener iniciativa no son su fuerte, por lo que prefiere dejarse ir con la corriente.

Los demás le dicen: "Despierta, muévete, enójate, defiéndete, no te dejes."

Personalidad tipo "UNO"

Perfeccionista, ordenado, íntegro, ético, meticuloso, estructurado, estricto, moralista.

 "Para saber si eres un tipo de personalidad UNO, debes identificarte al menos con setenta por ciento de sus características. Recuerda que éstas varían según cada persona. Toma en cuenta el rango entre 18 y 30 años de edad, ya que es en este periodo cuando la personalidad está más definida."

¿Cómo soy en general?

Soy un idealista y tengo un gran deseo por el mundo de la verdad, la integridad, la justicia y el orden moral. Desde niño me he comportado como un adulto chiquito, ya que invariablemente he sido muy correcto, responsable, disciplinado y estructurado en todo lo que hago: siempre a tiempo, todo en orden, muestro buenos modales y mantengo todo muy limpio. ¡Me encantan las cosas bien hechas, tener cada cosa en su lugar y reflejar una imagen de limpieza y perfección! Hacerlo me genera una sensación de placer; por eso busco la perfección en todo lo que hago.

Vivo mi vida diaria de acuerdo con mis principios morales. Estoy convencido de que son sólidos y éticos. Puedo llegar a ser muy religioso y conservador. Tengo mucha claridad para distinguir lo que está bien y lo que está mal, lo justo y lo injusto, por lo que me molesta sobremanera que las personas se aprovechen de su poder o de alguna situación, y actúen de forma irresponsable.

En realidad soy muy exigente conmigo mismo y con los demás; me tomo muy en serio las cosas y el error, tanto mío como ajeno, me molesta en gran medida. Por eso me esfuerzo, me sacrifico y trabajo con intensidad: cuando empiezo algo, me comprometo y lo termino con gran dedicación. Le pongo muchísima atención a los detalles y a la precisión y, gracias a esto, me he vuelto muy hábil para detectar con rapidez el mínimo error y corregirlo.

No sé por qué, pero el "deber ser" me persigue y me agobia tanto que, si no lo cumplo, me siento culpable. A veces siento que cargo al mundo sobre mi espalda y termino tenso y agotado. Me doy cuenta de que tengo una voz interna que rara vez se calla; ésta juzga constantemente todo lo que pienso y hago, si lo hice bien o lo hice mal; puede ser tan fuerte y presionarme tanto que puedo confundirla con una voz superior.

En mi interior siento que tengo un compromiso conmigo mismo y con la vida para mejorar este mundo, es por eso que el tiempo es importantísimo para mí: lo valoro, lo administro y lo aprovecho al máximo para que me rinda. Al final del día, siempre me falta tiempo para hacer todo lo que quiero. Con frecuencia descubro que comparo la vida con lo perfecta que podría ser; es decir, la idealizo en mi mente y eso me provoca malestar o frustración, porque ¡siempre hay un error, algo falta o sobra! Rara vez encuentro esa perfección.

Soy reformista; muchos piensan que soy duro, exigente y crítico. La verdad es que siento que siempre hay algo que se puede mejorar; sin embargo, en mi interior soy muy sensible y me cuesta trabajo expresar mis sentimientos. Me resulta muy difícil relajarme, soltar el cuerpo y divertirme. Disfruto muy poco de los placeres de la vida, ya que tengo tatuado en mi cerebro que: "El deber va antes que el placer." El deber ser es tan automático en mí que me olvido de mí mismo, de mis gustos, de mis necesidades, a tal grado que a veces ya no sé ni qué es lo que quiero.

¡Es horrible, pero tiendo a negarme el placer! Siento que no merezco un premio, una vacación, un aumento de sueldo, un descanso, hasta que no me lo haya ganado con mucho esfuerzo. Muchas veces, esto me provoca resentimiento y sensación de injusticia ante las pocas recompensas que ofrece la vida. Soy muy moderado para vivir y para comprar, no me gusta desperdiciar, disfruto las ofertas, me gusta ahorrar y detesto las deudas. Prefiero ser autosuficiente y no depender de los demás.

¿Qué personajes representan mi tipo de personalidad?

Papa Juan Pablo II, Confucio, Gandhi, Juana de Arco, Robin Hood, Julie Andrews, Hillary Clinton, Charlton Heston, Harrison Ford, Nelson Mandela, Margaret Thatcher, Al Gore, Jane Fonda, Colin Powell, Emma Thompson,

Martha Stewart, Jacobo Zabludowsky, Mary Poppins, Bree *(Esposas Desesperadas)*, Mónica *(Friends)*, Lucy *(Peanuts)*, Isabel II de Inglaterra.

¿Cómo percibo el mundo?

Este mundo es un lugar imperfecto al cual quiero perfeccionar, por lo que voy a empezar por mí y dedicaré toda mi energía a vivir de una manera correcta. Me mejoraré a mí mismo y a los que me rodean.

NO PUEDO CREER QUE TODOS ESTÉN EN RECREO, DEBERÍAN DE ADELANTAR LA TAREA.

¿Qué estoy buscando?

* La perfección y eficiencia en lo que hago.
* Ser virtuoso en lo moral.
* Tener la razón.

¿A qué le tengo miedo?

* A cometer errores.
* A ser juzgado o condenado por mí mismo o por los demás.
* A darme cuenta de que puedo ser imperfecto, defectuoso, malo, corrupto, desordenado...

¿Cuál es la imagen que quiero reflejar ante los demás?

Soy bueno, íntegro, responsable, competitivo, confiable y tengo la razón.

¿Cuál es mi queja interior?

Si la gente fuera honesta, se esforzara por superarse y trabajara con más empeño, como lo hago yo, este mundo sería un lugar mejor.

¿En dónde está mi mente la mayor parte del tiempo?

* En lo que debo hacer.
* En mejorar. Busco cómo sí se puede.
* En observar lo que está bien y lo que está mal.
* En detectar el error, el detalle, la mancha, la equivocación propia o ajena.

¿Cómo me convertí en un "UNO"?

De niño quizá viví alguna(s) de estas situaciones:
* Aprendí que, si era bueno, obediente y seguía las reglas de mi casa y la sociedad, podía ganarme el amor de los adultos.
* Aprendí que, para que otros me aceptaran y me quisieran, debía buscar la perfección en todo y corregir el error.
* Desarrollé una gran sensibilidad para detectar lo que debía hacerse, lo que sería correcto en ese momento, a guiarme por mi conciencia y a olvidar mis verdaderos deseos.
* Llegué a creer que, para ser alguien, debía tener metas más altas que los demás y buscar la excelencia.
* Viví en un mundo de adultos siendo responsable y maduro en exceso, en lugar de ser niño.
* Aprendí a reprimir cualquier emoción negativa, como enojarme, hacer malas caras, decir groserías, hacer berrinches, etcétera.

- Aprendí a controlar y reprimir mis deseos, me perdí de gran parte de la diversión de la vida.
- Sentía desconfianza y enojo hacia las personas que actuaban con injusticia.
- Descubrí que tenía la autoridad para tomar el rol de papá o de mamá respecto a mis hermanos: los cuidaba, los aconsejaba, los educaba y hasta podía regañarlos.
- Creí que se esperaba que madurara con rapidez, que yo fuera un ejemplo a seguir, que fungiera de tutor hasta de mis propios padres, que los protegiera y tomara decisiones importantes.

Experiencias de la infancia de personas tipo "UNO":

María, de 30 años, nos relata:

Recuerdo que, cuando era niña, a mi madre no le importaba mucho el orden ni las calificaciones, por lo que casi siempre llegábamos tarde al colegio; era tal mi angustia que en ocasiones me dormía con el uniforme puesto para que, al día siguiente, yo pudiera tener el tiempo suficiente para despertar a mi madre y a mis hermanos, y ayudarle a hacer el desayuno para así llegar a tiempo.

Javier, de 42 años, recuerda:

Mi padre murió cuando yo era muy pequeño, por lo que mi madre tuvo que trabajar. Al ser yo el hijo mayor, me encargué de toda la casa, de su funcionamiento y de mis hermanos. Ahora de adulto me doy cuenta del gran resentimiento que guardo por no haber tenido una infancia normal, como cualquier niño.

Pilar, de 49 años, expresa su resentimiento:

Yo tenía mas o menos diez años. Recuerdo que los fines de semana, mientras mis papás salían a divertirse, yo me encargaba de darle la leche y cambiarle el pañal a mi hermano recién nacido a las dos y seis de la mañana, para que mi mamá descansara. Al principio lo tomé como jugar a las muñecas, pero después se convirtió en enojo.

¿Cuáles pueden ser mis virtudes y talentos?

* Mi integridad, rectitud, nobleza, generosidad para ayudar y mi sentido del deber pueden convertirme en un gran ser humano, capaz de guiar o motivar a los demás en términos morales.
* Mis valores altamente éticos hacen que sea una persona imparcial, objetiva y muy justa con los demás.
* Tengo gran habilidad para detectar el error o cualquier detalle que se pueda mejorar en cada situación, ya que éste me llama la atención de manera automática. A la vez, identifico de manera fácil y práctica la mejor manera de resolver los problemas con serenidad y rapidez.
* Mi honestidad, tenacidad, dedicación al trabajo y esa gran fuerza de voluntad que me caracteriza me convierten en una persona competitiva, eficiente y muy confiable.
* De manera consciente puedo hacer a un lado mis necesidades o una gratificación inmediata por lograr un bien común. No trabajo para obtener un beneficio personal, sino por el placer que me produce hacer bien las cosas.

¿Cuáles pueden ser mis mayores defectos?

* Puedo convertirme en un crítico severo de mí mismo y de los demás y pensar que el error es imperdonable. Puedo convertirme en moralista, regañón, enojón y absolutista, con una actitud severa e inflexible.

- Puedo llegar a creer que tengo un conocimiento superior al de los demás y convertirme en el *todopoderoso* dueño de la verdad con un dedo apuntador. Eso puede hacerme intolerante, arrogante y sarcástico.
- Mi tendencia constante a comparar mi mundo ideal con la realidad me provoca frustración interna, desilusión, amargura y resentimiento, que me hacen daño a mí y, por consiguiente, a los que me rodean.
- Si no me libero de esa obsesión por la perfección y me acepto como soy, con defectos y virtudes, puedo llegar a tener actitudes compulsivas con la comida, el trabajo, el ejercicio, la limpieza, etcétera, que me conduzcan al autocastigo, a la autodestrucción y a una severa depresión

¿Cuál es mi punto ciego?

La ira/resentimiento.

Es una sensación crónica de insatisfacción y descontento porque las cosas no son como creo que deben ser. Como "UNO", me cuesta trabajo darme cuenta cuando estoy resentido o enojado, aunque para los demás resulta fácil detectarlo por mi tensión corporal o por mi lenguaje no verbal. Esta ira, como dice Helen Palmer, es inconsciente y es el resultado de haber reprimido desde niño lo que quería o deseaba en realidad, y de haberlo sustituido por una lista de "deberías":

"Un niño bueno no *debe* gritar ni decir groserías."

"Una niña buena nunca *debe* enojarse ni mostrar malos modales."

Reprimo el deseo de gritar y enojarme porque son emociones negativas, y los sustituyo por "debo ser bueno" o "debo ser linda" para ser aceptado y querido por los demás. Si de niño reprimo mi enojo una y otra vez, con el

> ¡HOY VIERNES... MIENTRAS LOS DE LA OFICINA SE VAN A TOMAR UNA COPA, ME VOY A DEDICAR A PLANCHAR MIS TRAJES, MIS CAMISAS, COLGARLOS Y ACOMODARLOS POR ESTACIONES

tiempo este comportamiento repetitivo de "debo ser bueno y perfecto" se convierte en un hábito y mi deseo real de jugar o hacer travesuras se reprime.

Cuando llego a la vida adulta, no me gusta enojarme porque no es correcto; me siento incómodo porque, para mí, la ira es una emoción mala que va en contra de la imagen de perfección que quiero dar, por lo que, a través de mi mente, me controlo y me tenso a nivel físico para que mis impulsos y mis deseos inconscientes no salgan a la superficie.

Ejemplo:

Deseo comprarme un automóvil deportivo muy caro. Mi vecino lo compra y yo lo critico: "¡Cómo es posible, en esta época de austeridad!" Por mi parte, compro uno barato que no llame la atención y mi voz interior me dice: "¡Muy bien hiciste lo correcto!"

En apariencia me siento en paz conmigo mismo; sin embargo, esta frustración va a buscar alguna salida: me voy a irritar por alguna noticia, por el tránsito, por el cuadro chueco, por perder en el juego, por el desorden, por el error. Pero no me doy cuenta de que, detrás de esos pretextos, hay un enojo más profundo y reprimido que no he reconocido. ¡Tal vez debí comprarme el automóvil que yo quería o darme otro gusto!

Reconocer mi enojo interno puede ser el punto de partida para trabajarlo y convertirlo en su opuesto, que es la serenidad.

"Entre más *reprima* el tipo 'UNO' todo lo que su cuerpo quiera, sienta o piense en realidad, más se formará dentro de él una olla exprés llena de ira. De manera inconsciente, toda esa energía reprimida tiene que salir por alguna parte y existen varias maneras de sacarla: a través de actos compulsivos de perfección como limpieza, orden, trabajo, ejercicio en exceso, corrección obsesiva y rígida de errores y del comportamiento de los demás; a través del alcohol, de las drogas, de llevar una doble vida, de practicar sexo prohibido; o de somatizarla en forma de gastritis, colitis, úlceras, migrañas, dolores musculares, etcétera."

¿Cómo soy por dentro en realidad?

Mi esencia es buena y creo vivir mi vida de una manera sencilla, ética y mesurada. Me encanta y me siento unido a la naturaleza. Creo tener una misión; es por eso que de verdad quiero aportar mi grano de arena para mejorar este mundo. Todo el tiempo quiero actuar de manera correcta y ser perfecto, me exijo muchísimo y hago sacrificios para lograrlo; sin embargo, me entristezco y enojo conmigo cuando no lo logro. No entiendo por qué a los demás no les importa el compromiso y la responsabilidad. ¡Mientras ellos se divierten, yo me encargo de recoger el tiradero! Esto me frustra, me molesta y trato de controlar mi ira, transformándola en silencio, indignación y rigidez. Siento que, si la dejo salir, mi rabia se va a apoderar de mí.

Me indigna mucho la injusticia, la mentira, la falta de valores y de integridad. Muchas veces me tachan de inflexible y de ser absolutista, pero estoy tan convencido de mis principios que resulta difícil que cambie de opinión.

Con frecuencia me doy cuenta de que me comparo con los demás: "Yo soy más inteligente; él tiene más dinero; yo me conservo más joven; ella me gana en el deporte." Es como vivir en una competencia continua en la que tengo que ser el mejor, en lugar de aceptar la realidad tal como es.

Algo que me irrita es que los demás cuestionen mi integridad o me critiquen de manera injusta. Por eso invierto tanta energía en ser una persona correcta, en ordenar y estructurar tanto mi mundo interno como externo. Necesito que todo lo que me rodea luzca perfecto y limpio: casa, automóvil, oficina, clósets acomodados por colores, tamaños, sabores, etiquetas y listas. Todo lo mido, lo peso, lo calculo; soy preciso con el tiempo y meticuloso con los detalles. La perfección me provoca una sensación de control, placer y bienestar.

Respecto al dinero, no me gustan las deudas. Soy previsor, ahorrador, mesurado, compro justo lo que necesito, no desperdicio y me encantan las ofertas. Hay algo que sólo las personas tipo UNO tenemos y que me causa sufrimiento: tengo una voz o un juez muy severo dentro de mí que me observa, analiza, juzga, exige, critica y corrige mis acciones todo el tiempo. Es como si de niño hubieran metido a mi papá o a mi mamá dentro de mi cerebro y su voz me indicara lo que debo hacer. Si la obedezco, me premia y me aplaude, pero de lo contrario, ¡no me deja en paz y me hace sentir culpable!: "¡Pudiste hacerlo mejor!" "¡Si te hubieras preparado bien!" "¡No desperdicies el tiempo!" "¡Levántate, flojo, qué van a pensar de ti!"

Es una voz exigente que nunca se calla. Sé que no es mi intuición ni mi parte sabia porque me causa remordimiento y sufrimiento. Me da miedo dejarla ir porque desde que era niño ha vivido dentro de mí y es la que ha guiado todas mis acciones. ¡Sin esa voz me siento perdido!

¿Cómo deshacerte de este juez interior?

1. Hazlo consciente y ponle nombre: por ejemplo, "Pedro".
2. Haz conciencia de que Pedro es tu enemigo porque no te ayuda, sólo te juzga y te critica.
3. Cada vez que aparezca, ¡mándalo a volar!: "Nadie pidió tu opinión."
4. Céntrate y pregúntate lo que de verdad quieres, contacta con tu intuición y haz caso omiso de lo que tu juez quiere.
5. Cuando haces conciencia y controlas a tu juez, éste pasa a un segundo plano y empiezas a actuar desde tu esencia.
6. En consecuencia tu enojo y resentimiento desaparecen.

¿Qué es lo que me molesta de mi personalidad?

* Me da coraje no aceptar mis errores y siempre buscar justificarlos.
* Me preocupo demasiado por el futuro, por tener una seguridad económica, por sacar adelante a mi familia. Siento que estoy solo y que todo recae en mí, lo cual me crea tensión y mucha ansiedad.
* ¡Odio no poder dejar de criticar, el error llama mi atención, me frustra y me hace sufrir! A todo le encuentro un "pero": esta persona, esta situación, este detalle debería ser así...
* A veces me duele gastar dinero, inclusive para mí; me vuelvo "codo" porque valoro lo que cuesta ganarlo y no justifico la necesidad de gastar en banalidades o en lo que ya tengo.
* Dudo, analizo, reviso una y otra vez, y termino por postergar decisiones. Me da terror cometer algún error que los demás me puedan reclamar o por el cual me puedan condenar.
* Cargo y me sacrifico con responsabilidades que no me corresponden. Siento que, si yo no las hago, nadie las hará como es debido. Me enoja ver la indiferencia de los demás al respecto.
* Siento envidia, celos y coraje conmigo mismo cuando alguien me gana o recibe elogios. Siento que yo debí haberlos recibido.
* Me exijo y me esfuerzo tanto que, cuando no cumplo con mis expectativas, me deprimo y me desilusiono de mí mismo.
* Puedo sentir culpa o ansiedad cuando me divierto.
* Me resulta difícil darme cuenta de que merezco placer o tener cosas especiales; es como si me lo tuviera que ganar con mucho esfuerzo.
* Puedo sentir que lo que hago nunca es suficientemente bueno. Rara vez me pongo diez de calificación.

- Cuando alguien realiza una actividad placentera como viajar, comer o comprar algo lujoso, siempre juzgo si se lo merece o no.
- Mi juez crítico no me deja en paz cuando me siento obsesionado por algo que hice o por algo que debo hacer.
- Me entristece saber que mi sola presencia física hace sentir incómodas a muchas personas. Sienten que las voy a juzgar o criticar, cuando mi única intención es aconsejarles y enseñarles cómo mejorar las cosas.

¿Cómo soy en mi "mejor" momento?

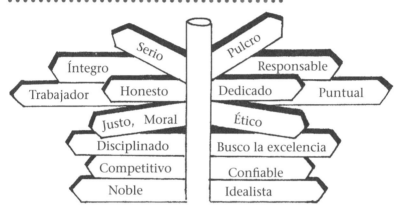

¿Cómo soy en mi "peor" momento?

¿Cómo es mi estilo de hablar?

Utilizo las palabras con gran perfección. Soy serio, directo, claro y preciso. Empleo un lenguaje muy propio, autoritario y controlado. Hago muchas pausas al hablar. Muy rara vez digo groserías.

Soy analítico y utilizo mi lógica para aplastar a mi contrincante en debates o discusiones. Tiendo a instruir, enseñar, juzgar, sermonear y a "echar discursos moralistas". Cuando me siento criticado, me comporto a la defensiva. Mi energía se concentra en la cabeza, pienso en lo que tengo y en lo que debo hacer.

¿Cómo es mi lenguaje "no verbal"?

Por lo general soy delgado. Mi apariencia es limpia, pulcra, ropa muy bien planchada, bien fajado, bien peinado, nada fuera de su lugar. Mi cuerpo es rígido y tenso. Mi ropa es clásica. Tengo muy buenos modales, buena imagen, gestos controlados. Mi postura es muy recta y mi paso es acelerado. Hago contacto visual y doy la mano firme al saludar. Tomo distancia, no toco mucho a la gente.

Cuando estoy enojado me pongo tenso, aprieto la mandíbula y los dientes, mi tono de voz cambia o muchas veces me quedo callado o manifiesto tics nerviosos, como mover la rodilla compulsivamente, me como las uñas, hago bolitas de papel, camino de un lado a otro, etcétera.

¿Qué país representa mi tipo de personalidad?

Singapur,[4] porque es un país ordenado, limpio y trabajador.

¿Qué animal me representa?

La hormiga, porque es trabajadora, organizada, metódica y creativa.

¿Qué es lo que más evito?

Cometer errores, enojarme, perder el control y ser criticado.

¿Qué es lo que más me enoja?

La mentira, la injusticia, la trampa, el soborno, las cosas mal hechas, el "ahí se va", el "no se puede", el desperdicio, la impuntualidad, ser criticado de manera injusta, que me cuestionen mi integridad, la falta de compromiso, el desorden, la prepotencia, el oportunismo, la irresponsabilidad, romper reglas, la falta de valores.

---

[4] Condon, Thomas, *Enneagram Subtypes. SubtypeOne.*

¿Cuáles son mis alas?

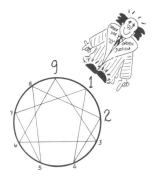

Mis alas son "NUEVE" y "DOS". Estas energías van a influir, mucho o poco, en mi tipo de personalidad durante toda mi vida.

Si soy un "UNO" con ala "NUEVE" más fuerte o más desarrollada (1/9):
Soy un "UNO" amable pero a la vez serio, tranquilo, idealista, más introvertido e independiente, menos apasionado que el 1/2. Soy sensible y, sin embargo, parezco más seco y poco cariñoso porque me resulta difícil expresar mis emociones. Me puedo confundir con un "CINCO". Mezclado con la energía del "NUEVE", mi apariencia física es más suave, más flexible y menos rígida, y soy menos enojón y criticón. Mi vestimenta es clásica, pero más simple y relajada.

Parte negativa: Puedo ser más necio, distraído y menos comprometido. Puedo evadir los problemas con la lectura, la televisión, el internet, los rompecabezas, etcétera.
Ejemplos de 1/9: Harrison Ford, Al Gore, Isabel II de Inglaterra, Katharine Hepburn, George Harrison.

Si soy un "UNO" con ala "DOS" más fuerte o más desarrollada (1/2):
Soy un "UNO" más cálido, más servicial y preocupado por los demás; más empático, altruista y generoso que el 1/9. Me gusta tratar con la gente y meterme de lleno en el trabajo. Soy más comprometido, activo y apasionado; me gustan las discusiones y los debates, ya que me llenan de energía.
Soy un poco más expresivo y cariñoso, e influyo en los demás con el optimismo y alegría del "DOS". Mi vestimenta está más a la moda y es de colores atractivos.

Parte negativa: Estaré más consciente de mi imagen que el 1/9 , soy más vanidoso y me gusta llamar la atención. Soy más celoso, dependiente, explosivo, agresivo, manipulador y controlador que el 1/9.
Ejemplos de 1/2: Juan Pablo II, Jane Fonda, Hillary Clinton, Nelson Mandela, Sydney Poitier.

¿Cómo me comporto cuando estoy estresado o relajado?

 "El Eneagrama no es estático. Nos movemos con frecuencia de un lado al otro. Los movimientos pueden ser temporales o duraderos, según la madurez de la persona."

Cuando estoy relajado:
"De acuerdo con las líneas del diagrama, podemos observar que el 'UNO' se mueve hacia el "SIETE" en una dirección y hacia el 'CUATRO' en otra."

 Cuando me siento seguro y relajado, primero muestro lo mejor de mi tipo de personalidad "UNO": abierto, íntegro, noble, productivo. Después, según este camino, adopto la parte positiva del "SIETE" y me comporto de la siguiente manera: (recomiendo leer la personalidad "SIETE" para entender mejor el comportamiento).

- Me vuelvo entusiasta, optimista y menos crítico. Acepto la realidad con sus imperfecciones.
- Me relajo, hago contacto con mi parte divertida y permito que las cosas fluyan en vez de controlarlas.
- Me doy cuenta de que mi entusiasmo y alegría por el trabajo provocan mejores resultados en la gente que mi enojo y mi actitud controladora.
- Aprendo a disfrutar del placer de tener un pasatiempo, de practicar algún deporte, de viajar, de consentirme, de divertirme, etcétera.
- Descubro que puedo ser amado de manera incondicional aunque no sea perfecto.

Asimismo, al ser el Eneagrama un sistema dinámico, también puedo tomar partes negativas del "SIETE":

- Me distraigo con facilidad, quiero abarcar mucho y no termino nada.
- Me puedo autodestruir a través de excesos de alcohol, droga, sexo, parrandas, etcétera.

Cuando estoy estresado:
Cuando me siento tenso, estresado o nervioso, primero sacaré lo peor de mi personalidad: inflexible, rígido, dueño de la verdad y crítico. Después, según

esta dirección, adopto la parte negativa del "CUATRO" y me comporto de la siguiente manera:

- Me siento solo, de mal humor, poco querido e incomprendido.
- Me encierro en mí mismo y me alejo de los demás.
- Me vuelvo más quejumbroso, serio y crítico hacia mí mismo y con los demás.
- Puedo voltear mi enojo contra mí: me odio, me deprimo, me desmoralizo y me autodestruyo.
- Me siento mal, me victimizo porque el mundo no aprecia mis esfuerzos.
- Experimento envidia y resentimiento; añoro lo que no tengo y me quejo de lo que tengo. "Todos tienen una vida mejor que la mía."

Asimismo, al ser el Eneagrama un sistema dinámico, también puedo tomar la parte positiva del "CUATRO":

- Descubro y expreso lo que en verdad quiero, porque hago contacto con mis sentimientos más profundos.
- Descubro mi parte artística y creativa, pues dejo fluir mis verdaderos sentimientos.

¿Qué le atrajo a mi pareja de mí, que después se convirtió en una pesadilla?

"Todos tenemos cualidades especiales y nos sentimos orgullosos de ellas pero, a veces, tendemos a exagerarlas. En esos casos, esas cualidades pueden convertirse en nuestros peores enemigos y hasta pueden llegar a destruirnos de manera inconsciente."

Al principio, mi pareja pudo enamorarse de mis principios morales, de mis ideales, de mi previsión hacia el futuro. Le atrajo mi puntualidad, mi orden y mi manera metódica de hacer las cosas: todo en su lugar, por colores, tamaños, peso, etcétera, además de mi estructura, mi respeto y cumplimiento de los protocolos sociales, mi gran responsabilidad y autodisciplina en todas las áreas de mi vida. Pudo sorprenderle mi habilidad para detectar los errores y corregirlos, y mi orientación hacia el detalle y la perfección en todo.

Con el paso del tiempo, mis virtudes se convirtieron en mis peores enemigos. A mi pareja llegué a parecerle aburrido, inflexible, criticón y nada divertido, ya que siempre el deber iba antes que todo: un trabajo pendiente, un cliente, una cuenta por pagar, un compromiso con la familia política, etcétera, y era capaz de posponer un paseo por alguna obligación.

De igual manera, le provocó ansiedad y enojo mi obsesión por la limpieza y el orden, por el detalle, por no querer gastar y ahorrar para el futuro, por no ser nada espontáneo y por no romper pequeñas reglas por temor al "qué dirán". Mi pareja se cansó de tanta rutina, orden, horarios, siempre el mismo lugar de vacaciones, el mismo restaurante, el mismo trabajo, los mismos amigos.

Sintió que yo era muy posesivo y que pretendía ser su papá o mamá cuando le sugería cómo mejorar su vida, que trataba de educarlo en vez de conversar. Demasiada cabeza, mucho control y poco corazón.

¿Cómo soy en el trabajo?

¡Disfruto mucho de un trabajo bien hecho! El trabajo siempre va antes que el placer y lo hago con intensidad. Soy adicto a éste y no me gusta perder el tiempo en pláticas sociales o sentimentales; prefiero trabajar. Me resulta difícil delegar porque siento que nadie puede hacer el trabajo como yo. Me gusta que haya orden, limpieza, normas y estructura. Cada cosa debe estar en su lugar. Cuido hasta el último centavo. Me molesta trabajar donde no existe estructura; lo mío es la aplicación de sistemas, procedimientos, programas y planes organizados y bien definidos, en donde sea posible medir los resultados paso a paso. Soy muy competitivo y me atraen los retos difíciles, por lo que no tolero el "me da igual" o el "no se puede". No respeto a quien no se esfuerza.

Soy práctico. Me gusta establecer controles de operación para mantener altos estándares de calidad. Transformo lo que está bien en mejor, y lo que está mejor, en excelente. La información debe ser clara, ordenada y clasificada. No corro riesgos por temor a cometer errores y ser juzgado. Mi obsesión por los detalles y la perfección me impiden ver los 360 grados del panorama. Me enfoco en el jugador y no veo el partido; y es ahí donde puedo volverme ineficiente y perderme. Me gusta que a la gente se le reconozca por su esfuerzo y tenacidad en el trabajo, y no por su imagen, sus relaciones, su simpatía o su poder.

Con frecuencia comparo mi esfuerzo con el de los demás. Ante un gran logro laboral no me atrevo a pedir un bono adicional, un aumento de sueldo o una gratificación que merezco, ya que no lo considero ético y espero a que la autoridad lo reconozca.

Si me encuentro estresado en el trabajo puedo presionar en exceso y ser muy controlador, frío, exageradamente serio, inflexible, dogmático, argumentativo y sentirme dueño de la verdad.

Ya me conocí, ahora ¿qué sigue?

Una vez que descubro mi tipo de personalidad "UNO", debo observarme a detalle y cuestionarme: ¿qué tan equilibrada está mi personalidad en términos mentales y emocionales?

 "De acuerdo con Riso y Hudson, dos personas con el mismo tipo de personalidad, una sana y equilibrada y otra tóxica o desequilibrada, se ven y se comportan de forma diferente por completo, lo cual nos confunde en el momento de identificarnos."

Éste es un resumen de lo que aprendí durante mi entrenamiento con Don Riso y Ross Hudson acerca de la manera en la cual la personalidad puede degenerarse si ésta no se trabaja.

Si soy un "UNO" sano y equilibrado:

Soy una persona ética, justa, sensible y noble ante cualquier ser humano. Acepto, me abro y me adapto a la realidad tal como es y no peleo contra ella. Mi mente es flexible y abierta a diferentes opiniones, y está dispuesta a aprender y a conocer de los demás. Sé lo que quiero y hacia dónde voy. Soy un líder que no intenta convencer a nadie ni imponer sus ideas; por el contrario, la gente me sigue por mi integridad, mi esfuerzo, mis habilidades y la gran pasión y entusiasmo que le imprimo a mi vida. Vivo de manera sencilla y tranquila de acuerdo con mis principios morales; me guío por mi conciencia e intuición y no por la opinión de los demás. Me gustan las cosas bien hechas y ésa es mi mejor recompensa, por lo que no necesito de halagos o gratificaciones. Siempre hago las cosas con un propósito o una intensión superior, lo cual me permite posponer una necesidad inmediata por un futuro más prometedor. Llevo una vida equilibrada porque, por una parte, soy honesto, comprometido, responsable, trabajador y competitivo, y por otra, dejo entrar el placer a mi vida, me consiento y me apapacho, tengo sentido del humor, me acepto como soy, me río de mis propios errores, rompo pequeñas reglas, me gusta divertirme con amigos y familiares y tener contacto con la naturaleza, ya que en ella encuentro paz interior y perfección.

Si soy un "UNO" promedio:

Quiero reformar este mundo, por lo que tiendo a educar a los que me rodean y estoy seguro de que, si lo logro, tendrán una vida mejor. Siento una necesidad compulsiva por corregir el error y buscar la perfección en todo lo que hago, por lo que casi siempre mis expectativas no están a la altura de los resultados. Me siento dueño de la verdad y estoy convencido de que hay una manera correcta de hacer las cosas; por supuesto, esa manera es la mía y los demás se equivocan. Soy muy estricto y crítico con los demás; por consiguiente, debo ser consistente y coherente con lo que hago y con lo que predico. Es muy importante y necesario que yo no cometa errores, que controle mis impulsos y emociones ya que este mundo está lleno de tentaciones: sexo, desorden, pereza, comida, sensualidad y cosas prohibidas que van en contra de mis principios éticos. Debo limitarme y exigirme ser estructurado para no caer, ser juzgado y condenado por mi juez interno y por los demás. Entre más controlo mis impulsos naturales, más tenso, frío, rígido e inflexible me vuelvo. Empiezo a dejar de disfrutar de la vida, trabajo compulsivamente, me vuelvo obsesivo por el orden, la limpieza, las dietas, el peso; interrumpo con frecuencia a la gente para corregirla, me vuelvo meticuloso, estructurado, muy preocupón, ansioso y crítico hasta en el mínimo detalle; la vida se convierte en blanco y negro con muy pocas tonalidades de gris. Mi juez interno cada vez me grita y me critica más, y como no soporto que la crítica sea sólo para mí, comienzo a criticar y a juzgar a los demás. No confío en la capacidad de la gente para hacer las cosas igual que yo y, cuando surge un problema, siento la obligación de resolverlo y, a la vez, me frustro y me enojo ante la falta de interés y compromiso de los demás.

65

Si soy un "UNO" tóxico o desequilibrado:

Me vuelvo extremadamente rígido y cerrado, no permito negociación y, ante una falta, debe haber un castigo. Hay una sensación de superioridad y arrogancia, justifico todos mis actos y estoy convencido de que lo que digo y hago es la verdad absoluta. Me vuelvo intolerante e inflexible ante cualquier objeción y creo sinceramente que los demás están equivocados. Me amargo y deshumanizo poco a poco, emito juicios muy crueles y condeno a los demás por sus errores de una forma despiadada. Estoy enojado con la vida. No puedo controlar más mis impulsos y deseos reprimidos durante tanto tiempo, de manera que comienzan a salir de manera distorsionada. Por ejemplo, si condené y prohibí el sexo, me obsesiono con revistas pornográficas o películas "triple X", con internet, con una amante, con una doble vida o hasta con el abuso sexual de un menor; mientras, en mi vida social, continúo con la negación y la crítica hacia el sexo. Empiezo a perder el control de mí mismo ante mis actos contradictorios por lo que, por una parte, me repudio, me odio y me castigo a través de lastimar mi cuerpo, o dirijo mi odio hacia los demás y cobro venganza en nombre de la justicia. Si estoy muy enfermo, puedo sufrir una profunda depresión y llegar al suicidio.

¿Cómo puedo mejorar?

* Acepta y perdona la *imperfección* en ti mismo y en los demás.
* Siente tanto tus sentimientos negativos como los positivos, sin reprimirlos, y comprende que ambos forman parte de ti.
* Aprende a distinguir cuál de tus voces te está hablando: tu voz sabia o tu juez crítico.
* ¡Toca el placer de la vida! Consiéntete y haz lo que en verdad te gusta hacer, sin tener remordimientos por no hacer lo que deberías hacer en ese momento.
* Cuando te sientas tenso y enojado, pregúntate si estás haciendo lo que *debes* o lo que *quieres*?
* Ábrete y acepta que existen nueve maneras de ver la vida y que la tuya no es la única correcta; date cuenta de que al aceptar otras opiniones, creces como persona.
* Cuando sientas resentimiento hacia alguien o algo, es porque te refleja algo que tú deseabas.

- ¡Corta con tu rutina! Tómate tiempo libre para practicar deportes, descansar o divertirte.
- Evita llenarte de trabajo y responsabilidades que te impidan pensar en ti y en lo que en verdad tienes ganas de hacer.
- Sé más sensible y generoso con tus elogios hacia los demás, usa las palabras mágicas como: "¡Muy bien!" "¡Te felicito por tu esfuerzo!" "¡Gracias!"
- Observa cómo los demás son más flexibles, no se exigen tanto ni se sienten tan culpables como tú.

¿Cómo me gustaría que me trataras?

- Dime que me quieres y que soy importante para ti, aunque no sea perfecto.
- Demuéstrame con hechos que quieres mejorar o superarte, y me convertiré en la persona más paciente y entusiasta que puedas encontrar.
- Escucha mis preocupaciones, apóyame y ayúdame a reírme de mí mismo cuando cometa errores.
- Anímame a no ser tan duro y exigente conmigo mismo y a gozar más a la familia, a los amigos y a la vida misma.
- No me regañes, no me des órdenes ni me hables con brusquedad. Ya con mi propio juez interno me basta. Dímelo de manera suave y sabré entenderte.
- Ábrete conmigo y reconoce tus errores de una forma honesta, para que yo aprenda a hacerlo de igual manera.
- Es muy importante para mí que me reconozcas y valides las ganas y el gran esfuerzo que invierto en lo que hago.
- Sé sincero, justo y coherente conmigo. Nunca me mientas, te burles de mí o cuestiones mi integridad.
- Háblame de manera clara y tranquila. No soporto las dramatizaciones y las escenas emocionales.
- Ayúdame a entender que puedo lograr mucho más y llegar más lejos a través de motivar y de acercarme a la gente con mi entusiasmo, que con mi exigencia, mi perfeccionismo o mi enojo.
- Evita decirme "no se puede"; mejor busca cómo lo podemos lograr.
- Enséñame a comprender que predico más con mis actos y mi nobleza que con mis discursos moralistas, que a nadie le interesan.

Testimonio de un "UNO" transformado:

Siento que mi madurez comenzó cuando me reconocí y me acepté tal como soy, con mis errores y debilidades, como cualquier ser humano. Al mostrar mi fragilidad, mis sentimientos, mis emociones negativas y hasta mi enojo a los demás, la gente se me acercaba, me aceptaba y me quería más que cuando mostraba una apariencia de rigidez y perfección.

Cada día estoy más consciente de cómo disfrazaba mi ira detrás de una cara sonriente y buena educación, mientras por dentro me quemaba el enojo. Es un trabajo de todos los días, nada fácil de lograr. Ahora, permito y acepto que tanto mis sentimientos positivos como los negativos circulen por todo mi cuerpo, sin que mi cabeza los reprima.

Cuando empiezo a sentir que la energía del enojo sube por mi cuerpo, tengo dos opciones: actuar por impulso o controlar esa energía y relajarla poco a poco por medio de respiraciones profundas. Una vez tranquilo, expreso mi descontento de forma serena y madura, sin hacer daño a los demás y sin culparme.

Una vez que el enojo ya pasó, me cuestiono en mi interior: ¿qué es lo que en verdad me enoja y que no quiero ver? ¿cuál es el fondo de todo esto? ¿por qué estoy tan inflexible, irritable y criticón hacia ciertas personas o situaciones?

Siento que me quiero más a mí mismo. Me tenía descuidado. Ahora me importo y me consiento: me divierto, hago deporte, hago contacto con la naturaleza, aprecio cada momento como es.

Sin embargo, todavía busco la excelencia y soy idealista porque quiero contribuir a mejorar este mundo, pero me di cuenta de que mi deseo por encontrar la perfección en todo me enojaba y me frustraba, porque la perfección como tal es inalcanzable.

Descubrí que la perfección es vivir en balance, en equilibrio, en una armonía que resulta de la mezcla entre lo positivo y lo negativo y que se percibe en el cuerpo; una sensación de integridad, de estar en paz, de estar unido a la vida y de formar parte de algo más fuerte que yo.

Personalidad tipo "DOS"

Servicial, altruista, generoso, complaciente, sentimental, compasivo, dependiente, manipulador.

"Para saber si eres un tipo de personalidad 'DOS', debes identificarte por lo menos con setenta por ciento de sus características. Recuerda que éstas varían según cada persona. Toma en cuenta el rango entre 18 y 30 años de edad, ya que es en este periodo cuando la personalidad está más definida."

¿Cómo soy en general?

Me considero una persona cálida, fácil, complaciente, expresiva, envolvente, adaptable y empática. Soy muy perceptivo, tengo una antena bien puesta y escucho con tal sensibilidad que puedo detectar las necesidades y deseos de los demás mejor que nadie y con facilidad. Sé a la perfección qué necesita o qué le gusta a mi pareja, hijos, padres, jefe, etcétera. Sin embargo, ¿qué es lo que yo quiero? ¿qué es lo que siento? No lo sé y me cuesta mucho trabajo descubrirlo, ya que mi mente está más atenta al mundo de afuera, a las necesidades de los demás, que a mi mundo interno.

Mi autoestima es alta; dicen que tiendo a adularme por lo bueno, lindo y servicial que soy o, por lo menos, creo que soy. Mi adicción son las personas: ¡me encanta la gente, la fiesta, las relaciones, la diversión, la parte social de la vida y tener muchos amigos! Soy seductor por naturaleza y puedo ser encantador, pues tengo un don para acoger y hacer sentir especiales a los demás. Conozco la manera de complacer o halagar, entablo conversación con facilidad e intimo de inmediato. Sé a la perfección cómo debo presentarme y qué debo decir para conquistar al otro.

Para mí, dar amor, tener diferentes tipos de amigos y relacionarme profundamente con ellos es algo vital, pues tengo mucha necesidad de cariño, de caer bien, de contactar a nivel emocional con los demás, de ser aceptado y reconocido. Me encanta saber que soy el amigo preferido y me enorgullece sentirme necesitado. Me siento importante cuando doy el consejo adecuado o alguien me confiesa un secreto.

Me agrada estar con gente importante y poderosa; con tal de sentirme acogido y querido por esas personas, me amoldo, me adapto y los complazco con gran facilidad.

Soy muy emotivo, romántico y sentimental. Me gusta hablar del amor y de la amistad, sentirme cerca de las personas, acariciar, acurrucarme, tocar, apapachar, besar, abrazar, quedarme pegado al otro. No me gusta estar solo, por lo que es básico en mi vida sentirme unido con el mundo; es por eso que me resulta difícil vivir sin teléfono, celular o correo electrónico, ya que creo que en cualquier momento alguien puede necesitar de mi ayuda o compañía. Me entristece pensar que muchas veces la gente sienta que deseo entrometerme, manipular o controlar su vida, cuando lo único que quiero en realidad es ayudarla.

En cuestiones de amor, me enamoro rapidísimo y siempre sueño con tener una pareja que dure para siempre. Es curioso porque, por una parte, dependo muchísimo de mi pareja a nivel emocional, me gusta sentir que soy indispensable en su vida y que soy lo máximo para ella. Me gusta sentirme amado y protegido; pero, a la vez, no soporto que me dé órdenes. Me gusta ser quien controle mi relación de pareja de manera indirecta y salirme con la mía. ¡Me dicen el rey de la manipulación!

En mi vida diaria tiendo a usar más el corazón que la razón. En ocasiones soy muy poco realista o tomo una actitud inocente, ya que me cuesta trabajo creer en la maldad de la gente, lo que a veces desespera a muchos. Me frustra no poder usar más la cabeza en los momentos en que se requiere. Soy muy sensible a los sentimientos de los demás, soy de lágrima fácil y no soporto ver gente que sufre o es víctima de la violencia.

Puedo ser muy protagónico, posesivo y celoso con mis seres queridos. Disfruto ser el núcleo de mi familia. Sin embargo, a veces me siento agobiado y presionado por las necesidades de los demás, sin tiempo para mí y cansado de tanto dar. Cuando estoy enojado, puedo transformarme de manera drástica en un monstruo irreconocible, y me vuelvo histérico, agresivo, impulsivo y violento.

¿Qué personajes representan mi tipo de personalidad?

Madre Teresa de Calcuta, Paul McCartney, Bradley Cooper, Jennifer Lopez, Jacqueline Bracamontes, Fernanda Familiar, Eva Perón, Eva Longoria, Martha Sahagún de Fox, Fernando Landeros (presidente del Teletón), Verónica Castro, Yuri, Thalía, Talina Fernández, Galilea Montijo, María Magdalena, Elvis Presley, Dolly Parton, Sofía Vergara, Christina Aguilera, Bill Cosby, Monica Lewinsky, John Travolta, Céline Dion, Xuxa, Melanie Griffith, Ivana Trump, Danielle Steel.

¿Cómo percibo el mundo?

Este mundo es un lugar en donde es necesario dar para recibir, por lo que voy a dedicar toda mi energía a satisfacer las necesidades y deseos de los demás. Por supuesto, espero que ellos hagan lo mismo por mí.

¿Qué estoy buscando?

* Ser querido y aceptado.
* Sentirme necesitado por alguien.
* Ser muy importante en la vida de los demás.
* Dar una buena imagen de mí mismo.
* Saber qué quiero y encontrar cuál es mi misión en esta vida.

¿A qué le tengo miedo?

* A no ser querido por lo que valgo, sino por la ayuda que brindo.
* Al rechazo.
* A estar solo.
* A que me critiquen.

¿Cuál es la imagen que quiero reflejar ante los demás?

¡Soy una persona sensible y generosa que ayuda a todos!

¿Cuál es mi queja interior?

Si todo el mundo ayudara y fuera generoso con los demás, como yo, este mundo sería más ligero y llevadero.

¿En dónde está mi mente la mayor parte del tiempo?

* En detectar y preocuparme por las necesidades y deseos de las personas que son importantes para mí, con el fin de conseguir su aprobación y cariño.
* En saber qué opinión tienen los demás de mí.

¿Cómo me convertí en un "DOS"?

De niño tal vez viví alguna(s) de estas situaciones:

- Aprendí que, para recibir, era necesario dar algo a cambio.
- Descubrí que una manera de lograr que me quisieran era ser cariñoso, dulce, encantador, seductor y hasta chistoso.
- Desarrollé un tipo de antena para detectar las necesidades, preferencias y gustos de los demás mejor que nadie.
- Quería ser importante en la vida de los demás, por lo que me dediqué a ser indispensable en sus vidas a través de mi empatía, ayuda y sacrificios.
- Aprendí a detectar el estado de ánimo de los adultos y a adaptarme a ellos con facilidad.
- Me di cuenta del amor que recibía y lo orgulloso y útil que me sentía cuando daba a los demás, sin pedir nada a cambio.
- Aprendí a reprimir y a negar mis necesidades; ya que, cuando las expresaba, me sentía egoísta y culpable.
- Algunas veces tuve que ser la autoridad de mi familia. Fui el papá o la mamá de mis hermanos, inclusive de mis padres.
- Descubrí que ganaba mucho más si me acercaba a la gente con cariño y de una forma suave, en lugar de hacerlo con enojo y asertividad.
- Me di cuenta de lo importante que era para mí la opinión de los demás. Si no recibía reconocimiento, me sentía frustrado y devaluado; en cambio, si me reafirmaban, me "hacían mi día".

 "Hay mujeres tipo 'DOS' que tienen ojos muy vivos y expresivos, con mucha chispa. Desde pequeñas establecen un vínculo muy estrecho con su padre, a quien cautivan y seducen con su encanto, lo cual las convierte en 'la hija consentida de papá'. De hecho, existen más mujeres que hombres tipo 'DOS'."

Experiencias de la infancia de personas tipo "DOS":

Eugenia, de 42 años:

> *Yo sabía que mi nacimiento no era deseado. Fui concebida por accidente, por lo que toda mi vida me he dedicado a servir y dar amor para compensar y demostrarles que sí valía la pena haber nacido.*

Maria Luisa, de 33 años, recuerda:

Éramos cinco hijos, yo era la mayor y me sentía uno más de mis hermanos. Mi mamá tenía que salir a trabajar todos los días y me encargaba que me ocupara de ellos. Una vez la escuché platicar con una vecina; le decía que yo era su gran apoyo y ayuda, que sin mí, ella no podría trabajar. Ese comentario me gustó, me hizo sentir útil e importante y me distinguió de entre todos mis hermanos.

Fernanda, de 22 años:

Recuerdo que mi papá era muy temperamental: un día era muy enojón y otro día era encantador. Desde muy niña sabía detectar su humor, sabía cuándo acercarme y derretirlo con mis caricias y abrazos, y cuándo permanecer callada y alejada. Mi madre y mis hermanos siempre me pedían sacarle algún permiso, algo de dinero o algún favor.

¿Cuáles pueden ser mis mayores virtudes?

- Una parte importantísima de mi vida son las relaciones humanas. Tengo la capacidad de hacer conexiones profundas y empáticas con todo tipo de personas, incluso con aquellas que son muy difíciles de tratar. A todas ellas puedo hacerles sentir que están en un espacio seguro en donde son especiales e importantes para mí. Puedo apoyarlas en momentos duros e intuir lo que sienten y necesitan en ese momento.
- Soy excelente anfitrión, puedo acoger e incluir a alguien nuevo en el grupo de una forma cálida, compasiva y cariñosa. Creo en la igualdad y dignidad universal de las personas, y trato por igual al barrendero o a un presidente.

- Sé lo que quiero y a dónde voy; y puedo impulsar y motivar a las personas a ser seguras de sí mismas, fuertes e independientes, ya que resalto los valores y talentos que honestamente encuentro en ellas.
- Soy entusiasta, simpático, divertido y tengo muy buen sentido del humor. Soy eficiente, cumplido y comprometido. Tengo una gran generosidad espiritual, pues ayudo en silencio y sin llamar la atención. Puedo atender las necesidades de los demás sin dejarme de dar a mí mismo. Soy altruista y hago el bien sin esperar ningún tipo de pago o reconocimiento. Soy genuino al dar y lo hago por gusto.

¿Cuáles pueden ser algunos de mis mayores defectos?

- Cuando me enfurezco, no pienso, pierdo toda claridad mental y el control, reacciono como un monstruo irreconocible, hago dramas histéricos y me vuelvo muy agresivo e impulsivo.
- Puedo presentar la falsa imagen de ser generoso, bondadoso y servicial sin desear ningún tipo de recompensa cuando, en el fondo, utilizo y manipulo a las personas a mi conveniencia para *recibir algo a cambio*. Mi orgullo no me permite reconocer que tengo las mismas expectativas y necesidades que el resto de là gente.
- Mi egoísmo y mi capacidad de manipulación pueden ser tan majestuosas que puedo fingir una postura de mártir altruista y lograr que la otra persona me honre por mi gran bondad; a la vez, puedo lograr que se sienta agradecida y en deuda conmigo por lo mucho que le he brindado.

79

- Puedo ser a tal grado soberbio, dominante y engreído que la gente que me rodea no soporte mi compañía.
- De manera inconsciente puedo dar de más, ser metiche, aconsejar e interferir demasiado en la vida de los demás, cuando ellos ni siquiera requieren de mi ayuda.
- Al ser tan posesivo y protector, puedo tomar y creerme el papel de padre o madre de mi pareja, de mis padres, de mis amigos; los trato como niños y causo muchos problemas en la relación.
- Si me siento muy desdichado, mi sentimiento de soledad o de no sentirme querido puede llevarme al llanto dramático, a ser víctima, a la depresión, a la hipocondría, al servilismo, a ponerme "de tapete" para que me pisen, a prestarme a lo que sea con tal de que me quieran, a ser codependiente y a desarrollar trastornos psicosomáticos como sobrepeso, acné, dolores de cabeza y de espalda, etcétera.

Verónica, de 36 años:

Con el paso del tiempo, me doy cuenta de que me faltó establecer muchos límites a mi suegra. Según ella, quería enseñarme todos los caprichos de su hijo. "A ver, mi niña: a mi güero precioso le gusta la sopa así... Su ropa va doblada de esta manera...El café lo toma..." Llegó a ser tan imprudente y a entrometerse tanto en nuestro matrimonio que hasta quería saber detalles de nuestra vida privada. ¡Gracias a que nos cambiamos a vivir a otra ciudad, mi matrimonio no fracasó!

Alicia, de 26 años, novia de un "DOS":

Hoy, no entiendo cómo pude permitir que mi novio terminara conmigo seis veces en un periodo de un año. Me hizo como quiso y lo peor es que yo me dejaba. Tenía una personalidad muy fuerte y controladora. Primero me

decía que me amaba y me necesitaba, lo cual me hacía sentir muy segura.
Pero después, con sólo voltear a ver o ser amable con alguien, se enfurecía y
rompía conmigo. Pasados dos días, me suplicaba que lo perdonara y yo vol-
vía a caer. Cada vez aumentaban más nuestros pleitos y faltas de respeto,
y mi autoestima disminuía. Me sentía triste, sola, muy insegura, sabía que
estaba equivocada y que él no me convenía pero, a la vez, no me atrevía a
terminar con él por miedo a sus reacciones y a que todavía lo amaba.

¿Cuál es mi punto ciego?

La soberbia, complejo de superioridad.

Como "DOS", me cuesta trabajo reconocer que exagero lo orgulloso e importante que me siento cuando ayudo, elogio, demuestro cariño y aconsejo
a los demás, o cuando alguien depende de mí.

Me siento pleno y lleno de satisfacción ante mis acciones virtuosas. *¡Soy*
lo máximo! No sé qué harían los demás sin mí.

En apariencia *no necesito nada* del otro, porque yo no pido nada, soy autosuficiente, las puedo de todas, todas; soy bueno, lindo y ofrezco mi ayuda y
mi cariño a los demás sin ningún interés de por medio. Me digo a mí mismo: "Yo soy quien te facilita la vida y resuelve tus problemas; yo apoyo y
ayudo a mis hijos con las tareas; yo soy indispensable en la vida de los que
me rodean", etcétera.

Es muy difícil sacar a la luz este orgullo porque desde que era niño aprendí, primero, a dar a los demás para después recibir su amor o reconocimiento. De manera inconsciente, así he sido a lo largo de toda mi vida.

Un punto de partida sería reconocer ese sentimiento de superioridad y convertirlo en humildad.

Esto no quiere decir que me convierta en un mártir o que me sacrifique y que no desee nada para mí; sólo significa que sea justo y equilibrado con lo que tomo y con lo que doy.

"Cuando el tipo 'DOS' se cree y se siente todo lo bueno y dadivoso que es, no puede ver que muchas veces, sin darse cuenta, da y ayuda para conseguir algo como recompensa."

En el fondo le cuesta reconocer que él es el más necesitado. Necesita que lo necesiten, porque dar o ayudar es una forma de sentirse querido, reconocido, útil e importante.

Ejemplo:

Me fui a estudiar al extranjero y, cuando llegué al colegio, me sentía muy segura porque mis hermanas ya habían estado allí en años anteriores. Me conmoví cuando vi que una de las extranjeras se aislaba y lloraba en los dormitorios. ¡Pobre... necesita ayuda! Fui hacia ella, la abracé, la consolé y le dije que yo sería su amiga, que no se preocupara. ¡Me sentí muy bien de poder ayudarla!

Después de muchos años y de recordar esa anécdota, me doy cuenta de que yo me proyectaba en ella. Era yo quien necesitaba cariño y a una amiga en ese momento.

¡Por supuesto que, en muchas ocasiones, el acto de dar puede ser altruista, desinteresado, por el gusto de dar! Sin embargo, si el tipo "DOS" no se detiene a *reconocer* que no es tan bueno como aparenta y que también *necesita* muchas cosas, como cualquier persona (ayuda, cariño, reconocimiento, algo material), acumulará en su interior mucho resentimiento, tensión y enojo que tarde o temprano se lo cobrará a su pareja o amigos, o se hará daño a sí mismo.

Ejemplo:

Toda mi vida me he dedicado a mi trabajo profesional y a mi familia. En los años noventa me realicé un chequeo médico y resultó que tenía cáncer mamario. Al estar tan acostumbrada a ser autosuficiente y a creer que todo lo puedo, me prometí no quejarme y continuar con mi vida diaria. Recuerdo esa época como una pesadilla y como lo peor que me ha sucedido en la vida. Además de acudir a mis quimioterapias, continué trabajando medio tiempo, veía por todos y realizaba las labores de la casa, como lavar, planchar y cocinar. ¡Gracias a Dios salí adelante!

Diez años después le detectaron cáncer a mi marido. Yo, como buena "DOS", llamé a los amigos y familiares para pedir su apoyo y cariño hacia mi esposo. Hoy quiero confesarles que, en ese momento, en lugar de sentir compasión, sentí odio, mucho coraje y rechazo hacia él. Reflexioné, lloré y me tomó algún tiempo aceptar que, por mi maldito orgullo y por querer ser omnipotente, no permití que nadie me diera afecto como lo hicieron con mi marido. Me di cuenta de que perdí la gran oportunidad de recibir amor y de vivir esa parte humana y enriquecedora que proporcionan las penas. Ni me dejé dar, ni me di.

Con el tiempo me he deshecho de mi soberbia y he aprendido a pedir abiertamente lo que necesito en lugar de esperar o suponer que alguien me lo dará.

¿Cómo soy por dentro en realidad?

Durante mucho tiempo, mi atención se ha enfocado tanto en preocuparme por complacer a los demás, en saber lo que piensan de mí, en saber cómo les caigo, que he escondido y olvidado mis necesidades. Lo peor que me puede suceder es no encontrar a quién ayudar. Cuando no lo encuentro, siento un vacío, como si dejara de existir, de valer...

Siempre he creído que lo más importante es ayudar y darme a los demás. Me he sentido egoísta y culpable cuando me he dedicado a mí. Me resulta muy difícil pedir ayuda, me da vergüenza, no quiero dar molestias. Trato de ser autosuficiente con tal de no pedir.

Vivo tanto tiempo en función de los demás y para los demás, que la mayoría de las veces me olvido de mí; es decir, no tengo vida propia.

Me doy cuenta de que, con tal de agradar y ser aceptado, me adapto o me moldeo a cualquier tipo de persona: si estoy con un político, puedo actuar y hablar como político; si estoy con un bohemio, me convierto en bohemio; si estoy en un grupo de personas recatadas, me convierto en recatado. Es una gran cualidad y a la vez un gran problema, pues no sé quién soy en realidad; es como si tuviera muchos "yo" dentro de mí. *¡No tengo identidad propia!*

He notado que, cuando hago una conexión con una persona que me importa, me siento muy vivo y lleno de energía; es una sensación magnífica, como si la sangre corriera por todo mi cuerpo. En mi interior siento una urgencia por ganarme a esa persona, de manera que hago hasta lo imposible por conquistarla y que no me rechace.

A veces ayudo o "ando de hablador" a tal grado que me hago responsable de cosas que no me corresponden o no puedo cumplir; hago favores por aquí, complazco por allá, resuelvo la vida del de acá. Llega un momento en que me siento agotado, desgastado, como si me extrajeran toda la energía y lo único que quiero es aislarme de todos y no dar nada.

He descubierto que, cuando complazco o soy encantador con otra persona, me siento muy bien y muy seguro; siento un gran alivio de no tener que pensar en mí. Al estar con otra persona me siento fuerte y optimista. Sin embargo, lo peor es cuando trato de estar a solas conmigo, pues muchas veces no encuentro nada: no sé qué quiero, no sé qué siento, no sé cuáles son mis deseos más profundos, no sé ponerle nombre a mis sentimientos, no sé quién soy.

Es un vacío profundo, una gran tristeza, un hoyo negro que me da miedo y ansiedad. Hablo por teléfono, compro, trabajo, arreglo mi casa, busco a quién ayudar para intentar encubrirlo; porque, para mí, ayudar es una máscara para no ver la gran necesidad que tengo de aprobación y protección.

¿Qué es lo que me molesta de mi personalidad?

- Me cuesta trabajo decir "no" y establecer límites en momentos determinados.
- Soy posesivo; no me doy cuenta de que ayudo, opino y aconsejo sin que me lo pidan.
- Me da coraje dejar que mis sentimientos me ganen y me controlen en situaciones en que es necesario usar más la cabeza.
- Puedo coquetear, seducir, conquistar y provocar a la otra persona con facilidad; pero, cuando ésta quiere más, siento temor y "me echo para atrás".
- Entre más inseguro me siento, más servil y halagador me vuelvo.
- Me cuesta trabajo pedir amor o un favor; me da vergüenza. En realidad disfruto más dar que recibir.
- Cuando no me interesa la otra persona, me desconecto y la ignoro con rapidez.
- Estoy tan absorto en los demás que no sé lo que quiero o necesito en realidad.
- Cuando estoy enojado, me da miedo confrontar y ser asertivo con mis sentimientos por miedo a ser rechazado.
- Fuera de mi centro, es muy fácil que me pierda en los gustos y opiniones de otra persona y me abandone a mí mismo.
- Me da coraje depender tanto de la opinión de los demás; si me aprueban, me siento muy bien; si me critican o no me reconocen, me deprimo y me siento devaluado.
- Me molesta que las personas no reaccionen como lo haría yo. Deberían ayudar como yo lo hago.
- Cuando por fin me atrevo a decir "no" o me niego a hacer algún favor y veo que a la otra persona no le gustó mi respuesta, me siento mal, culpable, odiado y no querido.

- Con tal de conquistar o impactar al otro, tiendo a hacer comentarios de sobra, emitir juicios o soltar chismes, de lo que después me arrepiento.
- Puedo disfrutar tanto del momento que todo lo demás pierde importancia, me vuelvo irresponsable y olvido las consecuencias de mis actos.

¿Cómo soy en mi mejor momento?

¿Cómo soy en mi peor momento?

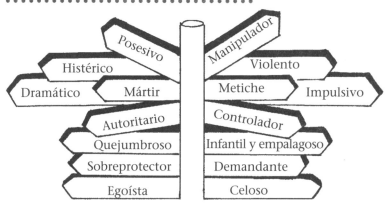

¿Cómo es mi estilo al hablar?

Me comunico de una manera muy efusiva, expresiva y energética. Soy protagónico, hablo mucho, aconsejo, sugiero, elogio, seduzco, hago muchas preguntas, tiendo a tocar a las personas al hablar. Hago sentir importantes a los demás y logro que me cuenten sus intimidades.

¿Cómo es mi lenguaje no verbal?

Por lo general soy muy cálido y sonriente. Hablo con todo el cuerpo, pero en especial con los ojos. Me gusta la proximidad; mi espacio vital es muy pequeño y no me doy cuenta de que hablo muy de cerca. Soy táctil, me gusta acariciar y abrazar. En el terreno ajeno me muevo con iniciativa, espontaneidad y rapidez para contactar y conquistar a la gente. Mi paso es firme y seguro. Siempre estoy listo para ayudar; hago paradas cortas para detectar quién me necesita. Tengo un porte erguido y mucha energía. Soy teatral pero no trágico, como el tipo "CUATRO". Soy extremadamente seductor. Puedo mostrar gestos de altivez e indiferencia.

 "A manera de metáfora, podríamos decir que existen dos tipos de mujeres 'DOS', ya que su lenguaje corporal es por completo diferente uno del otro":

Tipo A: No le da mucha importancia a su apariencia física; viste de una manera clásica y conservadora, no llama mucho la atención ya que no es muy sensual. Seduce a través de coquetear con timidez por medio de su encanto, calidez, generosidad, simpatía, de hacerse la protagonista, de hacer sentir importante al otro a través de sus preguntas, de su plática o de su sentido del humor.

Tipo B: La apariencia física es de vital importancia para ella. Hay un cuidado extremo desde la cabeza hasta los dedos de los pies. Llama mucho la atención, le gusta que la vean y la admiren. Es una mujer muy sexy, coqueta y dramática. Seduce con sus palabras, con su tono de voz y con su cuerpo a través de movimientos provocativos. Tiene una actitud de conquista, le gusta atraer la atención a través de ropa ajustada, escotes pronunciados, minifaldas, accesorios de última moda...

TIPO A   TIPO B

¿Qué país representa mi tipo de personalidad?

Italia[5] porque es afectuosa, maternal, disponible y acogedora, como yo.

¿Qué animal representa mi tipo de personalidad?

El gato[6] porque es cariñoso, seductor y le gusta acercarse y pegarse al otro, como yo.

¿Qué es lo que más evito?

Reconocer que también tengo enormes expectativas y necesidades emocionales como los demás porque, si las reconozco, rompería con mi apariencia de "bueno y dadivoso".

¿Qué es lo que más me enoja?

Que me ignoren, me rechacen o no tomen en cuenta mi opinión. Que me humillen o abusen de mí. Que no valoren o reconozcan mi ayuda. Sentirme amenazado o controlado. Tener una frustración amorosa. No lograr lo que quiero.

---

[5] Pangrazzi, Arnaldo, *El Eneagrama*, p. 107.
[6] Íbid, p. 106.

¿Cuáles son mis alas?

 Mis alas son "UNO" y "TRES". Estas energías van a influir, mucho o poco, en mi tipo de personalidad durante toda mi vida.

Si soy un "DOS" con ala "UNO" más fuerte o más desarrollada (2/1):
Soy un "DOS" mucho más serio, discreto, ordenado, idealista, exigente y responsable que el 2/3. Mezclado con la energía del "UNO" soy más ético, vivo de acuerdo con estándares y principios morales. Mi atención se dirige más a ayudar y servir al prójimo que a mí mismo, por lo que soy quien más reprime sus necesidades y su enojo.

Parte negativa: Puedo tener un juez crítico que me hace sentir culpable y egoísta. Puedo tener mi parte moralista, estructurada e inflexible. Puedo acumular mucho resentimiento que se vuelva en mi contra.

Ejemplos de 2/1: Madre Teresa de Calcuta, Papa Juan XXIII, Barbara Bush.

Si soy un "DOS" con ala "TRES" más fuerte o más desarrollada (2/3):
Soy un "DOS" mucho más extrovertido, sociable, expresivo y vanidoso que el 2/1. Mezclado con la energía del "TRES" soy más trabajador, competitivo, seguro y ambicioso. Mi atención se dirige más a las relaciones, a la parte social, a ser encantador, que a ayudar al prójimo. Soy más directo para decir lo que quiero.

Parte negativa: Estoy muy consciente de la imagen que proyecto. Puedo ser meloso, manipulador y hacer escenas dramáticas y berrinches sentimentales. Puedo adoptar una postura superficial, fría, arrogante, controladora y déspota como el "TRES".

Ejemplos de 2/3: Verónica Castro, Paul McCartney, Ivana Trump.

¿Cómo me comporto cuando estoy relajado o estresado?

 "El Eneagrama no es estático. Nos movemos con frecuencia de un lado al otro. Los movimientos pueden ser temporales o duraderos, según la madurez de la persona."

Cuando estoy relajado:
Según las líneas del diagrama, podemos observar que el "DOS" se mueve hacia el "CUATRO" en una dirección y hacia el "OCHO" en otra.

Cuando me siento seguro y relajado, primero sacaré *lo mejor* de mi tipo de personalidad "DOS": cálido, empático, simpático, generoso... Después, según este camino, adopto la *parte positiva del "CUATRO"* y me comporto de la siguiente manera: (Recomiendo leer la personalidad "CUATRO" para comprender mejor el comportamiento).

• Me siento único y especial, y descubro que mis necesidades son tan importantes como las de cualquier persona.
• Aprendo otras maneras de valorarme además de ayudar.
• Hago contacto con mi mundo interno, con mis sentimientos de tristeza, enojo y soledad, y me doy cuenta de lo mucho que me he abandonado por servir a los demás.

* Mis relaciones con los demás se vuelven más auténticas.
* Aprendo a expresar mis necesidades, a decir "no" y a ser asertivo.
* Empiezo a expresarme de una forma más creativa, intensa y sincera.

Asimismo, al ser el Eneagrama un sistema dinámico, también puedo tomar *partes negativas del "CUATRO":*

* Me comparo con otros, me siento menos, siento envidia y me victimizo.
* Me vuelvo hipersensible a nivel emocional, tengo cambios drásticos de humor.
* Me vuelvo depresivo, quejumbroso, dramático, complicado y, a veces, petulante.

Cuando estoy estresado:
Cuando me siento tenso, estresado o nervioso, primero sacaré *lo peor* de mi personalidad: manipulador, mandón, agresivo, egoísta... Después, según esta dirección, adopto la parte negativa del "OCHO" y me comporto de la siguiente manera: (recomiendo leer la personalidad "OCHO" para comprender mejor el comportamiento).

* Me transformo en un monstruo; dejo de ser amable, me enojo, me irrito, me vuelvo agresivo, discuto con amargura, culpo a los demás y busco la venganza.
* Me vuelvo impulsivo; quiero controlar todo y a todos.
* Desarrollo un caparazón de fuerza que protege mi vulnerabilidad, lo cual me vuelve duro, sarcástico y despreciativo.
* Me cierro, no escucho y desconfío de todo.
* Me vuelvo arrogante y un odioso enemigo.
* Quiero que la gente pague por su ingratitud.
* Sé tocar y herir el punto débil de mi adversario, hago uso de la agresión y la burla para decir las cosas; si es necesario, empleo la violencia física.

Asimismo, al ser el Eneagrama un sistema dinámico, también puedo tomar *partes positivas del "OCHO":*
* Reclamo el lugar que me corresponde y me vuelvo más seguro, directo y poderoso.
* Reconozco en mí esa gran fuerza interna que desconocía.
* Aprendo a establecer límites y dejo de preocuparme por el "qué dirán".
* Mi rencor y mi enojo me ayudan a reconocer mis necesidades.

¿Qué le atrajo a mi pareja de mí, que después se convirtió en una pesadilla?

"Todos tenemos cualidades especiales y nos sentimos orgullosos de ellas pero, a veces, tendemos a exagerarlas. En esos casos, esas cualidades pueden convertirse en nuestros peores enemigos y hasta pueden llegar a destruirnos de manera inconsciente."

Al principio, mi pareja pudo enamorarse de mi belleza física, de mi parte inocente, extrovertida, empática, infantil, complaciente, romántica, buena, servicial y cariñosa: "Un tigre con apariencia de gatito asustado que no sabe pedir y sólo sabe seducir para recibir."

Le pudo atraer lo mucho que dependía de ella en términos emocionales y, a la vez, esa fuerza interna que tengo para cuidarla y resolverle la vida.

Soy tan intuitivo y observador que podía leerle el pensamiento a la perfección y detectar lo que necesitaba en ese momento. ¿Cuál era su bebida, comida, ropa, color, deporte, artista y loción... preferidos? Podía adaptarme, consentirla y complacer cualquiera de sus caprichos. ¿Le gustaba ver los deportes en televisión? Era fácil, me adaptaba y también me gustaba verlos. ¿Le gustaba la política? Me interesé por ella y, al menos en apariencia, terminó por encantarme. ¿Quería que fuera un buen anfitrión? ¡Me convertí en el mejor! Traté de hacerme indispensable en su vida; me anticipé y me convertí en lo que mi pareja quería.

Con el paso del tiempo, mis virtudes se convirtieron en mis peores enemigos. Mi pareja se cansó de mi sobreprotección, de sentirse controlada, atrapada y poseída por mí. Se hartó de mi manera indirecta de salirme con la mía, de mis dramas histriónicos de tristeza o coraje y de exigirle mucho de su tiempo para estar conmigo. Se cansó de mi exagerado servilismo y bondad hacia ella y los demás. Le desesperó mi aparente inocencia ante los males del mundo y mi comportamiento infantil y meloso. Le chocó mi imagen de "invencible, rescatador, sabelotodo y salvador del mundo".

Por otra parte, yo me puedo cansar de ser quien no soy, de ser tan complaciente con mi pareja y de no darme a mí, de no hacer lo que en verdad me gusta. Con el tiempo, descubro que nunca me ha gustado el deporte ni la política ni ser el mejor anfitrión. Sólo lo hice para sentirme querido e indispensable. Me reclamo y me da coraje conmigo mismo por haberme olvidado tanto tiempo de mí. Esta nueva actitud le sorprende a mi pareja: "¿Qué te pasa? Antes te gustaba el deporte, la política y lo social... ¡a ti, te cambiaron!"

Lo que deseo es que mi pareja me acepte como soy en realidad y no quien traté de ser por error y por complacerla.

¿Cómo soy en el trabajo?

Me atrae el éxito, el poder y las relaciones con gente importante. Soy amigable, ambicioso y muy competitivo. Soy adicto a la gente, sé percibirla muy bien y anticiparme a sus necesidades. Mi prioridad es satisfacer y complacer al cliente. Soy práctico y eficiente, y a la vez tengo mucha iniciativa para empezar nuevos proyectos. Creo que puedo ser un buen líder, pero no me gusta estar al frente u ocupar el lugar principal porque prefiero estar menos expuesto y evitar la crítica y el rechazo; prefiero manejar el poder de una forma indirecta. Soy excelente para ser la mano derecha de un puesto importante, ya que, además de proteger sus intereses, soy muy hábil para las relaciones humanas. Cuento con información privilegiada, conexiones, contactos importantes, conozco muchos secretos y a mucha gente, por lo que, si alguien no reconoce mi trabajo, no me toma en cuenta o trata de "saltarme", mi temperamento cambia de manera drástica y puedo armarle la guerra.

Me gusta trabajar con todo lo que se relacione con personas, por lo que trato de evitar al máximo lo técnico, lo científico, la investigación de datos, gráficas, libros… Me gusta ser popular e interactuar con todo tipo de gente, porque nunca sé cuándo los puedo necesitar.

Quiero dar una imagen de indefenso y encantador, y esto me causa conflictos porque, por una parte, quiero caerle bien a todos, y por otra, quiero que me reconozcan por mi desempeño en el trabajo.

Me critican de ser barbero y metiche en la vida de los demás; dicen que ayudo al grado de empalagar con el motivo oculto de obtener algo. Soy un gran promotor y puedo ayudar a desarrollar las habilidades de aquellos en quienes creo; sin embargo, a la vez necesito que me vean, que me apoyen y me reconozcan. De lo contrario, pierdo total interés en ellos. "Si ellos ganan, yo también gano."

Ya me conocí, ahora ¿qué sigue?

Una vez que descubro mi tipo de personalidad "DOS", debo observarme a detalle y cuestionarme: ¿qué tan equilibrada está mi personalidad en términos mentales y emocionales?

"De acuerdo con Riso y Hudson, dos personas con el mismo tipo de personalidad, una sana y equilibrada y otra inmadura o desequilibrada, se ven y se comportan de forma diferente por completo, lo cual nos confunde en el momento de identificarnos."

Éste es un resumen de lo que aprendí durante mi entrenamiento con Don Riso y Ross Hudson acerca de la manera en la cual la personalidad puede degenerarse si ésta no se trabaja.

Si soy un "DOS" sano y equilibrado:

Soy una persona cariñosa, alegre, simpática y muy generosa; sin embargo no dejo de reconocer y aceptar que también el orgullo, la envidia y el egoísmo forman parte de mí.

Soy perceptivo y sensible a las necesidades de los demás y me preocupa mucho el futuro de la humanidad. Siento que tengo mucha capacidad de servir, de dar amor, de hacer algo y poner mi grano de arena para cambiar este mundo. Es por eso que me gusta el altruismo, dar a los demás de una forma abierta y desinteresada, sin esperar elogios ni recompensas de ningún tipo. Puedo cuidar a otra persona sin dejar de ver por mí; ya que puedo separar a la perfección mis necesidades de las de los demás.

Mi sensibilidad y salud emocional me permiten ver y reforzar las cualidades que hay en los demás para que se conviertan en personas fuertes e independientes.

Mi cariño no lo hablo: lo actúo. En verdad ayudo y hago trabajos difíciles que a pocas personas les gusta hacer, desde sacar del asilo a la suegra para llevarla a comer o cambiar pañales a ancianos, hasta irme a la sierra a combatir la pobreza y la miseria. Me siento un ser libre, ligero, sin expectativas ni complicaciones. Puedo pedir ayuda cuando la necesito y he aprendido a recibir con humildad. Hago el bien sin mencionarlo, y ésta es mi mejor recompensa, porque me llena el corazón a plenitud. Puedo entender con claridad el dolor ajeno y lograr empatía de manera genuina con el que sufre.

Si soy un "DOS" promedio:

Me da miedo que la gente me rechace y no me quiera, por lo que soy muy halagador, expresivo y cariñoso. Siento que no valgo lo suficiente; por tanto, tengo que dar un poco más de mí para que me quieran y me reconozcan. Todo el tiempo pienso cómo complacer a los demás. En vez de enfocarme y ayudar de manera genuina a otra persona, realizo pequeños favores, ofrezco regalitos y detalles, me vuelvo encantador; todo para que esa persona reafirme su amor por mí.

Soy más selectivo y ambicioso con la gente con quien me interesa relacionarme. Quiero intimar con la otra persona, hablar de sus sentimientos y problemas con el amor; quiero ser su mejor amigo. Me adelanto a darle consejos y soluciones infalibles. Doy a los demás lo que deseo para mí; a la vez, niego que yo también tengo necesidades. Me convierto en el protector y salvador de todos.

Conforme desciendo de nivel, hablo acerca de lo bueno, lindo y generoso que soy, de lo mucho que me importan las personas y de toda la ayuda que brindo. Mi ayuda es de "dientes para afuera", pues prometo más de lo que hago. Sin darme cuenta, empiezo a abandonarme a mí mismo, y ayudo a los demás para evitar verme. Mi energía está enfocada hacia afuera, en resolver la vida de aquella persona, en halagar melosamente por aquí, en hacer un favor por allá, en hablar de todas las personas que conozco para que todo el mundo sepa lo generoso y popular que soy. Conforme me deterioro, invado el terreno ajeno, me hago necesario y posesivo. Mi generosidad tiene un gancho; la verdad es que me sacrifico para hacer que la gente dependa de mí y para tener derechos sobre ella. Me vuelvo intruso, celoso y dudoso del cariño de los demás, por lo que controlo los movimientos de aquellos que me interesan. Estoy desesperado por obtener amor, accedo a todo y me pongo "de tapete" con tal de que me necesiten. Para sacar mi dolor, muestro mi orgullo, me crezco y me siento superior a todos. Me inflo cada vez más de lo generoso e indispensable que soy: "Están perdidos, no sé qué harían sin mí."

Si soy un "DOS" tóxico o desequilibrado:

Me engaño y justifico que yo estoy bien, que soy bueno y dadivoso y que lo que hago es por el bien de los demás. Sin embargo, en mi interior me siento enojado y resentido por la actitud tan ingrata de la gente después de todo lo que he hecho por ella. No soporto que nadie me critique y me amargo cada vez más.

Cuando no consigo lo que quiero, disfrazo mi agresión y egoísmo y me convierto en experto manipulador de la gente: la hago sentir culpable, le recuerdo favores pasados, la chantajeo, la amenazo, la minimizo, la comparo con otras personas, la humillo, la extorsiono, juego con sus sentimientos, me hago el mártir, el hipócrita y utilizo la mentira como arma de control. Reprimo mis sentimientos negativos, los somatizo en enfermedades y en verdad me enfermo para llamar la atención y para que tengan que cuidarme. Hago escenas histriónicas y dramáticas. Cambio con rapidez mis emociones, me río y en un segundo, lloro; me vuelvo impulsivo, impaciente y agresivo, pero lo hago de una manera superficial. ¡Se nota que es actuado!

Conforme pierdo el equilibrio, siento cada vez más que tengo el derecho de obtener todo; controlo y exijo que se haga lo que yo quiero, porque todos están en deuda conmigo y deben pagar su ingratitud y mi esfuerzo. Culpo a los demás por haberme provocado enfermedades y tanto sufrimiento. Mi agresión y mi violencia explotan y cada vez se hacen más exageradas, lo que provoca que me odien con intensidad y que quieran abandonarme. No reconozco mi culpa y estoy lleno de resentimiento hacia aquellos que me rechazaron o se aprovecharon de mí.

¿Cómo puedo ser mejor?

* Aprende a estar solo, aunque sientas miedo, ya que es la única manera de descubrir, poco a poco, qué quieres, qué sientes y hacia dónde vas.
* Para saber si tu ayuda tiene una doble intención, pregúntate ¿cómo reaccionarías si te hubieran agradecido tu ayuda o generosidad?
* Aprende a dar lo justo, lo que se requiere en ese momento, y continúa con lo tuyo pues, si das en exceso, puedes provocar que la gente se sienta invadida o en deuda contigo.
* Aprende a recibir y agradecer con humildad lo que la vida y los demás te dan.
* Aprende a "pedir" directamente, en vez de manipular y adular y hazte consciente del momento en que estás manipulando para conseguir lo que quieres.
* Deja de intervenir en la vida de los demás, deja de decirles lo que tienen que hacer, pues no eres el salvador de nadie, ellos pueden solos y son libres de equivocarse.
* Espera hasta que los demás pidan tu ayuda o consejo, y no te lances en automático, como acostumbras.

- Reconoce cuáles de tus actividades favoritas has dejado de hacer por complacer o dedicarle tiempo a los demás.
- Aprende a poner límites y a decir "no" cuando así lo deseas.
- Date cuenta de que tus dolores de cabeza, tus asmas, gripas, kilos de más y enfermedades disfrazan tu resentimiento y tus necesidades reales.
- Reconoce la ironía de saber que "Tú eres" el único responsable de haber creado en el pasado un lazo de dependencia con otra persona para sentirte querido y necesitado, y ahora que quieres ser libre, no puedes.

¿Cómo me gustaría que me trataras?

- Quiéreme por mí, por lo que soy, por lo que siento y no sólo porque te ayudo o te resuelvo.
- Me gusta que reafirmes lo importante que soy en tu vida.
- Yo te doy lo que quieras, "en el pedir, está el dar", pero no me exijas ni me controles porque me provoca que te rechace.
- Me gusta ayudar, pero no te aproveches, no me utilices ni des por hecho que lo haré. Pídeme y agradécemelo cuando lo haga.
- Ayúdame a creer en mí, a ser mi propia fuente de motivación y a no darle tanta importancia a la aprobación de los demás.
- Cuando veas que altero mi personalidad con el fin de agradar a la persona con quien estoy, házmelo ver porque en verdad no me doy cuenta.
- Dime que se vale tener necesidades y sentir emociones negativas, y enséñame a expresarlas con claridad.

- Ayúdame a no manifestar demasiada familiaridad con mi lenguaje corporal o con mi forma de hablar, ya que los demás pueden interpretarlo de manera errónea.
- Hazme reír y goza conmigo experiencias nuevas y momentos divertidos.
- Me encantan los detalles y que te intereses por mi vida y mis problemas.
- Cuando te disguste algo de mí, dímelo de una manera suave porque, aunque no lo parezca, soy muy sensible y es fácil herirme.
- De una forma agradable, hazme ver cómo primero seduzco, después manipulo y, si no consigo lo que quiero, me enojo, me cierro y después me desquito.
- Me fascina que me halagues, me digas que te gusto y que soy atractivo para ti.

Testimonio de un "DOS" transformado:

Hoy soy más consciente y honesto conmigo mismo porque antes no me daba cuenta de que muchas veces daba para recibir algo a cambio. Ahora, el resentimiento y enojo que siento después es la señal que me indica que doy con condiciones, ya que me enoja no ser reconocido o apreciado.

El Eneagrama me permitió ver que, cada vez que ayudo, siento una energía que sube dentro de mí, que me estimula y me hace sentir útil e importante. Yo estaba convencido de ser una persona bien intencionada. Me sentía imprescindible y orgulloso de ayudar, pero no percibía esa soberbia y arrogancia que los demás ven desde afuera. Desconocía mi verdadera motivación para ayudar. Me costo muchísimo tiempo reconocer que era yo quien necesitaba de los demás para sentirme querido y no al revés, como yo creía.

Cuando descubrí dos cosas, primero, que necesito que me necesiten, y segundo, lo mucho que dependo de la aprobación de los demás, me sentí fatal y humillado. Ahora cada vez que siento ese impulso de lanzarme a ayudar, aconsejar, opinar o acercarme para agradar, me detengo y respiro profundo hasta relajar por completo esa compulsión que tengo de ir hacia la otra persona. Me doy cuenta de lo cansado y triste que es buscar amor y aprobación todo el tiempo.

Al principio sentía mucho miedo y ansiedad, porque todo mi ser estaba acostumbrado a buscar la necesidad del otro. De repente, el Eneagrama me dice: "Aprende a no relacionarte tanto con el otro sino contigo mismo y a profundizar en ti."

Trataba de contactar conmigo, de estar a solas, y no sabía qué hacer; sentía tristeza y terror de no encontrar nada ni a nadie dentro de mí. Poco a poco me conozco, acepto y quiero más. Ahora, primero me pregunto qué quiero. Me apapacho, me doy, nutro mi interior, me valoro; después, doy con libertad a los demás.

Hoy siento que soy más auténtico y profundo. Veo a los demás desde una perspectiva más realista. Ya no me "apantalla" toda esa gente importante a la que antes daba la vida por complacer; ahora los veo como seres humanos iguales a mí. Estoy cada vez más comprometido con mis proyectos y con mi vida personal y espiritual. Sólo ayudo cuando alguien me lo pide, en la medida en que en verdad me necesite.

Quiero que me quieran como soy, con necesidades y limitaciones como cualquier ser humano. Ya no necesito complacer a nadie para sentirme querido y aceptado. Lo importante para mí es dar por decisión y no por compulsión.

Personalidad tipo "TRES"

Ejecutor, sobresaliente, exitoso, seguro, activo, competente, ambicioso, vanidoso.

 "Para saber si eres un tipo de personalidad 'TRES', debes identificarte al menos con setenta por ciento de sus características. Recuerda que éstas varían según cada persona. Toma en cuenta el rango entre 18 y 30 años de edad, ya que es en este periodo cuando la personalidad está más definida."

¿Cómo soy en general?

Soy eficiente, entusiasta, práctico, seguro de mí mismo y busco ser exitoso en todo lo que hago. Me gusta ser el líder, la autoridad, y quiero ser el mejor en mi campo, ya que siento una necesidad interna ¡de sobresalir, de lograr, de vencer! Me gusta superarme, aprender, prepararme, desarrollarme en diferentes áreas y estar a la vanguardia para ser un ganador. Me atemoriza no triunfar; sin embargo, soy hábil para disfrazar el fracaso con éxito o convertirlo en oportunidad.

Soy adicto al trabajo, competente y optimista; busco resultados rápidos, lo que me lleva a desesperarme y a ser poco tolerante con la gente lenta e ineficiente.

En realidad soy un gran vendedor, convenzo y motivo con facilidad a cualquiera. Mi gran energía y optimismo proviene de mis éxitos. Lo irónico de todo esto es que siempre estoy de prisa; tengo miles de cosas por hacer y siempre pienso en la siguiente actividad. Al planear el siguiente logro, casi no dispongo de tiempo para disfrutar del éxito que ya obtuve. Estar quieto me causa ansiedad, es como perder tiempo. No entiendo por qué la gente se aburre, ¡yo soy muy activo y nunca termino!

Admiro a los triunfadores, evito a los mediocres y perdedores y, si me comparo con ellos, creo que soy muy superior. Tengo facilidad para todo, aprendo rápido y mi espíritu de lucha me ayuda a llegar más lejos que los demás.

Para mí, la parte económica, el éxito y el estatus social son muy importantes; con frecuencia me preocupa dar una buena imagen de mí mismo, de mi familia y de mi trabajo profesional.

Sé comprar muy bien, me gusta lo fino, lo más exclusivo, odio las imitaciones, conozco de marcas, los buenos diseñadores, lo que está de última moda y me gusta complacerme y consentirme con cosas materiales. Me importa más la "envoltura que el contenido", que apantalle, que se vea limpio y atractivo, por lo que le pongo mucho cuidado a lo estético, a mi imagen física, ropa, casa, oficina, automóvil, accesorios... Invierto tal cantidad de energía en proyectar una imagen exitosa y de bienestar que, con el tiempo, acabo agotado y esclavo de mi propia imagen.

Soy autosuficiente y vanidoso; sin embargo, necesito y busco el reconocimiento de los demás. Más que ser querido, me gusta ser admirado y reconocido por mis logros. En mi trabajo, tiendo a poner a un lado mis sentimientos, pues me estorban para llegar a mis metas.

Mis relaciones son más racionales que sentimentales, por lo que, para muchas personas, puedo parecer frío e insensible. Puedo posar, estudiar el gesto, imitar y proyectar el sentimiento que se requiera en un momento dado; ya sea interés, alegría, preocupación, tristeza, etcétera. Hago o digo lo que sea necesario con tal de ganarme el aplauso de los demás o conseguir lo que quiero.

Me cuesta mucho trabajo entregarme, abrirme con el otro, tocar mis emociones profundas y expresarlas. ¡Rara vez lloro y le huyo al dolor! En el fondo puedo sentirme inseguro pero puedo disimularlo muy bien y proyectar una falsa imagen de que "mi mundo es perfecto".

Me gusta estar al frente de grandes grupos de personas y sentir su aplauso y su admiración por mí; sin embargo, me incomoda platicar cara a cara de temas íntimos porque temo que los demás descubran quién soy en realidad. Conquistar los auditorios me resulta muy emocionante y gratifica mis esfuerzos.

¿Qué personajes representan mi tipo de personalidad?

J. F. Kennedy, Bill Clinton, Cristiano Ronaldo, Tiger Woods, Will Smith, Martha Debayle, reina Rania de Jordania, reina consorte Letizia Ortiz de España, Paulina Rubio, Salma Hayek, Tom Cruise, Julio Iglesias, Richard Gere, Sharon Stone, Demi Moore, Arnold Schwarzenegger, Giorgio Armani, Carolina Herrera, André Agassi, Ayrton Senna, David y Victoria Beckham, Paris Hilton, Tyra Banks, Raquel Welch, Ricky Martin, Nicole Kidman, Lance Armstrong, Lupita Jones, Roberto Palazuelos, Sylvester Stallone, Adela Micha, Pedro Ferriz de Con, Gaby Vargas, Oprah Winfrey, Cindy Crawford, Elle MacPherson, Vanessa Williams, Michael Jordan, Carl Lewis, David Copperfield.

¿Cómo percibo el mundo?

Este mundo es un lugar de ganadores que acepta y premia a las personas por lo que representan: éxitos, logros, esfuerzos y resultados, más que por sus valores internos y sentimientos. Es por eso que dedicaré toda mi energía a trabajar muy duro, a ser competitivo y ser el mejor.

¿Qué estoy buscando?

- Ganarme la admiración de todos.
- Sentirme exitoso y productivo.
- Ser el mejor en todo lo que hago.
- Sentir que valgo.[7]

---

[7] Riso, Don Richard, *The Power of the Enneagram Personality type #3.*

¿A qué le tengo miedo?

* Al fracaso.
* Al ridículo.
* A sentir un vacío interno.
* A ser rechazado.
* A preguntarme ¿para qué quiero tanto éxito?
* A sentirme desolado.

¿Cuál es la imagen que quiero reflejar ante los demás?

Soy una persona exitosa, productiva, eficiente y muy feliz.

¿Cuál es mi queja interior?

Si la gente fuera más capaz y pudiera hacer varias actividades a la vez de una forma rápida y eficiente como lo hago yo, este mundo sería mucho más productivo.

¿En dónde está mi mente la mayor parte del tiempo?

* En todas las cosas que tengo por hacer: objetivos, tareas, proyectos futuros, aprender, viajar, conocer, etcétera.
* En cómo ser el mejor en todo lo que hago.
* En cómo impresionar a los demás: imagen, trabajo, conocimiento, etcétera.

¿Cómo me convertí en un "TRES"?

De niño quizá viví alguna(s) de estas situaciones:

* Aprendí que, para ser querido y aceptado, debía ser un ganador, por lo que mis logros, mis éxitos y mi esfuerzo eran más importantes que lo que yo valía por mí mismo. ¡Quería con todas mis fuerzas ser visto como alguien importante en mi vida!
* Quería ser la extensión del sueño de alguien, quería que se sintiera orgulloso de mí, demostrarle que era igual o mejor que él o ella, por lo que de manera inconsciente me abandoné a mí mismo, a mi verdad, a mi hogar real con tal de realizar ese sueño y no el propio.
* Aprendí a ser y a hacer esas actividades que agradaban a esa persona especial para mí: (por ejemplo: meter un gol, ganar una banda de excelencia, ser presidente de mi generación, ser muy trabajador). Esto me hizo sentir muy bien, ya que mi valor y mi autoestima dependían del valor que el otro me daba.
* Pertenezco a una familia en la cual se aprecian valores como la eficiencia, el éxito, la fuerza de voluntad, ganar, el "¡sí se puede!", lograr metas, buena imagen, producir, ser el mejor.
* Me hicieron sentir que era atractivo o guapa y me lo creí; y esa seguridad me ayudó a desarrollar mi parte seductora y protagonista.
* Recibí aprobación y atención por mis éxitos, pero perdí contacto con mi verdad y con mis propios deseos por complacer a otros.
* Aprendí a reprimir mis sentimientos ya que me estorbaban y me confundían cuando actuaba o tomaba decisiones. Por eso los guardé en una caja y los remplacé por muchas actividades, siempre encaminadas a mejorar.
* Aprendí a conquistar cualquier meta a través del empleo de diferentes tácticas o máscaras que la gente me pedía (niño modelo, líder de los amigos, capitán de equipo, mejor cantante). Me volví experto en el tema; sin embargo, me desconecté tanto de mi parte sensible y emocional que, ahora que soy adulto, me cuesta trabajo relacionarme sin máscara y distinguir entre lo que en verdad siento y el papel que represento.
* Aprendí a impresionar a los demás y a convencerlos de que creyeran en mí a través de mi papel de "guía, héroe de la familia, líder o estrella". ¡Era más importante que me admiraran a que me quisieran!
* Sentía que nunca llenaba las expectativas de los demás. Había tanto por aprender y por hacer, con tanto esfuerzo, que ningún triunfo era lo suficientemente grande para ganarme la aprobación total de los demás; era como si nunca terminara.

He aquí experiencias de personas tipo "TRES":

Eugenia, de 33 años:

Recuerdo que, de niña, nunca tuve tiempo libre para mí, ya que estaba metida en todo tipo de clases: natación, equitación, francés, piano, pintura, etcétera. Por las noches, mi mamá se dedicaba a estudiar conmigo la clase que la maestra daría al día siguiente en el colegio, para que yo pudiera impresionarla y ser una alumna estrella.

Lorena, de 45 años:

Fuimos tres hijos, mis dos hermanos gemelos y yo, que era la menor. Al ser mujer y la menor, yo sentía una enorme competencia con ellos por atraer la atención de mi papá. Solía hacer deporte y jugar con brusquedad con mis hermanos. Aprendí a no llorar ni quejarme como niña porque, de lo contrario, me expulsaban del juego. En el fondo siempre quería ganarles en todo, y lo logré algunas veces: fui mucho mejor estudiante que ellos y siempre me ganaba la medalla de primer lugar en deportes. Sin embargo, ahora que soy adulta, me doy cuenta de que con mis éxitos actuales todavía busco el reconocimiento de mi papá.

Guillermo, de 38 años:

Me hice "TRES" pues, desde niño, mi mamá me repetía día, tarde y noche: "El cerebro controla y logra todo. Piensa que no tienes frío y no lo tienes. Piensa que no tienes dolor ni miedo, y no los tienes." Ahora me doy cuenta de lo mucho que reprimí mis sentimientos.

¿Cuáles pueden ser mis virtudes y talentos?

- Soy una persona muy talentosa: Tengo dotes naturales de organización y liderazgo. Soy excelente ejecutor, ya que logro que las cosas se realicen de una forma rápida y eficiente.
- Gracias a mi gran tenacidad y voluntad, basta que me lo proponga para lograr todo lo que quiero.
- Tengo gran capacidad de trabajo, corro riesgos, tomo decisiones y resuelvo problemas con rapidez. Estoy "echado para adelante", soy competente, comprometido, optimista, productivo y nada conflictivo.

- Soy un gran vendedor, excelente comunicador y promotor; en verdad puedo entusiasmar e inspirar a otros para que crean en una idea, en un proyecto o en ellos mismos.

¿Cuáles pueden ser algunos de mis mayores defectos?

- Por querer complacer y lograr la admiración de los demás, poco a poco me desconecto de mi verdadera identidad, me abandono a mí mismo, me alejo de mi esencia y pierdo la capacidad de vivir con la verdad.
- Además de lograr lo que más quiero, que es admiración, también consigo aceptación, amor, popularidad e imagen. Me siento muy valioso. ¡Me encanta "inflar" al "argentino" que llevo dentro y no me quiero dar cuenta de la gran mentira en la que vivo! Me convenzo a mí y a los demás de que soy todo ese ego, esa vanidad superficial. Lo peor es que, entre más creo que soy el hombre o mujer maravilla, más brillo le saco a mi falsa personalidad.
- Esa constante presión de querer ser el mejor, de lograr metas y objetivos, de querer impactar a los demás, hace que me convierta en una máquina de trabajo y que mienta con facilidad. Hago a un lado mis sentimientos y mi vida interior y me vuelvo egoísta, frío y distante. Estoy tan absorto en mí que no veo a los demás, no me importan, es como si no existieran y sólo me interesan para retroalimentar mi ego. La consecuencia de lo anterior es que descuido muchos aspectos emocionales de mi vida, como mi familia y mis amigos. ¡Antes que nada... va mi proyecto!

- Tengo una visión tubular de la vida. Lo único que veo por el tubo es mi objetivo, a dónde quiero llegar, e ignoro por completo todo lo que está alrededor. De una forma inconsciente descuido los detalles, corto esquinas para llegar más rápido y, cuando surgen las emociones, las congelo, me vuelvo insensible, elimino a la gente que me estorba o la utilizo. Por ende, la lastimo y termina por odiarme. Al final me quedo con vínculos profesionales y no con amigos, y con mucha ansiedad interna por no sentirme querido.

- Es probable que logre muchos éxitos, reconocimientos y dinero pero, al final del camino, si yo no trabajo esa parte emocional que tengo tan descuidada, el costo de mi triunfo puede convertirse en una profunda soledad y en un vacío aterrador. ¡Ningún éxito profesional sustituye a un abrazo!

- Si estoy muy desequilibrado, no sentiré ningún remordimiento relacionado con la moral y la ética; puedo engañarlos a todos, hacer trampa, volverme oportunista, perderme, venderme al mejor postor y traicionarme por un rol o un compromiso. ¡El fin justifica los medios!

¿Cuál es mi punto ciego?

El autoengaño, la vanidad.
Como "TRES" me cuesta trabajo reconocer que me engaño o me miento, porque mi objetivo es mantener una imagen de bienestar y éxito ante los demás: "¡Me va de maravilla!" "¡Mi familia, mi trabajo y todo está perfecto!" Retoco la realidad con mentirillas sutiles.

Me engaño porque quiero ser quien no soy en realidad. Trato de representar la imagen y características de esa persona exitosa que me gustaría ser. Con mucho esfuerzo y sacrificios, termino por lograrlo. Me adapto a cualquier fuente de validación, ya sea empresa, familia, grupo social o político. Olvido a mi corazón y a mi esencia.

Ejemplo:
Mi círculo social valora a una "mamá moderna" con ciertas características: que sea una mujer delgada, activa, con un aire juvenil, deportista, culta, vestida a la última moda, usa ropa costosa, trabaja en el medio ejecutivo y financiero, cuida con esmero la imagen de su casa, esposo e hijos. Entonces, yo lo copio.

Como "TRES", tengo un gran ojo para detectar esas cualidades que valora la sociedad: las imito, me las creo y las proyecto a los demás; sin embargo, me olvido de mi verdadera personalidad.

El autoengaño radica en que de verdad creo que "soy la mamá perfecta: mi esposo, mis hijos, toda mi vida es perfecta y camina de maravilla, porque todo lo logro y todo lo puedo". Escondo todo lo que me incomoda de mi vida y sólo dejo ver la parte positiva.

Es tal mi habilidad para adaptarme a diferentes papeles que es como si me cambiara de zapatos. Puedo ser un camaleón y cambiarme hasta seis veces de "zapatos" en un mismo día; tomo el rol y actúo como "el mejor papá", "el mejor cirujano", "el súper anfitrión", "el esposo envidiable", "la mejor escritora", y proyecto la imagen de ganador en todos estos rubros sin darme cuenta de que en realidad son máscaras. Lo malo de todo esto es que en ninguna de mis máscaras hay sentimientos auténticos; digo y hago lo que se requiera en el momento con tal de ser aplaudido y aprobado por los demás. Mi valía depende de las demás personas.

De manera inconsciente, mi objetivo es "apantallar" o impresionar a los demás a través de todo ese éxito y felicidad aparentes. Me convenzo de que soy esa imagen idealizada que proyecto al mundo; al mismo tiempo, me da miedo abandonar esa máscara porque los demás podrían ver mis defectos y mi falsedad y, por ende, me rechazarían. No tengo tiempo para sentir un vacío que, sin embargo, no me deja. Me distraigo y lo evito al hacer y lograr muchas cosas.

Hacer contacto con mis sentimientos, reconocer que me engaño y ser auténtico y honesto conmigo mismo es un punto de partida para trabajar con ese vacío y convertirlo en su opuesto.

¿Cómo soy por dentro en realidad?

A pesar de mis logros y éxitos, puedo sentir una insatisfacción profunda, un vacío interno que pronto lleno con actividades, con tal de no sentir. Lo que aparento no es lo que hay dentro. Muy en el fondo me siento inseguro y vulnerable, necesito valorarme por mis logros y que los demás me admiren para sentirme feliz. ¡Estoy hambriento de admiración y reconocimiento!

Cuando me propongo algo, lo primero que hago es desconectarme: hago a un lado mi cansancio, tristeza, etcétera. Después, dejo de respirar profundo, "me pongo las pilas" y mi máscara de *"show time"* porque estoy listo para actuar: ¡hay que producir, hacer muchas cosas sin perder tiempo! Me convierto en un robot funcional. Al final del día, después de haber realizado muchas actividades, me siento productivo; aunque, me embarga una sensación de vacío, de que algo está mal, porque hice muchas cosas pero no me involucré en ellas por completo. Me doy cuenta de que no recuerdo muchos detalles ni nombres; no transmití ni gocé lo que hice. Abandoné mis sentimientos. Dejé de ser por hacer.

Me confundo y no sé si lo que hago es por convicción propia o por conseguir la aprobación de otra persona. Me visto, hago y actúo para sentirme bien pero, sobre todo, para impresionar a los demás. A veces me pregunto quién soy yo. Sé lo que tengo y lo que hago, pero no sé quién soy ni qué siento en realidad, porque me pierdo en la actividad. Ir tan de prisa en esta vida me impide reflexionar, ver mi realidad y tocar mis sentimientos más profundos.

En el fondo, soy muy vulnerable y me cuesta trabajo tocar mi parte humana, entregarme a otra persona y profundizar. Tengo la sensación de que, si dejo salir mi dolor, mi inseguridad y mis miedos, no podré controlarlos. Mis sentimientos pueden estropear todo lo que he logrado.

Siento que valgo por lo que tengo y por lo que he logrado con tanto esfuerzo. Ser exitoso, tener una buena posición económica, una buena casa, un trabajo de prestigio me hacen sentir importante. Me da miedo que los demás descubran que puedo ser una mentira, una falsedad y que no hay nada profundo detrás de mi envoltura exitosa. Estoy convencido de que la gente me quiere por lo que represento, por lo que les resuelvo, por lo que les doy o hago por ellos, pero no por mí.

La actividad es mi motor, es mi alimento, es el oxígeno que necesito. Es mi razón de vivir. Hacer muchas cosas y lograr objetivos me da placer, me da seguridad, me siento útil. ¿Quién soy si me quitan mi actividad? Me amenaza la vejez, la enfermedad, quedarme sin trabajo, ya que, para mí, una vida sin actividad es como morir en vida.

Siempre me propongo bajarle a mi ritmo de trabajo para gozar y disfrutar de la vida, de la familia y de los amigos pero, cuando me doy cuenta, mi agenda está llena y la verdad es que me encanta, porque ser eficiente es mi motor.

¿Qué es lo que me molesta de mi personalidad?

* Me desespero con facilidad con las personas lentas e ineficientes. Me levanto y me marcho.
* Quiero las cosas rápidas, de buen modo y para "ayer".
* Me exijo demasiado. Cuando mi cuerpo me reclama atención y descanso, surgen remordimientos por el tiempo que no aprovecho.
* Puedo actuar a la perfección cualquier tipo de sentimiento, ya sea de tristeza, interés o felicidad. Puedo imitar gestos y posturas, y no sentir nada en mi interior. Mientras eso sucede, puedo pensar en mis planes para el día de mañana.
* Me comparo con los demás y me provocan celos las personas que hacen las cosas mejor que yo, ya que me gusta ser el mejor en lo que hago.
* Mantener una imagen de éxito en todo lo que hago es agotador, ya que se requiere de muchísima energía para ser lo que no eres.
* Me cuesta mucho trabajo saber cuáles son mis sentimientos más profundos, hacer contacto con ellos y expresarlos. El área del sentimiento no es mi campo.
* Cuando alguien me descubre y me dice mis verdades, me desquicio, me quedo rumiando el comentario y, cada vez que lo recuerdo, me duele.
* No sé escuchar con atención. Mientras habla la otra persona, mi mente se dispara a planes y proyectos por realizar. Lo anterior produce una imagen de impaciencia o de poco interés.
* Me cuesta trabajo apreciar y ver a los demás, hacer una pausa y disfrutar de verdad del momento.
* Me inquieta intimar con las personas por la posibilidad de no parecer exitoso frente a ellas. Como se requiere sinceridad y profundidad, pueden descubrir mis inseguridades y necesidades, por lo que prefiero taparlas con actividades y temas más superficiales.
* Me presiona competir por sobresalir y ser el mejor en lo que hago. Me provoca mucha ansiedad quedarme atrás, en vez de disfrutar del proceso.
* Mi habilidad para adaptarme a todo es un gran talento y, a la vez, una gran debilidad, ya que puedo traicionarme a mí mismo y a mis valores

con tal de ajustarme al equipo ganador. Puedo ser como el girasol, que se voltea según la posición del sol.

* Me cuesta trabajo darme cuenta y aceptar la cantidad de tiempo que dedico a pulir mi fachada, mi exterior, mis habilidades, y cuánto descuido mi alma, mis sentimientos y mi vida espiritual.

¿Cómo soy en mi mejor momento?

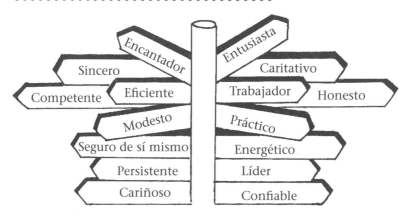

¿Cómo soy en mi peor momento?

¿Cómo es mi estilo para hablar?

Soy experto en la comunicación, me adapto a todo tipo de audiencias y me resulta fácil convencer y vender mis ideas. Hablo de forma convincente, clara y rápida. Tengo facilidad para motivar y entusiasmar. Me desesperan las conversaciones largas y lentas. Me gusta ser protagonista, con frecuencia hablo de mis éxitos, me promuevo a mí mismo y dirijo la conversación hacia temas que se relacionen con lo mío, con lo que hago o con lo que soy.

¿Cómo es mi lenguaje no verbal?

Mi postura es muy plantada, erguida y controlada, con un aire de altivez o falta de humildad. Presento una apariencia educada, juvenil, deportista, de éxito y gran seguridad. Mi actitud es optimista, encantadora y cautivadora. Mi mano es firme y hago contacto visual. Tengo mucha energía, mas no soy ruidoso. Mi respiración es corta; mi paso es firme, rápido y siempre tengo prisa. Me esfuerzo mucho por crear la imagen deseada. Me gustan los espejos. Mi imagen va con la moda, pulcra e impecable. Escondo la enfermedad y el dolor emocional. Mi gesto es estudiado, refinado y con poses para impresionar y ganar la simpatía de los demás. Nunca pierdo el estilo. Cuando me desespero en una conversación lenta, asiento constantemente con la cabeza para presionar a la otra persona a que termine.

¿Qué país representa mi tipo de personalidad?

Estados Unidos[8] porque es extrovertido, optimista, práctico, eficiente y siempre va hacia adelante.

¿Qué animal me representa?

El pavo real[9] porque es elegante, protagonista y se vale de su plumaje para que lo vean, como yo lo hago. Sin embargo, si le quito las plumas, se convierte en un pollo igual a los demás.

¿Qué es lo que más evito?

Ser un perdedor, fracasar en mis metas y en mis relaciones interpersonales, por lo que sólo compito si estoy seguro de que voy a ganar. Evito el rechazo y por eso abandono antes de ser abandonado. Escondo los sentimientos negativos y los sustituyo por positivos.

---

[8] Pangrazzi, Arnaldo, *El Enneagrama*, p. 108.
[9] Ibíd, p. 107.

¿Qué es lo que más me enoja?

No soporto a la gente incompetente, indecisa, lenta, negativa, quejumbrosa, criticona, enfermiza, impuntual, inculta y complicada. ¡En verdad me enoja y me produce mal humor! También las personas o situaciones que entorpecen o me impiden realizar mis objetivos.

¿Cuáles son mis alas?

Mis alas son "DOS" y "CUATRO". Estas energías van a influir, mucho o poco, en mi tipo de personalidad durante toda mi vida.

Si soy un "TRES" con ala "DOS" más fuerte o más desarrollada (3/2):
Soy un "TRES" más seductor, cálido y encantador, con mayor don para sintonizar y tratar con la gente que el 3/4. Más extrovertido y popular, me gusta ser el centro, soy sociable y espontáneo. Puedo confundirme con un

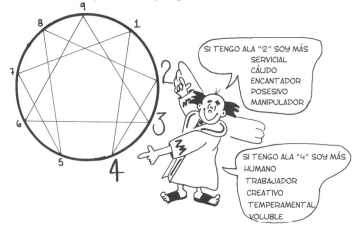

"SIETE". Mezclado con la energía del "DOS", soy más servicial y preocupado por las necesidades de los demás. Mi vestimenta es más cálida pero, a la vez, más atrevida y sofisticada.

Parte negativa: Con tal de conseguir admiración y reconocimiento o de alcanzar la cima, puedo ser adulador, falso, meloso, posesivo, camaleónico y manipulador. Invierto mucho en mi apariencia física para impresionar y conquistar a los demás.

Ejemplos de 3/2: Paul McCartney, Adela Micha, Shania Twain, Demi Moore, Salma Hayek, Paulina Rubio.

Si soy un "TRES" con ala "CUATRO" más fuerte o más desarrollada (3/4):
Soy un "TRES" mucho más orientado al trabajo que a la parte social. Soy más competente, ambicioso y serio que el 3/2. Soy adicto a mi profesión e invierto mucho tiempo y energía para que mi trabajo sobresalga. Puedo confundirme con un "UNO". Mezclado con la energía del "CUATRO" soy más callado, introspectivo, creativo y con mucha sensibilidad estética. Mi vestimenta es más clásica, refinada y elegante, con un toque original.

Parte negativa: Propenso a los altibajos de ánimo del "CUATRO". Puedo ser arrogante, frío, ambicioso, hipersensible, inseguro de mí mismo y vanidoso.

Ejemplos de 3/4: Michael Jordan, Pedro Ferriz de Con, Oprah Winfrey, Tom Cruise, Gaby Vargas, David Coperfield.

¿Cómo me comporto cuando estoy relajado o estresado?

 "El Eneagrama no es estático. Nos movemos con frecuencia de un lado al otro. Los movimientos pueden ser temporales o duraderos, según la madurez de la persona."

Cuando estoy relajado:
Según las líneas del diagrama, podemos observar que el "TRES" se mueve hacia el "SEIS" en una dirección y hacia el "NUEVE" en otra dirección.

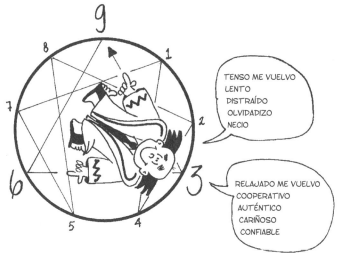

Cuando me siento en armonía conmigo mismo, seguro y relajado, primero muestro *lo mejor* de mi tipo de personalidad "TRES": práctico, sincero, eficiente y cariñoso. Después, según este camino, adopto *la parte positiva* del "SEIS" y me comporto de la siguiente manera (recomiendo leer la personalidad "SEIS" para entender mejor el comportamiento):

- Mi interés por los demás es genuino.
- Me humanizo, me vuelvo más calido, más cooperativo, más confiable y menos protagónico.
- Soy más auténtico y fiel a mis principios, aunque no sea aplaudido a nivel social.
- Hago contacto con la confusión, dudo, me cuestiono quién soy, me siento igual a los demás y desaparecen mis aires de grandeza.
- Empiezo a darle prioridad a mi vida interior, a mi familia y amigos.
- Toco más mis sentimientos, mis frustraciones y derrotas, y los expreso a mis seres queridos sin maquillarlos.

Asimismo, al ser el Eneagrama un sistema dinámico, también puedo tomar *partes negativas del "SEIS"*.

- Me vuelvo dependiente, miedoso, ansioso y nervioso.
- Me pierdo por serle fiel a un jefe o figura de autoridad.
- Puedo experimentar el miedo y el pánico, y tener grandes problemas de indecisión.

Cuando estoy estresado:

Cuando estoy enojado con el mundo o me siento tenso, estresado o nervioso, primero muestro lo peor de mi personalidad "TRES": frío, egoísta, impaciente y prepotente. Después, según este camino, adopto la parte negativa del "NUEVE" y me comporto de la siguiente manera: (Recomiendo leer la personalidad "NUEVE" para entender mejor el comportamiento).

- Me vuelvo muy distraído y ansioso; se me olvidan o pierdo las cosas; divago y no termino nada.
- Además de evitar el fracaso, empiezo a evitar los problemas y conflictos.
- Me vuelvo indeciso, pasivo, pospongo las cosas, actúo como si estuviera dormido y me dejo llevar por el automático.
- Pierdo mucho tiempo en pequeños detalles en vez de concentrarme en la meta o en un proyecto grande.
- Niego mi realidad y activo mi "piloto automático" con más trabajo e hiperactividad .
- Me vuelvo necio y cerrado en extremo; no escucho cuando me confrontan.
- Si mi trabajo y mi éxito no me llenan, puedo acudir al alcohol, a la comida, a las drogas, etcétera.

Asimismo, al ser el Eneagrama un sistema dinámico, también puedo tomar *partes positivas del "NUEVE"*.

- Disminuyo mi ritmo acelerado, me relajo y permito que surjan mis verdaderos deseos y sentimientos.
- Empiezo a ver y a entender la vida desde otra perspectiva.
- Me vuelvo más receptivo con los demás y siento paz interior.

¿Qué le atrajo a mi pareja de mí, que después se convirtió en una pesadilla?

"Todos tenemos cualidades especiales y nos sentimos orgullosos de ellas pero, a veces, tendemos a exagerarlas. En esos casos, esas cualidades pueden convertirse en nuestros peores enemigos y hasta pueden llegar a destruirnos de manera inconsciente."

Al principio, mi pareja pudo enamorarse del magnetismo, carisma y seguridad que proyecto a los demás. Pudo gustarle mi físico, mi parte extrovertida, mi manera tan vanguardista de vestir y las ganas y entusiasmo que le imprimo a todo. Pudo cautivarle mi compromiso y mi gran dedicación al trabajo, esa fuerza interna que me ayuda a no desistir y llegar a la meta. Quizá la conquistaron mis regalos materiales, mi gran variedad de planes divertidos, mi popularidad y mi vida social.

Con el paso del tiempo, mis virtudes se convirtieron en mis peores enemigos. Se cansó de mi excesivo trabajo, mi actividad acelerada y esa necesidad de querer probarle al mundo que soy exitoso. Nunca pude deshacerme de esa sensación de que soy valioso por ser productivo; no le puse atención a mi esencia y la abandoné.

Mi pareja me decía: "Eres muy egoísta, sólo piensas en ti. ¡Siempre con miles de actividades, siempre trabajas, siempre cuidas tu imagen para quedar bien ante los demás! ¿Qué tanto te importo en realidad? ¿Acaso te importan más tu trabajo, tu prestigio y tu mundo material que mis sentimientos? ¿Y nuestra relación profunda como pareja qué? ¿Quién eres en realidad? ¿Acaso tienes sentimientos? ¿Qué sientes? ¿Cuántas mentiras hay dentro de ti? ¿Qué hay debajo de esa envoltura tan atractiva y superficial de la que me enamoré? Yo quiero a la persona como está detrás de la máscara, con defectos y cualidades, y no al papel que siempre quieres representar."

¿Cómo soy en el trabajo?

Amo el trabajo y puedo decir que soy adicto a éste. ¡Es mi mejor terapia! Mi mente está en la meta, en el objetivo, en cómo llegar al resultado de la manera más rápida y eficiente, ya que, para mí, el tiempo vale oro. El estrés es mi motor. Las dificultades son sólo momentáneas y siempre hay manera de resolverlas. Hago que las cosas sucedan. Me gusta la acción, el reto, la lucha y la adrenalina. Una vez que tomo acción, no temo equivocarme, mis dudas desaparecen, no me detengo a cuestionarme o a reflexionar… ¡sólo lo hago! Ganar me mueve. Sé muy bien lo que vendo y cómo debo exponerlo. Tengo una visión mercantilista. Estoy muy consciente de la imagen que proyecto, por lo que me adapto con rapidez a lo que el mercado o el cliente necesita. Mi atención no está en los problemas, sino en cómo solucionarlos; incluso llego al grado de ver o maquillar los fracasos como oportunidades. Tengo mucha energía para motivar y persuadir a la gente para alcanzar las metas. Creo en la competencia y en la presión del tiempo, porque me estimulan a mostrar lo mejor de mí mismo. Me gusta que mis éxitos sean reconocidos y recompensados en términos sociales y materiales. Me aburre la teoría y el exceso de información. Prefiero la acción y enfocarme al resultado, por lo que puedo descuidar los sentimientos de las personas, los detalles y la calidad. No me gusta que me corrijan o me recuerden algún error pasado, y me enoja que me interrumpan o entorpezcan mi trabajo. Las personas lentas, negativas y perezosas me sacan de quicio. Mi vanidad y ansiedad por tener éxito pueden alcanzar tal nivel que las metas y lo material se vuelven más importantes que las personas. Puedo aprovechar mi encanto para utilizar a la gente. Puedo volverme oportunista y mentiroso para obtener ventajas personales. Soy práctico y no me toco el corazón; por eso, voy más por la eficiencia de la empresa que por ser justo y condescendiente. Soy extremadamente adaptable a cualquier grupo o situación que se requiera: soy como un actor que representa diferentes papeles y convence a su público debido a la imagen carismática y exitosa que refleja hacia los demás.

Ya me conocí, ahora ¿qué sigue?

Una vez que descubro mi tipo de personalidad "TRES", debo observarme detalladamente y cuestionarme: ¿qué tan equilibrada está mi personalidad en términos mentales y emocionales?

 "De acuerdo con Riso y Hudson, dos personas con el mismo tipo de personalidad, una sana y equilibrada y otra inmadura o desequilibrada, se ven y se comportan de forma diferente por completo, lo cual nos confunde en el momento de identificarnos."

Éste es un resumen de lo que aprendí durante mi entrenamiento con Don Riso y Ross Hudson acerca de la manera en la cual la personalidad puede degenerarse si no se trabaja.

Si soy un "TRES" sano y equilibrado:

Me acepto tal como soy. Soy honesto y auténtico conmigo, y eso me permite reconocer tanto mis defectos como mis cualidades. Alcanzo el equilibrio y no me disparo con sentimientos de superioridad ni maquillo mis virtudes para resaltarlas. Me siento en paz y contento conmigo mismo, y no necesito probarle a nadie lo exitoso o bueno que soy. Compito conmigo mismo porque cada día quiero ser mejor persona. Mis metas ya son más auténticas porque provienen de mí, de mi esencia, de una necesidad real, y no de querer complacer o buscar el reconocimiento de los demás. Simplemente me atrevo a ser como soy en realidad y sin máscaras: un ser humano preocupado por enriquecer, crecer y desarrollar su parte interna, que descuidé tanto, para trascender en algo genuino para el mundo.

Me doy cuenta de que, cuando me conecto conmigo mismo y con mi verdad, puedo estar más presente con los demás ya que me vuelvo más cariñoso y compasivo. Disfruto cada momento y, por ende, mi liderazgo y magnetismo se hacen más reales; de esta manera, yo me vuelvo deseable para los demás porque transmito autenticidad. Me interesa conocerme cada vez más y sacar lo mejor de mí. Me preocupo por el bienestar de los demás y siento que mi entusiasmo contagia, motiva e inspira a otras personas a sentir pasión y confianza por lo que hacen.

Hago lo que en verdad quiero hacer, disfruto ser quien soy y no me dejo llevar por los aplausos ni por el "qué dirán".

Si soy un "TRES" promedio:

Abandono mi verdad por complacer a otras personas y para que me admiren. Tengo que probarle a los demás que soy el mejor, tengo que impresionarlos para que crean en mí y para sentir que valgo, porque mi lema es: "¡Valgo por lo que hago!" Quiero superarme, quiero ser rico, ser profesional y, lo más importante, quiero que me reconozcan; por ello es que invierto mucho tiempo en aprender temas vanguardistas y en desarrollar habilidades. ¡Soy arribista, tengo una necesidad imperiosa por mostrarle a la sociedad que ya llegué, que soy productivo y eficiente, que soy un ganador! Me sacrifico como un loco, le acelero a fondo al trabajo y me hago adicto a éste.

Con frecuencia me comparo con otras personas. Me agobia tanto la opinión que los demás tengan de mí que llego a dominar el arte de presentarme atractivo. Le doy mucha atención a lo material, a lo que la gente califica como atractivo y, con base en ello, modifico mi estilo de vida y me vendo muy bien: busco vivir en una zona prestigiada, asisto a lugares exclusivos de moda, clubes deportivos, los mejores colegios, uso el automóvil y la ropa apropiada para cada lugar, y me relaciono con gente influyente y triunfadora que me pueda servir para lograr mis metas.

Me vuelvo diplomático y encantador con esa gente que selecciono para conquistar. Por dentro me preocupa caerle mal, por lo que, por fuera, hago lo apropiado, cambio mi imagen para ser aceptado y expreso lo que la gente quiere oír. Invierto mucha energía en ser quien no soy. Conforme pierdo el equilibrio, vivo hacia afuera y pierdo contacto con mis verdaderos sentimientos. Podría graduarme como el mejor actor. Me identifico tanto con el papel que juego, que llego a convertirme en un producto exitoso y luego ya no sé quién soy.

Me vuelvo arrogante, muy presumido, sólo hablo de mí y de lo bueno que soy. En el fondo siento terror al fracaso, empiezo a perder confianza y a desesperarme por tener éxito y ser reconocido. Por fuera continúo aparentando que mi mundo es color de rosa y cubro mi inseguridad mediante burlas y desprecio hacia los perdedores y hacia cualquiera que pueda su-

perarme. Tengo muy pocos amigos verdaderos y muchos problemas con la intimidad. Me alejo, no permito que la gente se acerque mucho a mí y descubra lo que no soy.

Si soy un "TRES" tóxico o desequilibrado:

Quiero mantener la ilusión de ser exitoso; vendo mi alma al diablo con tal de seguir ahí. Invento anécdotas exitosas del pasado, prometo más de lo que puedo cumplir, me vuelvo tramposo, oportunista, mentiroso, utilizo a la gente, engaño a otros, hago negocios turbios, encubro y maquillo errores; por supuesto, ¡siempre en beneficio propio! Me olvido por completo de mi esencia, de mis principios; corto mis emociones, me vuelvo amoral y falso, me engaño a mí mismo y me convenzo de que todo está bien.

Mantengo una apariencia fría y ecuánime. ¡No me importa la gente! ¡Por mí, que se muera! Sin embargo, por dentro siento un gran vacío y mucho miedo a que me descubran todas mis fechorías. Si no logro tener éxito, puede pensar en el suicidio.

Hago lo imposible por cubrir mis mentiras y conseguir lo que quiero. Surgen sentimientos de agresión y odio hacia las personas exitosas que tienen lo que yo no pude tener. Me puedo convertir en un monstruo, traidor, vengativo, levanto falsos testimonios, conspiro y, con tal de destruir al otro, hago cosas violentas que en realidad no entiendo.

¿Cómo puedo mejorar?

• Disminuye tu ritmo acelerado para que disfrutes de la sencillez de la vida, del momento presente y de las personas que te rodean.
• Tu mayor éxito es "ser tu mismo" y hacer lo que quieres, y no buscar el reconocimiento y la aprobación constante de los demás.
• Sé honesto y ético contigo mismo en todas las áreas de tu vida, no necesitas hacer trampa o decir alguna mentirilla para disfrazar tu imagen exitosa. No te engañes.
• Aprende a distinguir cuando eres auténtico de cuando actúas y utilizas tus máscaras para "apantallar" a los demás. Úsalas con conciencia y en tu propio beneficio.

- Pregúntate con honestidad por qué trabajas tanto, ¿para qué?, ¿por qué nunca dejas de hacer cosas?, ¿quién quieres que te reconozca?, ¿qué es lo que te mueve a actuar?, ¿qué hay detrás de ese torbellino?, ¿qué es lo que no quieres ver o sentir?
- Aprende a distinguir que una cosa es quién eres como persona, y otra es el papel que representas o lo que posees.
- Cuando estés en plena actividad, cuestiónate: ¿me gusta lo que hago?, ¿hay coherencia entre lo que hago y mis valores éticos, mi verdad?
- Date cuenta de que estás enfermo de importancia y de que debes resistirte a querer ser el centro de atención, el protagonista. Trabaja con sincero interés por los demás y busca hacerlos sentir importantes, escucharlos e invitarlos a que hablen de sí mismos.
- Aprende a no temer al fracaso, a hacer las cosas porque vale la pena hacerlas y sin tomar en cuenta si tendrás éxito o no.
- Atrévete a ser tú mismo, a expresar lo que sientes en realidad y deja que los demás te vean sin una máscara o rol.
- Arriésgate a tener una relación genuina y emocional con otra persona y muéstrale tu corazón.
- Atrévete a estar solo y descubre las bondades del silencio para que surjan poco a poco tus sentimientos. Déjate sentirlos y ponles nombre para que vayas reconociendo si es miedo, enojo, alegría, ya que tiendes a congelarlos y confundirlos.

¿Cómo me gustaría que me trataras?

- Necesito que me valores, me aceptes y me prestes mucha atención.
- No te acerques a mí con reproches, quejas y emociones negativas.
- Enséñame a descubrir poco a poco lo valiosos que son los sentimientos genuinos, a tocarlos y sentirlos porque no son mi fuerte.
- Necesito una pareja con la que pueda desnudar mi alma y pueda llorar, expresar mis miedos y mis inseguridades; una pareja con quien no necesite aparentar que soy exitoso en todo, que me pueda guiar y aterrizar con amor y honestidad cuando lo necesite.
- Recuérdame que la gente quiere ver mi corazón y no lo exitoso y popular que soy.
- No me ignores; mejor reafírmame y reconoce todo el esfuerzo que hay detrás de mi trabajo.

- No te enfoques en mis errores. Si me criticas, hazlo de una manera directa y honesta.
- Dame espacio cuando trabaje, pues me enoja que me interrumpas.
- Cuéntame cosas interesantes y alegres, hazme reír, ayúdame a relajarme y a dejar a un lado mi máscara y mi rutina de trabajo. Dime que disfrutas estar conmigo.
- Ayúdame a romper esa barrera de perfección y autosuficiencia que no permite que los demás se acerquen a mí y conozcan mi parte humana. ¡Deja que te vea llorar y sufrir para que aprenda a amar!
- Enséñame a distinguir cuando hago cosas que no me interesan, sólo para buscar los elogios de los demás.
- Indícame cuando hablo mucho de mí o de mis éxitos; o cuando exagero en el trabajo y me vuelvo hiperactivo. Eso daña mi salud y mis relaciones, y tal vez sólo intente encubrir algún sentimiento que no quiero reconocer.
- Ayúdame a entender que soy una persona valiosa, que la gente me quiere de verdad y me valora por lo que soy en mi interior; por mis sentimientos, mis valores y limitaciones, y no por la imagen de aparente éxito que proyecto.

Testimonio de un "TRES" transformado:

Soy una mujer profesional, competitiva y exitosa en mi área; tengo cuatro hijos, esposo, dinero y todos los lujos materiales, y pertenezco a la alta sociedad de mi ciudad. Yo pensaba que mi vida era un éxito y que todos me admiraban por mis logros. Por mi profesión soy muy activa, viajo, vengo, voy, tengo una gran fuerza física y aprovecho el tiempo al máximo. Todo lo resuelvo y lo decido. Al final del día me siento exhausta pero feliz de haber sido muy productiva.

Hace siete años el cáncer tocó a mi puerta y mi vida dio un giro de 180 grados. Yo, la súper mujer, ¡enferma! ¡No puede ser, tengo que continuar con los asuntos, los logros, mi casa, mis hijos...! Ahora recuerdo y me impresiona que en ese momento, al escuchar al médico decirme: "Tienes cáncer", no sentí nada, sólo un vacío, un gran vacío, como si ni siquiera estuviera yo en mi cuerpo, como si mi corazón no estuviera ahí.

Lo que me daba terror era pensar en una vida sin actividad profesional... ¿qué voy a hacer? ¡Ir pasándola era mi peor calvario!

Yo sé que los demás me quieren por lo que les doy, les resuelvo o les hago... pero no por mí, sino por todo eso que represento. ¿Quién soy si me quitan mi trabajo? No fue sino hasta la novena operación, cuando el cáncer me ganaba y me doblegaba, que llegué al infierno y abandoné mi caricatura de exitosa. Cuando ya no pude caminar a causa de la debilidad, me entró un profundo dolor y mucha culpabilidad por haber descuidado mi cuerpo y mi ser durante tantos años. ¡Mi alma necesitaba paz! Lloré y lloré, hice contacto con lo más profundo de mi ser. Después de un mes de estar en el hospital, de haber perdido 20 kilos y de sentir el amor de mis seres queridos, mi ansia por buscar el éxito a costa de mi salud comenzó a desaparecer.

Día con día, como el alcohólico anónimo, existe una lucha interna entre querer regresar a mi mundo ejecutivo lleno de retos y la promesa que me hice a mí misma y a mi cuerpo de cuidarme y de no dejarme llevar por el ego, por esa imagen de éxito que perseguía a costa de mi propia vida.

Cada día que pasa, cada día que vivo, comprendo más al adicto, a quien tiene un vicio, porque corro el riesgo de caer en la trampa de la máscara que domino y manejo como nadie. ¡El Óscar a la mejor actriz me lo ganaba cada año! Ahora busco algo más profundo: aprender a vivir, a sentir, a interesarme por los demás, a ayudar al prójimo... a trascender desde mi honestidad, a no competir ni demostrarle al mundo que soy la mejor.

Personalidad tipo "CUATRO"

Creativo, hipersensible, emotivo, intuitivo, romántico, artista, intenso, temperamental.

"Para saber si eres un tipo de personalidad 'CUATRO', debes identificarte al menos con setenta por ciento de sus características. Recuerda que éstas varían según cada persona. Toma en cuenta el rango entre 18 y 30 años de edad, ya que es en este periodo cuando la personalidad está más definida."

¿Cómo soy en general?

Soy una persona hipersensible, cálida, enigmática y muy creativa. Tengo tal sensibilidad que puedo captar a la perfección los estados de ánimo de las personas, los cambios de estación y la atmósfera de los lugares sin ningún problema. Siento que puedo alcanzar y tocar toda una gama de sentimientos con mucha mayor profundidad que cualquiera; puedo ver, sentir, escuchar y entender mucho más allá, lo que a veces me hace sentir incomprendido por los demás, porque no entienden la profundidad y complejidad de mis sentimientos.

Soy introspectivo, vivo mucho tiempo dentro de mí, ensimismado. Recuerdo y fantaseo con personas, situaciones y conversaciones que tuve en el pasado o las imagino en un futuro. Esta manía que tengo de fantasear es tan intensa que llega a agotarme o a desgastarme. Si me comparo con los demás, me siento especial y muy diferente a ellos; eso me gusta, por lo que busco hacer las cosas de una forma única y distinta, y ponerle mi sello o toque personal a todo lo que hago.

Mi búsqueda de "algo" que nunca llega es constante, lo cual me hace sentir incompleto. Siento ganas de encontrar ese algo que hace felices a mis amigos y que a mí se me resbala de las manos. No sé por qué, pero el "ideal" casi nunca está en el momento presente, porque mi mente tiende a irse hacia lo que me hace falta.

Me siento muy unido a la naturaleza y me atrae todo lo que tiene energía de vida, como el mar, el campo, las plantas, las flores, la tierra, los niños o un atardecer. Ahí encuentro paz y libertad.

Lo mío es la intensidad de la vida: experimentar sensaciones profundas y estímulos fuertes, ya sean de tristeza o alegría, que me hagan vibrar con la vida para así huir de la monotonía. En verdad me impacienta la rutina, la mediocridad, la vida trivial y las personas aburridas.

Sinceramente creo tener muy buen gusto y un gran sentido de la estética. Soy muy creativo y tengo mucha imaginación, lo cual me permite crear belleza, diseñar, decorar y transformar ambientes con mi toque original.

Muchas personas piensan que soy raro y complicado; sin embargo, yo siento que soy una persona profunda y espiritual porque me gusta cuestionarme y encontrar significados genuinos. Es por eso que rechazo categóricamente a las personas superficiales y falsas que sólo quieren aparentar.

Soy muy intenso y apasionado. Me gustan los extremos y exagerar mis emociones: puedo sufrir mucho, quejarme, dramatizar, volverme pesimista, criticar todo y caer en la depresión o puedo irme al otro extremo y sobrecargarme de energía, de hiperactividad, de alegría, de chispa. Canto, me río, me acelero y no me detengo. Puedo ser muy voluble y temperamental. Puedo cambiar de humor de manera drástica; puedo explotar de repente y pasar de un momento maravilloso de felicidad a la tristeza o al malhumor en un segundo.

Soy adicto al amor y al romanticismo. El amor y los sentimientos lo son todo para mí. Estoy dispuesto a dar mucho a cambio de amor. Estoy enamorado del amor y me gustan mucho los asuntos del corazón. Es raro decirlo, pero me gustan mis estados de melancolía y tristeza; muchas veces incluso me gusta prolongarlos y no salir de ellos, como si disfrutara del sufrimiento.

Mi vida diaria está orientada, en términos poéticos, hacia lo artístico y lo creativo. Es por ello que no soy tan disciplinado. No me gusta seguir las reglas ni que me den órdenes. Me gusta sentirme libre.

¿Qué personajes representan mi tipo de personalidad?

Frida Kahlo, Leonardo Da Vinci, Anna Frank, Michael Jackson, Steve Jobs, Angelina Jolie, Nicolas Cage, Manuel Mijares, Emmanuel, Susana Zavaleta, Yenni, Johnny Depp, Kate Winslet, Rod Stewart, Meryl Streep, Miguel Bosé, Camilo Sesto, Ofelia Medina, Sasha Sökol, Angélica Aragón, Susana Alexander, Vincent van Gogh, Estefanía de Mónaco, William Shakespeare, príncipe Carlos de Inglaterra, Edgar Allan Poe, Winona Ryder, Luis Miguel, Nick Nolte, Janis Joplin, Virginia Woolf, Federico Chopin, Shakira, Gloria Trevi, Tania Libertad.

¿Cómo percibo el mundo?

Algo me falta en esta vida que los demás tienen y yo no. Me causa tal dolor y vacío que dedicaré toda mi energía a encontrar eso que necesito para ser feliz.

¿Qué estoy buscando?

- La belleza, la autenticidad y lo original.
- Ser visto.
- Saber quién soy.
- Tener conexiones emocionales y profundas.
- Ser escuchado y comprendido.
- Encontrar eso que me falta en esta vida para sentirme completo.

¿A qué le tengo miedo?

* Al abandono. Temo que me dejen por ser defectuoso o porque no valgo la pena.
* A no saber quién soy en realidad.
* A no ser especial para alguien.
* A sentirme rechazado.
* A no cumplir las expectativas de los demás.

¿Cuál es la imagen que quiero reflejar ante los demás?

Soy especial, único y diferente a todos.

¿Cuál es mi queja interior?

Si la gente fuera tan intuitiva y sensible como yo, podría ver lo extraordinario de este mundo.

¿En dónde está mi mente la mayor parte del tiempo?

* En comparar mi mundo con el de los demás.
* Anhela lo ajeno, lo que no tengo, e ignora lo que sí tengo.
* En el pasado, en recuerdos y añoranzas: "Si hubiera...", y en el futuro, en deseos: "Cuando sea...", por lo que dejo de ver el presente.
* En buscar el significado genuino y profundo de las cosas.

¿Cómo me convertí en un "CUATRO"?

De niño tal vez viví alguna(s) de estas situaciones:

* Pude haberme sentido abandonado por alguno de mis padres, sin ningún apoyo emocional, debido a la muerte de alguno de ellos o como resultado de su divorcio o separación, o por haberme dado en adopción.
* Tengo la sensación de haber perdido en la infancia una conexión emocional muy profunda con alguno de mis padres, lo cual me dejó un vacío muy difícil de llenar.
* Pude haber *percibido* que me abandonaban (aunque no fuera así) cuando alguno de mis padres aparecía o desaparecía en mi vida; ya sea porque alguno de ellos viajaba, trabajaba mucho o estaba agotado a nivel emocional, o simplemente porque siempre me dejaban a cargo de una nana, lo cual impedía que tuviera contacto con ellos.
* Pude haber crecido en una familia muy grande, en donde al principio me sentí especial, reconocido y querido. Con el nacimiento de un nuevo hermano me sentí abandonado y desplazado por éste o por otro hermano más simpático o más importante que acaparara la atención de mis padres.
* Este abandono me causó mucho enojo, sufrimiento, melancolía y soledad, sentimientos que muy pocas personas pueden entender: "Si yo

hubiera sido importante en tu vida, no me hubieras hecho a un lado ni me hubieras ignorado."

- A nivel inconsciente percibía que había algo mal en mí; me sentía culpable, deficiente, incompleto y en desventaja respecto a los demás. Una sensación de no pertenecer, de ser diferente a mi familia, un "bicho raro"; como si, al nacer, me hubieran cambiado en el hospital o fuera un niño adoptado.

- Pude vivir en un ambiente familiar triste, en donde la enfermedad, el sufrimiento y la depresión eran parte de mi ambiente. Con el tiempo adopté ese estado de ánimo.

- ¡Necesitaba hacer algo para ser visto y aceptado! Así que descubrí que, al ser original y diferente, llamaba la atención y provocaba la curiosidad de la gente.

- De niño tuve que aprender a controlar o reprimir mis sentimientos más vulnerables para no ser el "raro", aunque por dentro sintiera un gran nudo de emociones, pues mis compañeros me molestaban, se burlaban o me rechazaban si los expresaba.

- Descubrí que la intensidad me hacía sentir vivo por dentro, por lo que me volví dramático y rebelde, me gustaba desafiar a las personas y vivir en el peligro.

- Pude haber manipulado la atención y el cariño de los demás con llantos, dramas, pataletas, enfermedades fingidas o con adoptar el papel de víctima.

Experiencias de la infancia de personas tipo "CUATRO":

Fernando, de 42 años, recuerda:

Cuando era niño, a mi mamá se le olvidaba recogerme o le pasaba algo, pero siempre llegaba tarde por mí. Muchas veces me quedaba solo con la señora de la limpieza y esperaba que llegara. Recuerdo que en esos momentos la odiaba y, a la vez, me sentía desprotegido, solo y con mucho miedo al pensar en la posibilidad de quedarme a dormir en el colegio o que nunca llegaría por mí.

Isabel, de 44 años:

Fuimos ocho hijos. Después de haber tenido cinco hijas seguidas, mi mamá se embarazó de mí. El doctor le dijo que ahora sí venía el hombrecito tan deseado, por lo que todos en la familia estaban muy contentos, en especial mi mamá, quien moría por darle un hijo varón a mi papá. Mi mamá me cuenta que lloraba y lloraba en el hospital cuando le dijeron que había tenido una linda niña.

Después de mí nacieron dos hombres, por lo que mis padres dedicaron todo su cariño y atención a los gemelos. Al ser yo la más pequeña de las mujeres, mis hermanas mayores fueron quienes en realidad se hicieron cargo de mí: una me ayudaba con la tarea, la otra me peinaba... Me duele reconocer que mi mamá nunca se ocupó de mí.

Beatriz, de 50 años, platica:

Mi abuelo me decía que yo era muy presumida y chocante, y que me creía princesa sin serlo.

"El tipo de personalidad 'CUATRO' es muy interesante y a la vez engañoso, ya que su físico y sus actividades provocan que podamos confundirlo con otros tipos de personalidad; sin embargo, por dentro sienten y buscan lo mismo de diferente forma."

Para entenderlo mejor, lo clasificaré en:

El "CUATRO" extrovertido.
El "CUATRO" introvertido.
El "CUATRO" promedio.

El "CUATRO" extrovertido: Es fácil confundirlo con las personalidades "TRES" o "SIETE", porque es igual de extrovertido, simpático, dinámico, práctico, productivo, social, competitivo y ambicioso que estas dos personalidades. Se siente elitista, sofisticado y de buen gusto. Es romántico, intenso y muy dramático. Le gusta rodearse de cosas bellas, como arte, cultura, joyas y personas importantes de la sociedad. Tiene mucha energía y, con tal de no deprimirse, se llena de planes y actividades; va y viene, tiene mucha prisa y anda en busca de quién sabe qué. Es muy quisquilloso hacia lo popular, hacia lo vulgar y mundano. Le importa mucho la sociedad, su imagen física y el "qué dirán", por lo que gasta mucho dinero en ropa, accesorios, tratamientos, cosas elegantes, caras y exclusivas. Invierte mucha energía en ser aceptado y reconocido a nivel social.

El "CUATRO" introvertido: ¡Es opuesto al anterior por completo! Puede confundirse con las personalidades "CINCO" y "NUEVE" introvertido, porque es igual de independiente, tímido, distante, reservado e introspectivo que estas dos personalidades. Es más austero y simple; sin embargo, le gusta rodearse de cosas simbólicas y excéntricas que hablen de él. Es más creativo, enigmático y original en todo lo que hace. Le gusta mezclarse con gente significativa que tenga relación con el arte, la filosofía y la espiritualidad. Su energía es más baja y tiende más a aislarse en sus fantasías e imaginación. También es muy romántico pero menos dramático, ya que guarda sus sentimientos en su mundo privado en donde llora, sufre y se deprime. Se viste de una forma bohemia o extravagante con un toque creativo y único, muy diferente a los demás. Es más auténtico y rebelde; va en contra de lo convencional y de las reglas sociales.

El "CUATRO" promedio: Es el típico "CUATRO", el que predomina más en la sociedad. Es una mezcla de ambos "CUATROS" porque tiene un poco del "CUATRO" extrovertido y un poco del "CUATRO" introvertido; es decir, sus sentimientos y estados de ánimo son cambiantes. Con frecuencia toca los dos polos: puede estar alegre y cariñoso en un momento y, de repente, pasar a la melancolía y la tristeza. A veces puede gustarle estar con gente de sociedad y vestirse con elegancia y, de pronto, rechazar a esa gente, identificarse y conectarse a profundidad con un gurú, un bohemio, una persona polémica o reaccionaria. Con facilidad puede pasar del cielo al infierno o del odio al amor sin ningún problema.

¿Cuáles pueden ser mis virtudes y talentos?

* Mi hipersensibilidad y gran control emocional me permiten ser una persona muy cálida, empática, realista y muy intuitiva. Puedo ayudar y guiar a los demás en momentos de dolor y desesperación, ya que conozco en carne propia toda esa gama de sentimientos que va desde el más profundo dolor hasta la alegría más intensa.

- Puedo lograr una conexión emocional tan profunda que me permite extraer lo más profundo y bello de la otra persona y, a la vez, reflejarle sus emociones más genuinas.
- Mientras exista un sueño en el cual crea, puedo vivirlo con pasión, invertirle muchísima energía, correr riesgos, dedicarle tiempo y disciplina a mi proyecto. Puedo transmitirles a todos los que me rodean esa alegría por vivir la vida.
- Mi gran aprecio y sensibilidad por la belleza y la estética me ayudan a aportar creatividad y originalidad a cualquier situación. Puedo crear ambientes acogedores y hermosos con los recursos que existan en ese momento.
- Mi riqueza emocional me permite captar más de lo que existe. Tengo la capacidad de tomar la experiencia y expresarla con claridad a través de palabras, metáforas, imágenes, diseños, decoración, música, actuación, etcétera.

¿Cuáles pueden ser mis mayores defectos?

- La enorme importancia que me doy a mí mismo y a mis sentimientos, además de mi tendencia constante a compararme con los demás, me provocan cambios drásticos de humor, exagerada emotividad y mucha reactividad. Esto hace que me confunda, me pierda, me sienta vulnerable e inseguro y no sepa quién soy en realidad.
- Al estar tan ensimismado en mis problemas y sentimientos, dejo de estar en el mundo real, dejo de funcionar y me vuelvo insensible a los problemas de los demás. Me quejo de todo. Al desear lo que *no tengo, lo que me falta*, dejo de apreciar lo que sí tengo.
- Entre más inseguro me siento de mí mismo, más introvertido y diferente me siento de los demás, por lo que tiendo a la arrogancia, a la crítica y a distanciarme en mi mundo interior, donde puedo intensificar mis sentimientos melancólicos para no ver la realidad, además de protegerme para no ser lastimado o rechazado.
- Me gusta "enterrarme el cuchillo", ya que mi terreno es lo complicado y las emociones más oscuras porque las siento más auténticas, como el dolor, la frustración y el sufrimiento. Utilizo estos sentimientos para manipular, victimizarme o hacer sentir culpables a los demás.
- Puedo hacer juicios muy severos hacia mí mismo y hacia los demás. Puedo volverme rencoroso, arrogante y vengativo.

¿Cuál es mi punto ciego?

La envidia.

En el fondo me gusta y me siento orgulloso de ser diferente de los demás. Siento que soy especial; sin embargo, en lo más profundo de mí, me siento en desventaja, defectuoso, incompleto, algo me falta en la vida y no sé que es. No sé si me falta seguridad, si es dinero, si es encontrar el amor ideal, un trabajo, una conexión emocional o un lugar.

Me encuentro en una búsqueda constante de ese algo que todavía no llega, que se me escapa y que va a llenar el hueco interno que siento.

Para mí, la envidia es un sentimiento interno que duele y me recuerda que, al menos en apariencia, los demás tienen ese algo que a mí me falta para sentirme completo.[10]

Ese algo que no tengo puede ser: la felicidad "aparente" que veo en una pareja de esposos, en una familia feliz, en una mamá que abraza a su hijo, en una persona triunfadora.

Envidio la forma de ser de esa persona o de ese objeto tan original. Yo sería feliz si tuviera ese cuerpo, ese empleo, esos amigos, esa esposa tan comprensiva, o si yo pudiera cantar así...

---

[10] Palmer, Helen, *The Enneagram Workshop Sounds Track Cassettes Type Four.*

¡Ellos se ven tan completos, tan seguros, tan felices, tan normales, tan auténticos!

En comparación, ellos son mejores que yo, encajan en todas partes, no se sienten tan raros como yo.

 "A todos los seres humanos nos falta algo, y el problema del 'CUATRO' es que sólo se enfoca en lo que le hace falta. Se compara con los demás a partir de esa deficiencia sin valorar sus propios talentos y cualidades. Lo malo es que así crea su identidad."

La envidia no me permite ver que esa persona idealizada por mí, que en apariencia es feliz, también es insegura y tiene problemas, defectos y cualidades como cualquier otra.

Lo irónico es que, como "CUATRO", puedo tener una hermosa familia, salud, amor, mucho dinero, muchos lujos como autos, casas, viajes... ¿Qué más puedo pedir? Sin embargo, todavía siento ese vacío. ¡Nada es suficiente!

Cuando llega esa promesa de felicidad, llámese casa, estatus, lujos, trabajo, viajes, habilidad para pintar o cantar, la pareja ideal que tanto anhelé, logro tener momentos llenos de felicidad que, sin embargo, no duran mucho, porque mi atención se dirige de nuevo hacia el anhelo y a lo que me falta. Entonces, pierdo interés en lo presente. ¡Es más atractivo desear que tener!

Esta envidia también tiene su aspecto positivo, ya que se convierte en mi gasolina, en mi motor; es lo que me lleva a obtener lo más difícil, lo más caro, la meta más alta, eso que tiene el otro, que yo no tengo y que quiero para mí.

Ejemplo:
Armando, de 42 años:
Durante toda mi vida, mi sueño dorado había sido vivir en una casa grande dentro de una prestigiada colonia de mi ciudad. Por ello, durante diez años invertí todo mi trabajo, dinero y esfuerzo en lograr esta promesa de felicidad.

Por fin iba a ser feliz. Una vez que nos mudamos a la nueva casa me invadió la sensación de "ya no me gusta". Me daba vergüenza reconocerlo y expresarlo a mi familia. Me sentía muy mal conmigo mismo. Sentía que la nueva casa era muy grande y añoraba mi antigua casita.

Rodrigo, de 24 años:

Durante años soñé intensamente con el amor ideal, la pareja perfecta con quien me gustaría pasar el resto de mi vida; en mi imaginación la besaba, le platicaba y me enamoraba de ella. Un día llegó ese amor tan esperado y no me gustó. Me desilusionó que tuviera tantos defectos; era mucho mejor mi fantasía. Para mí, las personas reales nunca me llenan tanto como las que creo en mi imaginación.

¿Cómo soy por dentro en realidad?

Es irónico: algunas veces puedo sentirme superior a los demás, muy fuerte, inteligente y seguro de mí mismo; otras veces puedo sentirme frágil, inferior, inseguro, susceptible y de lágrima fácil.

¡Vivo más en mis fantasías y en mis sentimientos, que en el mundo real! Mi imaginación es mucho más rápida que mi razón. No sé por qué, pero pierdo mucho tiempo en añorar el pasado, en inventar el futuro o simplemente en soñar despierto que soy muy famoso: el mejor cirujano, el arquitecto más destacado. También idealizo a mi alma gemela, que viene a rescatarme y a unir su vida con la mía. Dejo de vivir y apreciar lo que sí tengo aquí en el presente.

Me dicen que soy un poco complicado en el amor porque, para mí, anhelar, idealizar y conquistar a una persona es más importante que tenerla, ya que muchas veces mi mundo imaginario y mis cuentos pueden ser más atractivos que el mundo real; ahí nadie me defrauda.

¡No puedo imaginar la vida sin emociones, ya que yo primero siento y luego existo! Es por eso que me atrae la intimidad y las conversaciones profundas y misteriosas sobre temas de amor, tragedia, pérdida, sexo, muerte, política, religión, soledad, abandono, etcétera.

A veces me siento un extraño, solo e incomprendido, con una sensación de aislamiento y abandono, de no pertenecer y no merecer, incluso cuando estoy con mi familia y amigos; esto me hace retraerme a mi mundo, a mi espacio, a mis emociones.

Algo que me aniquila es la monotonía y el aburrimiento, porque siento que me muero por dentro, por lo que necesito emociones intensas para vibrar y sentirme vivo. Me atrae el peligro. Vivir al límite me provoca adrenalina porque, cuanto más intenso es mi sentimiento, más vivo me siento. Es por eso que puedo ser alegre, efusivo, rebelde, agresivo, descarado, drástico o llorón hasta la exageración.

Lo interesante de mi personalidad es que puedo estar muy bien en un momento y luego pasar a un torbellino de sentimientos en donde todo es negro y negativo. Es como si estuviera montado en un "sube y baja", en donde mis sentimientos y estados de ánimo cambian varias veces en un mismo día: pasan de la sombra a la luz, de la ternura a la agresividad o de la fiesta a la depresión.

Lo peor es que me doy cuenta de que mis ataques de melancolía y tristeza casi siempre son más dramáticos de lo que en realidad siento en ese momento. Es ahí donde me pierdo, porque sé que ese desbordamiento de emociones es una barrera que construyo para no aceptar ni sentir mis verdaderos sentimientos. En ocasiones hasta me dan miedo mis reacciones por lo drásticas que son. He llegado a odiarme por mis exageraciones y complicaciones mentales.

Mi grave problema es que no sé vivir en el punto medio. Invento diálogos y fantasías, revivo sentimientos e historias del pasado que no me dejan estar en el presente y ver la realidad. Sin embargo, me doy cuenta de que, entre más pueda sentir, asumir y quedarme con el sentimiento real sin distorsionarlo y sin tratar de interpretarlo, más rápido y fácil desaparece y más paz y armonía encuentro dentro de mí.

¿Qué es lo que me molesta de mi personalidad?

* No controlar mi intensidad. Sé que la gente no puede lidiar con ella, pero es parte de mí.
* Me agoto y me causa mucho sufrimiento no balancear mis altibajos emocionales.
* Con frecuencia me sorprendo comparándome con los demás, ya que tiendo a idealizar y amplificar al otro, mientras yo me devalúo y veo todos mis defectos.
* Soy demasiado profundo y estoy convencido de que siento y sufro mucho más que los demás.
* Puedo ser muy absorbente, posesivo, celoso, controlador y muy dependiente de otra persona.
* Puedo ser masoquista, agredirme a mí mismo, odiarme, sentir vergüenza y repugnancia por mi cuerpo o por mí mismo.
* Puedo ser hipercrítico, quejumbroso, severo en mis juicios, vengativo, rencoroso y no perdonar.
* Para conseguir algo, puedo seducir, dramatizar, manipular o victimizarme.
* Soy hipersensible y me tomo todo tan a pecho que un simple comentario, una mirada, una sonrisa burlona o un cambio de voz pueden herirme con facilidad.

- ¡Nada me llena por completo! ¡A todo le encuentro un "pero"! En un momento me siento feliz y, al poco tiempo, me frustro porque encuentro el defecto.
- Cuando me deprimo, siento que caigo en un abismo profundo y negro que me paraliza por horas, días o meses. Me siento solo, incomprendido y desamparado.
- Asocio "felicidad" con "tristeza". Siento que, cuando estoy muy feliz, pronto se acabará o me abandonarán.
- Sé que tengo un gran potencial que no reconozco ni valoro. ¡No me la creo!
- Espero más de lo que la gente me puede dar, lo cual me enoja y me frustra cuando veo la realidad.
- Entre más inseguro me siento, más único, especial y arrogante me vuelvo.
- Me resulta difícil reconocer que, cuando compro de manera compulsiva, me lleno de lujos, me vuelvo exageradamente chistoso o adopto una imagen exótica o extravagante, en realidad encubro mi baja autoestima.
- Mis escenas dramáticas de "déjenme solo", son sólo una manera disfrazada y desesperada de buscar atención.
- No soporto ser igual a los demás; sin embargo, muy en el fondo siento cierta envidia hacia la gente de mi mismo nivel social.
- Soy muy raro: me gusta sentirme incluido e invitado a los eventos sociales pero, a la vez, me gusta rechazarlos.

¿Cómo soy en mi mejor momento?

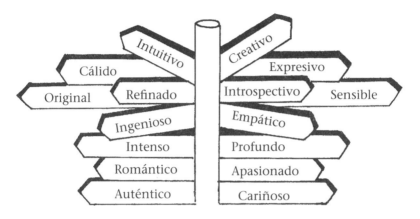

¿Cómo soy en mi peor momento?

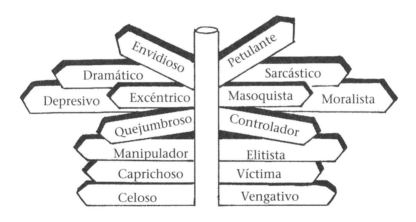

¿Cómo es mi estilo para hablar?

Hablo con el corazón, ya que tengo los sentimientos a flor de piel; puedo hacerlo de una forma apasionada y profunda si así corresponde a mi estado de ánimo. Soy extremista, hablo mucho de mí mismo o me cierro por completo. Tengo un don con la palabra, expreso lo inexpresable y utilizo símbolos y metáforas. Me gusta hablar con la verdad, destapar la realidad. Me gusta cuestionar y discutir temas profundos. Tiendo a contar historias tristes y trágicas.

¿Cómo es mi lenguaje no verbal?

Mi energía está en el corazón. Sonrío y hablo con cierta melancolía. Mis ojos son muy expresivos; algunas personas me dicen que tengo una mirada triste y a la vez empática. Soy de lágrima fácil: una palabra, una canción o una imagen hacen que mis ojos se humedezcan con rapidez.

Mi mundo interior es tan profundo y complejo que a veces me cuesta trabajo expresarme, por lo que prefiero comunicar mis sentimientos a través de expresiones artísticas como escribir, decorar, modelar, pintar, cocinar, bailar, actuar, etcétera. Mi forma elegante, creativa o excéntrica de vestir o de decorar hablan por mí. Personalizo la moda con creatividad.

¿Qué país representa mi tipo de personalidad?

Francia,[11] porque es única, refinada, elitista y excéntrica.

¿Qué animal me representa?

Basset Hound,[12] más cerca de la añoranza que del júbilo.

---

[11] Pangrazzi, Arnaldo, *El Eneagrama*, p. 109.
[12] Ibíd, 108.

¿Qué es lo que más evito?

Ser del montón u ordinario, como los demás. Las masas, lo popular, lo vulgar y lo corriente. La gente superficial y tonta. Ser como los demás quieren que yo sea. Pensar que soy deficiente, inferior o que no "doy el ancho".

¿Qué es lo que más me enoja?

Que me rechacen, me desprecien o me abandonen. Que me dejen plantado.[13] No poder expresar lo que de verdad siento, o sentirme incomprendido y no tomado en cuenta. La falsedad, lo banal.

¿Cuáles son mis alas?

Mis alas son "TRES" y "CINCO". Estas energías van a influir, mucho o poco, en mi tipo de personalidad durante toda mi vida.

Si soy un "CUATRO" con ala "TRES" más fuerte o más desarrollada (4/3):
Soy un "CUATRO" más extrovertido y seguro de mí mismo, competitivo, orientado a las metas, ambicioso y mucho más simpático que el 4/5. Mezclado con la energía del "TRES" seré más orientado hacia la gente y el aspecto social. Soy más adaptable, más práctico y menos complicado. Puedo confundirme con un "SIETE" porque ambos somos divertidos, aventureros, proactivos, nos gusta lo fino y el mundo material.

---

[13] Daniels, David, M. D. y Virginia Price, PH. D., *The Essential Enneagram*, p. 35.

Parte negativa: Soy más presumido. Estoy más consciente de la imagen que proyecto porque necesito que los demás vean que soy diferente, elitista, elegante, sofisticado y refinado. Puedo mostrar una postura arrogante y merecedora de todo. A la vez, puedo ser narcisista, dramático, celoso, ostentoso y gastador compulsivo.

Ejemplos de 4/3: Kate Winslet, Michael Jackson, Shakira, Sasha Sökol.

Si soy un "CUATRO" con ala "CINCO" más fuerte o más desarrollada (4/5):
Soy un "CUATRO" muy serio y reservado, más perceptivo, profundo e intuitivo que el 4/3. Mezclado con la energía del "CINCO" soy más original, independiente, objetivo, intelectual y muy creativo. En mi interior puedo sentir confusión entre querer contactar con la gente y sentir emociones profundas. A la vez, necesito aislarme en mi mundo privado.

Parte negativa: Soy más solitario, misterioso y antisocial con tendencias depresivas. Tengo la sensación de no encajar en este mundo. Es probable que la sociedad me considere como "de otro planeta".

Ejemplos de 4/5: Frida Kahlo, Virginia Woolf, Ofelia Medina, Federico Chopin.

¿Cómo me comporto cuando estoy relajado o estresado?

"El Eneagrama no es estático. Nos movemos con frecuencia de un lado al otro. Los movimientos pueden ser temporales o duraderos, según la madurez de la persona."

Cuando estoy relajado:
Según las líneas del diagrama, podemos observar que el "CUATRO" se mueve hacia el *"UNO"* en una dirección y hacia el *"DOS"* en otra.

RELAJADO ME VUELVO PRODUCTIVO ORDENADO TRABAJADOR CREATIVO

TENSO ME VUELVO TEMPERAMENTAL QUEJUMBROSO ORGULLOSO MANIPULADOR

Cuando me siento seguro y relajado, primero muestro *lo mejor* de mi tipo de personalidad "CUATRO": intuitivo, empático, creativo y sensible. Después, según este camino, adopto la *parte positiva del "UNO"* y me comporto de la siguiente manera (recomiendo leer la personalidad "UNO" para entender mejor el comportamiento):

- Cuando me siento tranquilo y seguro de mí mismo, mis cambios emocionales se equilibran; actúo más con la cabeza y empiezo a ver todo con mayor claridad.
- Dejo de apapacharme, de tenerme lástima, de perder el tiempo, de perdonarme y autocomplacerme, y me pongo a trabajar.
- Me propongo una meta, me activo, me ordeno y me doy cuenta de que es mi trabajo de donde más fluye mi creatividad y riqueza interior.
- Comienzo a conocerme y a aceptarme como soy. Valoro mis cualidades y me perdono mis defectos; dejo de compararme y de sentirme diferente a los demás.
- Me involucro más con el presente, con mi vida diaria, y aprendo a disfrutar esos momentos simples de la vida que son los que me hacen sentir feliz de verdad.

Asimismo, al ser el Eneagrama un sistema dinámico, también puedo tomar *partes negativas del "UNO":*
- Me vuelvo muy exigente y crítico conmigo mismo y los demás; mis juicios son muy severos e irónicos.
- Puedo volverme moralista y sentirme dueño de la verdad.
- Puedo saturarme de actividades y de trabajo con tal de no contactar con mis sentimientos reales.

Cuando estoy estresado:
Cuando me siento tenso, estresado o nervioso, primero muestro *lo peor* de mi personalidad "CUATRO": envidioso, dramático, quejumbroso y arrogante.

Después, según esta dirección, adopto *la parte negativa del "DOS"* y me comporto de la siguiente manera (recomiendo leer la personalidad "DOS" para entender mejor el comportamiento):

* Me vuelvo muy temperamental, con cambios drásticos de humor y después me alejo a mi mundo privado.
* Rechazo cualquier tipo de ayuda; me vuelvo orgulloso y petulante. Reprimo mis necesidades y me vuelvo quejumbroso, agresivo y controlador.
* Me siento muy especial y tan diferente a los demás que no puedo lidiar con mi vida diaria; me apapacho y me perdono mis obligaciones. Sin darme cuenta, caigo poco a poco en depresión.
* Primero me retraigo a mi mundo y, cuando la soledad me duele, salgo y me vuelvo servil, posesivo y dependiente de las pocas personas que me soportan. Para que no me rechacen, las seduzco y las manipulo con regalos y favores.
* Me victimizo y manipulo. En vez de expresar mis verdaderos sentimientos, finjo ser el bueno y abnegado. Predico todo lo que hago por los demás.
* Con tal de manipular el cariño de los demás, me autodestruyo tanto a nivel físico como emocional. Me odio a mí mismo, finjo enfermedades, me vuelvo masoquista y mártir.

Asimismo, al ser el Eneagrama un sistema dinámico, también puedo tomar *partes positivas del "DOS"*.

* Puedo dignificar a las personas y tratarlas como iguales.
* Puedo ayudar con libertad y sin manipular.
* Dejo de ensimismarme en mis problemas y me preocupo por los demás.

¿Qué le atrajo a mi pareja de mí, que después se convirtió en una pesadilla?

"Todos tenemos cualidades especiales y nos sentimos orgullosos de ellas pero, a veces, tendemos a exagerarlas. En esos casos, esas cualidades pueden convertirse en nuestros peores enemigos y hasta pueden llegar a destruirnos de manera inconsciente."

Al principio, mi pareja pudo enamorarse de mi fragilidad y sensibilidad emocional. Le atrajo mi parte soñadora, idealista, profunda y muy romántica. Algo que le gustaba era mi autenticidad, mis locuras, mi espíritu rebelde y libre para pensar y actuar como yo quería. Le atraía mi forma tan diferente y creativa de hacer las cosas. Me decía que yo era inolvidable, ya que imprimía mi sello en cada lugar que tocara o por donde pasara. También le encantaba mi parte seductora, esa combinación de misterio, inocencia, romanticismo y sexualidad que la volvía loca. Recuerdo que le encantaban mis detalles tan originales, mi entusiasmo y mi alegría. La conquistó la profundidad e intensidad de mis conversaciones, mis lágrimas espontáneas, mis promesas y cartas de amor que enamoraban a cualquiera.

Con el pasar del tiempo, mis virtudes se convirtieron en mis peores enemigos. Me convertí en un ser muy destructor. ¡Fue agotador y desgastante! Mi sensibilidad se convirtió en cambios drásticos de humor que enloquecieron a mi pareja. Me decía: "Estoy harto, eres demasiado intensa, especial y complicada. Nunca sé qué esperar de ti; es como estar en una montaña rusa, llena de subidas y bajadas. Te ríes, luego explotas y lloras por todo. Me amas y dices que soy el amor de tu vida, pero luego me odias y no quieres verme. Me engrandeces, me haces sentir lo máximo y después me minimizas y me haces sentir una cucaracha."

Cuando mi pareja trataba de acercarse a mí, de inmediato la rechazaba. Era como si yo sacara mis lentes de aumento y entrara a un proceso de descalificación en el cual encontraba la falla y el defecto, y la juzgaba como si quisiera cambiarla.

Lo curioso es que, cuando mi pareja se alejaba, yo la extrañaba, la idealizaba de nuevo y, por abajo del agua, empleaba mis artimañas para manipularla. Le armaba dramas para que regresara a mi lado o para que la pagara.

Yo hacía todo esto porque necesitaba que me comprobara y reafirmara su amor una y otra vez, pues siempre he sentido miedo al abandono.

¿Cómo soy en el trabajo?

Mi ideal de trabajo es un lugar en donde aprecien mi creatividad y mi individualidad. Es importante que mi trabajo sea original, que cautive los sentimientos y lleve mi toque personal. En un sentido poético, puedo crear espacios y ambientes extraordinarios. No me gusta que se me compare o se me trate como igual, ya que me gusta ser reconocido por mis talentos, mi creatividad y mis ideas innovadoras. Mi intuición hace que vea un proyecto desde otra perspectiva, desde otro ángulo muy diferente al tradicional.

Soy muy competitivo, crítico y apasionado; busco la excelencia y los estándares más altos de calidad. Quiero lo mejor; sin embargo, si compito en un proyecto, no lo hago sólo por ganar, sino porque quiero que mi proyecto sea el más creativo y original de todos. Esta competencia por el reconocimiento puede motivarme a demostrarle a la gente quién soy; a la vez, también puede despertar envidia y odio hacia mis rivales más cercanos.

Me aburre lo conocido y opto por lo difícil, por lo que me cuesta trabajo, por los retos y por explorar nuevas formas de hacer las cosas. Odio las reglas, los horarios, los grupos, la rigidez, la rutina y la mediocridad. Prefiero trabajar a solas o acercarme a algún mentor que me transmita su sabiduría.

Me gusta pensar, analizar y encontrarle un significado auténtico a mi trabajo; de lo contrario, lo abandono por más codiciado o bien pagado que éste sea. En caso de encontrarme en un aprieto económico me quedaría en el trabajo pero, sin duda, buscaría una actividad o un trabajo adicional en donde pudiera expresar mi esencia.

Esta necesidad que tengo de expresar mis sentimientos hace que me desarrolle en campos como pintura, escultura, arquitectura, ecología, medicina, baile, música, actuación, terapia, crítica de arte, diseño, asesoría emocional en momentos de crisis, etcétera.

Ya me conocí, ahora ¿qué sigue?

"Una vez que descubro mi tipo de personalidad 'CUATRO', debo observarme detalladamente y cuestionarme: ¿qué tan equilibrada está mi personalidad en términos mentales y emocionales?"

De acuerdo con Riso y Hudson, dos personas con el mismo tipo de personalidad, una sana y equilibrada y otra inmadura o desequilibrada, se ven y se comportan de forma diferente por completo, lo cual nos confunde en el momento de identificarnos.

Éste es un resumen de lo que aprendí durante mi entrenamiento con Don Riso y Ross Hudson acerca de la manera en la cual la personalidad puede degenerarse si ésta no se trabaja.

Si soy un "CUATRO" sano y equilibrado:

Me conozco a tal grado que estoy consciente de mis sentimientos y de mis cambios emocionales. En vez de actuarlos en automático, los controlo y los observo de una manera más objetiva. Puedo separarme de ellos y darles perspectiva en vez de hacer dramas. Es decir, puedo nadar en medio de la tormenta, separar mi mundo interno del externo y, a la vez, puedo controlar mis impulsos sin dejarme llevar por el oleaje cambiante de mis sentimientos. Esto no significa que deje de tener momentos de vacío, tristeza o melancolía, pues creo que cualquier tipo de crisis exige cambios. Trato de tomar los momentos malos como oportunidades para crecer, para aprender de ellos, para conocerme más a fondo y salir fortalecido. Dejo atrás lo que me hace daño y trato de darle un nuevo matiz a mi vida.

Siento que tengo tal conexión y sensibilidad hacia la naturaleza que puedo sentir y experimentar su belleza casi todo el tiempo. Cuando estoy en contacto con la naturaleza siento que mi creatividad fluye de manera espontánea y sin darme cuenta.

En términos emocionales soy muy fuerte y no me doblo con facilidad. Puedo ser muy espiritual y profundo. También puedo mostrarme sin miedo, tal como soy, con mis contradicciones, mis limitaciones y mis virtudes. Soy honesto conmigo mismo, espontáneo, divertido y abierto con los demás. Vivo más en el mundo real que en mis emociones. Todos los días intento reinventarme, fomentar la alegría y la esperanza en mi vida de una forma realista y creativa.

Si soy un "CUATRO" promedio:

Empiezo a vivir más tiempo en mi interior; me dirijo hacia mi imaginación y mis fantasías para experimentar y vivir mis sentimientos con intensidad una y otra vez. De esta manera, puedo prolongar mi tristeza o alegría según el ánimo en el que me encuentre. Es decir, sueño despierto y me engancho en una historia, un pensamiento, una frase, un diálogo, y lo repito una y mil veces en mi mente. Me pregunto, me contesto, le pongo voces a mis personajes, lloro y río con ellos. Lo malo de todo esto es que, al estar tan ensimismado en mi mundo, no me doy cuenta de que evado la realidad.

Quiero ser original y diferente a los demás, pero no tan diferente al grado en que puedan rechazarme. Me gusta que todo lo que me rodea refleje lo que pienso y lo que siento, como mi ropa, mi arreglo personal, mis actividades, mi casa, mi comida, mi música, mis amistades. Siento una atracción especial hacia lo estético, lo cual estimula mi creatividad, me impulsa a crear diferentes opciones y a imprimir mi personalidad en todo lo que hago.

Conforme me desequilibro, me retraigo a mi mundo interno, dejo de ser espontáneo, me vuelvo más callado y no comparto mis sentimientos. Experimento un vacío existencial, nada me llena y todo me parece poco. Cada vez soy más hipersensible y frágil con lo que me dicen los demás; todo me lo tomo muy en serio y personal y tiendo a alejarme de la gente que no tiene nada que ver conmigo para que no me lastime.

Cada vez soy menos tolerante, más negativo, inseguro y temperamental, con reacciones emocionales y cambios repentinos de humor. Me vuelvo muy quisquilloso hacia cierto tipo de lugares y de gente, hacia lo vulgar y corriente. Mis gustos se tornan más exclusivos. Soy más selectivo con la gente con la que quiero estar y mi mundo se reduce cada vez más. Conforme desciendo de nivel, siento que encajo menos en la sociedad. Me siento diferente a los demás y lleno de defectos que quiero ocultar. Con frecuencia me comparo con la gente y envidio la felicidad de otras personas. Pierdo estructura en mi vida, me apapacho, me compadezco de mí mismo y me perdono todos mis deberes. No hago nada por mejorar. Me permito todo: si no tengo ganas de levantarme, me quedo dormido; si no quiero ir al trabajo o a una clase, no voy. ¡Hago lo que se me pega la gana! Veo películas, leo, me excedo en compras, en comida, en descanso, me tomo un tequilita y al rato otro, y al rato otro. Sin darme cuenta, esta falta de estructura me vuelve improductivo y apático hasta llegar a la depresión.

Si soy un "CUATRO" tóxico o desequilibrado:

En estos niveles ya estoy deprimido. Me aíslo cada vez más, ya no puedo funcionar en el mundo, corto con mis amistades y me siento solo, incomprendido y decepcionado. Estoy cansado, no tengo ilusiones ni ganas de hacer nada. Mi creatividad está truncada y mis dramas emocionales se incrementan. Rechazo cualquier tipo de ayuda y la convivencia conmigo se torna muy difícil. Empiezo a tener sentimientos de mucho odio y rabia hacia la gente que no me apoya a nivel emocional. Estoy enojado con el mundo y también envidio mucho a los triunfadores. Me siento víctima. Agredo y ataco a los miembros de mi familia, aunque sean los únicos que pueden ayudarme. Los quiero castigar por no haberme apreciado; quiero que se arrepientan por lo mal que me trataron. No sé quién soy. Siento mucha inseguridad, miedo y ansiedad.

Hablo y pienso acerca del suicidio como parte natural de la vida. Me choco, me odio, me vuelvo masoquista a tal grado que puedo lastimarme, cortarme o quemar mi cuerpo, arrancarme mechones de cabello, dejar de comer o comer, beber y drogarme en exceso, etcétera.

Conforme me deterioro, me decepciono y me harto cada vez más de mí; me siento perdido, como un perro pateado y abandonado por todos. Mi mundo se vuelve negro, sin esperanza de ningún tipo. Necesito ayuda profesional con urgencia; de lo contrario, deseo quitarme la vida.

¿Cómo puedo ser mejor?

* Lo más importante es aceptarte, quererte, valorarte y no abandonarte.
* Agradece a diario todo lo bueno que tienes y por lo que vale la pena vivir, como un nuevo día, la risa, las flores o tu familia, para retroalimentar tu espíritu y el gusto por vivir.
* Reconoce, agradece y trabaja en tus cualidades y talentos, y deja de envidiar los ajenos.
* Aprende a ponerle nombre a tus sentimientos: "siento enojo, tristeza, miedo". Sepáralos y no te dejes gobernar por ellos.
* Descubre la felicidad en lo simple y en lo ordinario. Pregúntate: ¿qué tan fácil es para los demás vivir conmigo?
* Aprende a enfocar tu atención en lo presente, en el aquí y en el ahora. Date cuenta de que lo que tienes es suficiente para ser feliz.
* Entiende que tu actitud hacia la vida es lo que te empuja hacia adelante o te hunde.
* Utiliza la envidia como un motor que te impulsa a lograr esa meta que envidias en otros.
* Cuando te sientas ofendido por alguien, acláralo lo más pronto posible —de una manera objetiva—, y no te quedes rumiando como acostumbras.

- Recuerda que eres más que tus sentimientos y emociones, por lo que es importante observarlos desde afuera y ver cómo suben y bajan, sin dejar que te dominen y te arruinen.
- Cuando te encuentres atrapado dentro de un *tsunami* de emociones, aprende a no hacer juicios ni tomar decisiones, sino esperar hasta que las aguas se calmen.
- Toma en cuenta que tu cuerpo es un perfecto reflejo de tu estado emocional: sobrepeso, anorexia, hipocondria, acné, cansancio, etcétera.
- Una manera de combatir la depresión es reactivándote: ¡haz ejercicio, frecuenta a tus amigos, comprométete de principio a fin en una clase, un proyecto, un trabajo en donde puedas plasmar tu creatividad!

¿Cómo me gustaría que me trataras?

- Cuando esté triste o melancólico, no me compadezcas ni intentes subir mi ánimo. ¡Respétame! ¡Necesito tu empatía, no tu ayuda!
- No te burles ni me digas que exagero o dramatizo mis emociones. ¡No se te ocurra compararme! No te enganches en mi drama; mejor dime que me quieres y que siempre cuento contigo.
- Necesito tu refuerzo constante: apóyame con honestidad en mi vida diaria. Cuando te guste algo que yo haga, valídamelo y aprecia mi toque personal.
- Ayúdame a valorarme como soy, a dejar de compararme con los demás y a ver mis propios talentos. Aliéntame al reto.
- Enséñame a usar más la cabeza que el corazón para balancear mis emociones y así diferenciar entre lo que en verdad siento y mis ataques de actuación.
- Cuando veas que me deprimo, ábreme primero tus sentimientos para que yo me anime a sacar todo lo que llevo guardado durante mucho tiempo.
- Ayúdame a encontrar diferentes formas de sacar toda mi intensidad emocional, como hacer deporte, bailar, meditar, pintar, escribir, ayudar en obras sociales, etcétera.
- Anímame a reinventarme, a no darme por vencido, a verme con otros ojos, a sacar lo mejor de mí y a lanzarme a nuevos retos.
- Sé cuidadoso porque me lastimas con facilidad cuando no me tomas en cuenta, cuando eres falso, cuando no tienes tacto o tu tono de voz es agresivo.

- Señálame cómo, al salirme de mí, puedo tocar y entender el sufrimiento ajeno. Eso me enseña a apreciar y comparar mi realidad.
- Ayúdame a entender que lo único que puedo controlar en mi vida es mi actitud, que yo decido ponerle buena o mala cara a mi día.
- Ayúdame a no querer cambiarlo todo, a quedarme quieto y esperar, a contemplar y a no juzgar, a aprender aceptar que las cosas están bien así como están.

Testimonio de un "CUATRO" transformado:

Entenderme y comprenderme a mí mismo es lo mejor que me ha pasado en la vida. El Eneagrama no sólo me ha mostrado mi parte positiva y negativa, sino que me ha enseñado a convivir con mi parte emocional y sentimental que me invadía día a día y me causaba mucha ansiedad y sufrimiento.

Algo muy importante que he aprendido es a diferenciar entre mi mundo interno y la realidad: ya no me engancho, me controlo y me protejo de no ser tan vulnerable y tormentoso ante cualquier sentimiento; una cosa es la realidad de una situación y otra son mis reacciones emocionales.

Me di cuenta de que, atrás de tanta intensidad emocional y cambios de humor, tenía mucho miedo de echarme un clavado muy hondo y descubrir lo más profundo de mí. Aprendí a aceptarme con honestidad, como soy en realidad y sin pretender ser especial ni diferente, como yo creía que era.

Aceptar mi realidad y mi verdad han sido la clave para hacer las paces con el pasado. ¡Así soy, y punto! Con el tiempo, esta aceptación, que en mi caso fue muy difícil, me produjo una sensación de paz y tranquilidad interna, un equilibrio emocional que hoy ha calmado esos arranques temperamentales de sube y baja que me dejaban agotado.

He aprendido que siempre tenemos por lo menos dos opciones frente a cualquier situación: jugar el papel de víctima y compadecerme por lo difícil que me ha tocado o tomar las riendas y ponerle todas las ganas a mi vida presente. ¡Es cuestión de actitud y de decisión!

Esto es lo que me propongo todos los días al despertar: darle una intención divina a mi día y comprometerme con la realidad, convertir un día ordinario en extraordinario, ver cada momento como una oportunidad para aportar algo valioso al mundo con mi riqueza interna y mi creatividad. Con esto no quiero decir que ya no tengo bajones; sin embargo, creo que los controlo mejor y ya no me engancho cuando aparecen, porque sé que son pasajeros. Me di cuenta de que, al tratar de apreciar y vivir el presente de una manera plena, empecé a dejar de envidiar y de idealizar a los demás. Descubrí que me hacía una falsa percepción de la gente.

Hoy, cuando me comunico con los demás a nivel profundo, me doy cuenta de que soy tan bueno y tan malo, tan vulnerable y tan humano como cualquiera. No soy diferente ni defectuoso. Sólo soy un ser humano más profundo e intenso que los demás. Hoy reconozco cualidades en mí que antes no veía, empiezo a reírme de mí mismo y a encontrarle un sentido a la vida. Hoy me siento satisfecho, lleno de espontaneidad y energía. Estoy en paz y en armonía.

Personalidad tipo "CINCO"

Observador, reservado, analítico, inteligente, concentrado, independiente, solitario, visionario.

 "Para saber si eres un tipo de personalidad 'CINCO', debes identificarte al menos con setenta por ciento de sus características. Recuerda que éstas varían según cada persona. Toma en cuenta el rango entre 18 y 30 años de edad, ya que es en este periodo cuando la personalidad está más definida."

¿Cómo soy en general?

Soy una persona muy observadora, objetiva, analítica y aprecio lo simple de la vida.

Soy callado, de pocas palabras, pero, cuando hablo, soy claro, directo y conciso.

Para mí es indispensable tener un espacio propio en donde pueda estar a solas para refugiarme en el silencio, con mis ideas y pensamientos y, a la vez, recargarme de energía.

Me dicen que soy un poco autista y creo que hay algo de cierto, porque vivo más en mi mente que en mi cuerpo; porque con ella me divierto me entretengo y no tengo que depender de nadie. Es como si tuviera un gran amigo dentro de mí.

Me cuesta trabajo ser generoso con los demás, compartir mi tiempo, mis ideas, mi espacio y mis sentimientos; prefiero ser autosuficiente y depender lo menos posible de la gente. No soporto sentirme controlado ni pedir favores. Tiendo a la soltería. Disfruto tanto de mi libertad, que me da vergüenza reconocerlo. Mi familia puede estar por un lado de la casa y yo en el otro extremo. Con tal de no sentirme invadido y presionado, en todo les doy la razón pero hago lo que se me pega la gana. Me gusta que las cosas se hablen de forma clara, que se definan las responsabilidades, que se establezcan las fronteras y que se respete mi privacidad.

Soy muy curioso y perceptivo. Me apasiona investigar y aprender. Me interesa saber cómo se originan o funcionan las cosas; es por eso que me gusta meterme en los libros o en internet, desarmar piezas o leer instructivos, para sacarle el mejor provecho a las cosas. Pienso que tener conocimiento o estar bien informado me da poder y mucha seguridad, y me hace sentir inteligente y competente.

En el campo de los sentimientos, ¡soy un desastre! Me resulta difícil hacer contacto con las personas y expresar mis sentimientos. Las relaciones interpersonales y la gente me agotan. Me siento incómodo cuando alguien me demuestra afecto de forma excesiva, cuando alguien me abraza o se pega a mí. ¡No sé qué hacer! No soporto a la gente dramática y ruidosa. Hay momentos en que hasta puedo crear una barrera invisible de distancia emocional para que las personas no se acerquen a mí.

Aunque soy introvertido, solitario y poco expresivo, en el fondo soy cálido, tierno y muy sensible. Cuando estoy a solas y me siento seguro, permito que salgan mis emociones y me doy cuenta de que tengo mucha necesidad de cariño. Me gustaría poder expresarlo como lo hacen los demás, pero me da miedo. No sé brindar ni recibir afecto; me siento torpe en ese terreno.

Disfruto estar con mi familia y amigos pero, si se trata de estar en reuniones sociales con desconocidos, me vuelvo antisocial, me agobio y "acabo de estar" con mucha facilidad. Desde que llego, ya me quiero ir y pronto pienso en un pretexto para salirme temprano. En ocasiones siento un vacío muy grande, me siento insensible o un ente raro, como si fuera de otro planeta, con baja autoestima, con una sensación de no merecer y no encajar en este mundo.

En mi vida diaria soy muy austero. Me fijo mucho en los precios y en las ofertas, aunque me compro muy pocas cosas para mí. Puedo sobrevivir con muy poco; me duele y evito gastar dinero en trivialidades que no necesito. Me gusta ahorrar, acumular y atesorar objetos que me interesan; sin embargo, me resulta difícil deshacerme de ellos, ya que nunca sé cuándo podría necesitarlos.

¿Qué personajes representan mi tipo de personalidad?

Bill Gates, Warren Buffet, Carlos Slim Helú, Mark Zuckerberg, John Lennon, Eckhart Tolle, Ralph Fiennes, Albert Einstein, Charles Darwin, Sigmund Freud, Isaac Newton, Howard Hughes, Sam Walton, Paul Getty, Alfred Hitchcock, Anthony Hopkins, Jodie Foster, Al Pacino, Stephen Hawking, Alan Turing, Jeremy Irons, Stanley Kubrick, "Scrooge", Agatha Christie, Carmen Aristegui, Jorge Fernández Menéndez, Carlos Monsiváis, Santo Tomas de Aquino, Buda, Tomás Alba Edison, Friedrich Nietzsche, Franz Kafka, Jean Paul Sartre, Julio Verne, papa Benedicto XVI, Michael Scofield *(Prison Break)*, Sheldon *(Big Bang Theory)*.

¿Cómo percibo el mundo?

Este mundo me agobia, es insaciable, me pide mucho, me exige, me drena, me quita mi energía y siempre quiere más. Me protejo al necesitar poco y al ser autosuficiente, para depender lo menos posible de la gente.

¿Qué estoy buscando?

- Observar y entender cómo funciona el mundo que me rodea.
- Quiero ser experto en algo y dominarlo a la perfección.
- Acumular esas pocas cosas que necesito para ser autosuficiente.

¿A qué le tengo miedo?

167

- A sentir que se me puede terminar lo poco que tengo.
- A sentirme invadido por los demás.
- A que me vean y, a la vez, a que me rechacen.
- A sentir mis emociones.
- A parecer ignorante ante los demás.

¿Cuál es la imagen que quiero reflejar ante los demás?

Soy inteligente, independiente, competente, prudente y experto en mi tema.

¿Cuál es mi queja interior?

Si la gente usara más la cabeza y fuera más objetiva y lógica como yo, esta vida sería mucho menos complicada.

¿En dónde está mi mente la mayor parte del tiempo?

- En volar en el tema que me interesa.
- En aislarme, adentrarme en mi mente para observar.
- En inventar una disculpa razonable para escaparme, en especial de las personas que no conozco.

¿Cómo me convertí en un "CINCO"?

De niño tal vez viví alguna(s) de estas situaciones:

* De manera inconsciente me sentí rechazado y abandonado por mis padres; para protegerme del dolor y sobrevivir aprendí a bloquear mis sentimientos y a hacerme cargo de mí.
* Fui un niño solitario, reservado e introvertido; me gustaba más mi mundo interno que el externo, porque en él podía jugar sin necesitar a nadie.
* Pude sentirme sobreprotegido, controlado y asfixiado por alguno de mis padres, lo cual me obligó a desarrollar una barrera emocional para que no invadiera mi espacio.
* Pude haber tenido una familia grande y vivir en un espacio pequeño, lo cual me hizo sentir aprisionado. Es por eso que busqué un espacio privado para no sentirme acorralado.
* Al ser silencioso, aprendí a observar y percibir todo lo que sucedía a mi alrededor, a leer a las personas, sus intenciones, sus mentiras y su falsedad.
* Pude haber tenido un papá o una mamá que se aislaban, se abstenían o se ocultaban del mundo. De forma inconsciente, yo repetí el mismo comportamiento.
* Me gustó descubrir que una manera efectiva de pasar inadvertido era actuar como si fuera invisible.
* Descubrí que era más seguro e interesante observar desde mi trinchera, sin participar ni comprometerme, que hablar por hablar.

Experiencias de la infancia de personas tipo "CINCO":

Mónica, de 30 años:

Fui una hija muy deseada, ya que entre mi hermano mayor y yo murieron unos gemelos. Mi madre era sobreprotectora e impositiva, y deseaba saberlo todo sobre mi vida: "Ponte el suéter, no comas eso, prueba esto, saluda a tu tía y regálale una sonrisa." ¡Ya no aguantaba! Por eso creo que aprendí desde chica a poner una barrera emocional entre mi madre y yo; ella podía hablar y yo ya no la escuchaba.

Mayela recuerda:

Tenía cinco o seis años y recuerdo muy bien cuando acompañé a mi mamá un domingo a misa. Varios niños jugaban en el jardín de la iglesia, por lo que le pedí permiso a mi mamá de jugar con ellos. Después de un buen rato vi cómo mi mamá salía con su auto. Yo le gritaba para que no me dejara allí, pero nunca me escuchó. Me asusté y pensé que tendría que quedarme toda la semana en ese jardín, hasta que mi mamá regresara el próximo domingo. Después de un rato de llorar, me acordé de que la casa de la abuela estaba como a tres cuadras de ahí y me fui caminando. Al llegar supe que nadie, ni mi mamá, se dio cuenta de mi ausencia ni de mi presencia.

Ricardo, de 54 años:

Fui el mayor de cinco hermanos. Recuerdo que, de chico, mis padres me enviaron a vivir con mis abuelos ya que teníamos poco espacio y poco dinero. De cierto modo, yo sentía que no me querían y que no pertenecía a mi familia, pues sólo escuchaba el relato de sus actividades por medio de mi abuela. Me refugié en mi mundo, en mis libros y en mis fantasías. Allí era feliz y creaba historias en las que yo era muy poderoso.

¿Cuáles pueden ser mis virtudes y talentos?

• Tengo gran capacidad y sorprendente claridad para observar y analizar la vida.
• Soy perspicaz; capto y sintetizo información importante con más rapidez que cualquiera.

- Puedo desconectarme por completo de mis sentimientos, retirarme a mi mente y analizar, pensar y sintetizar información compleja con objetividad. En momentos de crisis puedo tomar decisiones con calma y sin involucrar ninguna emoción, por más fuerte que ésta sea.
- Escucho con atención, soy buen confidente y consejero.
- Me siento orgulloso y me complace prescindir de posesiones materiales, estatus sociales o necesidades que dominan la vida de los demás.
- Me entusiasma investigar y aprender cosas nuevas. Cuando algo me apasiona, mi mente se convierte en un rayo láser que quiere profundizar más y más en el tema. Esto me lleva a convertirme en experto y a producir cambios revolucionarios en mi campo de actividad.
- Mi pasión por el conocimiento me ha dado gran facilidad de concentración y retención de datos que sorprende a cualquiera.

¿Cuáles pueden ser mis mayores defectos?

- Mi cualidad de desapegarme de mis necesidades y de mis sentimientos se puede convertir en mi peor enemigo, ya que, al sólo observar la vida, dejo de participar en ella, de involucrarme, de apasionarme y de comprometerme. Me convierto en un simple observador y no en un jugador que vibra y sufre con ella.
- Este desapego de mis sentimientos puede convertirme en una persona fría, inexpresiva, ausente y distante para los demás. Vivo a medias porque me pierdo de momentos emotivos, del contacto humano, de sentir con el cuerpo y con el corazón, de tocar mi esencia y la de los demás. ¡Hay que experimentar la vida y no sólo estudiarla!
- Puedo refugiarme a tal grado en mis pensamientos y privacidad que llego a cortar con toda conexión social. Me escondo para no ser visto y para no comprometerme. Me convierto en un ermitaño, descuido mi ropa, mi cuerpo y mi aspecto físico, y siento una gran soledad.
- Puedo llegar a tener rasgos paranoides. Me vuelvo agresivo y evasivo. Sospecho de todos. Cualquier demostración de interés hacia mí me produce mal humor y la tomo como una invasión excesiva.

¿Cuál es mi punto ciego?

La avaricia.

"Según Helen Palmer: 'Parece una contradicción que una persona que disfruta tanto de su privacidad así como alejarse mentalmente, pueda ser considerada avara [...] El verdadero significado de la avaricia es el deseo de atesorar esas pocas posesiones que son muy importantes para asegurarse una vida privada, una vida separada de los demás, para no tener que involucrarse'."[14]

Como "CINCO", lo importante para mí es ser independiente, no pedir ayuda a nadie, tener el menor contacto posible con la gente y, en ocasiones, hasta hacerme "invisible" para no involucrarme en sus vidas, no comprometerme ni tener que depender de los demás.

La gente siempre quiere algo de mí; me demanda tiempo, atención, cariño, información, explicaciones. Siento que absorbe mi energía. Esto me produce mal humor y me agota.

En verdad puedo vivir con muy pocas cosas materiales y me siento orgulloso de ello.

---

[14] Palmer, Helen, *The Enneagram Workshop. Type #5.*

Lo curioso es que esas pocas necesidades que tengo (privacidad, conocimiento, tiempo, energía, sentimientos, libros, datos, música, información, pasatiempos, dinero) son importantísimas para mí. Una vez que las tengo, ya no dependo de los demás; es por eso que las cuido y las atesoro como si fueran oro.

Siento el fuerte deseo de acumularlas y, a la vez, me resulta difícil compartirlas.

Soy un gran coleccionista; puedo coleccionar y guardar cosas muy baratas y viejas por años (revistas, discos, libros, apuntes, boletos, etcétera), al igual que objetos caros y sofisticados (aparatos electrónicos, cámaras fotográficas, autos, etcétera) que me hacen sentir seguro porque forman parte de mi mundo.

Me doy cuenta de que, mientras más me interesan, menos me importa gastar todo mi dinero en ellas. En cambio, con mi ropa, comida, casa o cosas que no me importan, puedo ser avaro en extremo.

Ejemplos:

Prefiero no tener algo que pedir un favor; prefiero quedarme sin ir a algún lado con tal de no depender de nadie, porque yo no quiero que algún día me pidas lo mismo.

Me cuesta mucho trabajo darle a mis hijos un poco de mi tiempo para jugar con ellos; prefiero estar solo y leer mi libro.

Prefiero que no me regales nada en mi cumpleaños, para que yo no tenga que regalarte a ti.

A la gente le resulta extraño cómo puedo coleccionar, además de mis libros, cosas caras como obras de arte, y sólo tener un par de zapatos viejos.

¿Cómo soy por dentro en realidad?

Soy el más feliz cuando estoy a solas en un espacio propio que garantice mi privacidad durante un tiempo. Quiero experimentar la vida y entenderla, pero desde mi cabeza, ya que tengo una mente súper activa que me divierte y juega con mis ideas y teorías. Lo mejor es que cuento con ella todo el tiempo, por lo que casi no necesito de nadie. Me causa pavor dejar la seguridad que mi mente me da para contactar con mi cuerpo y con lo más profundo de mí. Sin embargo, los mejores momentos de mi vida han sido cuando he experimentado el contacto humano con todo mi cuerpo y mi corazón.

Estoy convencido de la gran necesidad que tengo de amor y cariño. En verdad quisiera recibirlo y darlo a los demás, pero a veces me da terror sentir y expresar mis sentimientos. Pienso que es peligroso depender de la gente en términos emocionales, porque puede invadirme, controlarme, lastimarme y hasta traicionarme; es por eso que prefiero retraerme a mi pequeño mundo en donde me siento seguro. Me reconozco torpe en el terreno social. Me cuesta trabajo el contacto. Me resulta difícil iniciar una conversación trivial y no sé cómo hacerle para pertenecer a un grupo social.

Doy la impresión de ser frío e indiferente; sin embargo, soy muy sensible y a veces me siento muy solo, desconectado de la vida y de mi gente. En ocasiones experimento un hoyo interior muy profundo, y quiero llenarlo rápido con libros, datos o ideas para no sentirlo.

A veces, mis sentimientos están tan lejanos y descuidados que es horrible no sentir nada. Me doy cuenta de que, para defenderme de este vacío, me abandono a mí mismo, me desconecto de mis emociones y sentimientos y me voy a mi cabeza, ya que ahí me siento pleno y seguro.

En palabras sencillas, es como si me cortara la cabeza y la separara de mi cuerpo para vivir en mi mente. Me aíslo por completo de mis sentimientos y de mi cuerpo; esto me permite vivir cualquier experiencia sin que me afecte a nivel emocional. Pienso los sentimientos en vez de bajarlos a mi corazón y eso me protege de no involucrarme o ser lastimado por los demás.

Resulta muy interesante que, cuando estoy a solas y en un lugar seguro, puedo *reconectar* de nuevo mi mente con mi cuerpo y sentir con libertad todo tipo de emociones y sensaciones que estuvieron reprimidas (amor, enojo, miedo, tristeza). Puedo revivir una y otra vez cualquier situación con lujo de detalle.

Lo malo es que, una vez que regreso al mundo real, recupero el hábito de bloquear mis sentimientos y de alejarme de los demás.

Hanna, una amiga holandesa "CINCO" me platicó su experiencia: *Decidí estudiar una maestría en el extranjero. Era la más feliz porque haría lo que yo quisiera con mi tiempo. ¡Por fin libre de todos y de todo! Y así fue. Pasaron dos años durante los cuales me dediqué a estudiar, a investigar y a ser una desconocida para todos. Me certifiqué y recibí mi título; estaba muy contenta de haber logrado esa meta tan importante para mí. Yo quería compartir esa felicidad, pero me di cuenta de que no tenía a un solo amigo con quien tomar una cerveza en un bar para celebrar. Sentí una profunda soledad y mucha tristeza de no tener a nadie. Me di cuenta de mi carencia de contacto humano y de lo sola que me sentía. Aprendí que un logro sin una persona para compartirlo no tiene significado alguno.*

¿Qué es lo que me molesta de mi personalidad?

* Puedo ser tan escueto al expresarme que la gente no me entiende.
* Tiendo a sustituir a las personas y a las emociones por libros y escondites.
* Puedo sentir mucha ansiedad y ganas de huir cuando las personas se me acercan demasiado, tanto a nivel físico como emocional.
* Puedo llegar a sentir como una invasión a mi privacidad hasta un ofrecimiento de ayuda o una invitación social.
* Cuando me lastiman o me agraden, me retiro y me vuelvo evasivo en lugar de confrontarlo.
* Mi intensa concentración en lo que me gusta (libros, mecánica, música, computación, juegos de destreza) hace que me pierda y me distraiga de mis prioridades urgentes, o que descuide mis relaciones interpersonales.
* Puedo sentirme superior, sabelotodo y elitista, y adoptar una actitud arrogante.
* Con frecuencia no me siento lo suficientemente preparado para lanzarme a la acción, y me da coraje que gran parte de mis ideas se quedan sólo en eso.
* Me enoja que, por mi indecisión, por falta de tiempo o por tratar de perfeccionar mi información o proyecto, alguien me gane a exponerlo.
* Me enoja ver cómo muchas otras personas menos inteligentes que yo, pero con mayores aptitudes sociales, se venden mejor en el área profesional.
* Me resulta muy difícil enamorarme o acercarme al sexo opuesto en plan de ligue.
* No me gusta pedir o recibir ayuda de los demás por miedo a que me pidan algo a cambio.
* No me gusta compartir mis conocimientos, ya que poseer información especial me da control y poder sobre los demás.

¿Cómo soy en mi mejor momento?

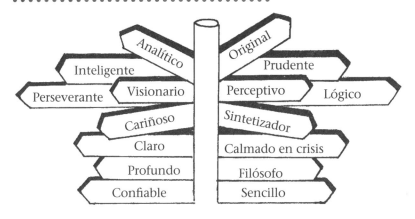

¿Cómo soy en mi peor momento?

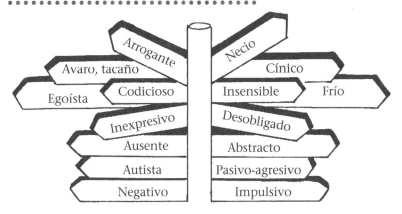

¿Cómo es mi estilo para hablar?

La mayoría de los "CINCOS" hablamos muy poco y de una manera parca y pausada, aunque también hay otros que se van al extremo opuesto y hablan rapidísimo. Yo, como "CINCO", ahorro palabras y selecciono con cuidado aquellas que voy a usar. Voy al punto: resumo y sintetizo a la perfección. Me cuesta trabajo expresar con palabras lo que veo en mi mente. Mi lenguaje es plano, frío y poco emotivo. Empleo el mismo tono de voz aunque cambie de tema. Comparto más teorías y pensamientos que sentimientos.

¿Cómo es mi lenguaje no verbal?

Mi imagen es sencilla, pasa inadvertida y no tiene un estilo definido. Con frecuencia mis hombros están encorvados hacia delante, en forma de caracol. Me gusta meter las manos en los bolsillos o tocarme la barba para pensar. No gesticulo ni muevo las manos. Evito el contacto visual prolongado. Me ruborizo con facilidad al sentir las miradas de los demás. Resulta difícil leerme ya que expreso mis ideas con poca emoción. Me gusta sentarme en las orillas y mantener mi distancia corporal. ¡Que no se me peguen ni me toqueteen!

Muchos "CINCOS" están tan metidos en su cabeza que se olvidan de su cuerpo. Duermen muy poco y, como consecuencia, sus movimientos son torpes y poco coordinados. Sin embargo, existen algunos que se van al otro extremo y son muy coordinados y buenos deportistas.

¿Qué país representa mi tipo de personalidad?

Gran Bretaña[15] porque está alejada, es educada, reservada, prudente y conservadora.

¿Qué animal representa mi tipo de personalidad?

El búho[16] porque observa sin ser visto.

---

[15] Pangrazzi, Arnaldo, *El Enneagrama*, p. 109.
[16] Ibíd, p. 110.

¿Qué es lo que más evito?

Evito lo más posible a los desconocidos, a la gente presumida, ir de compras, las pláticas tontas, las juntas interminables, las personas cerradas, las sobremesas, el conflicto, las personas escandalosas y las escenas emocionales.

¿Qué es lo que más me enoja?

Evito que me exijan y me ordenen, que me cambien los planes, que cuestionen o se entrometan en mi vida y en mi privacidad, que hagan limpieza de mis cosas y que me contradigan frente a la gente. De igual manera, me enoja recibir un regalo que me comprometa, que no toquen la puerta antes de entrar, las visitas inesperadas; en fin, todo lo que me tome por sorpresa. Me mata que me saturen de emociones y que me interrumpan cuando estoy en mi mundo privado.

¿Cuáles son mis alas?

"Mis alas son 'CUATRO' y 'SEIS'. Estas energías van a influir, mucho o poco, en mi tipo de personalidad durante toda mi vida."

Si soy un "CINCO" con ala "CUATRO" más fuerte o más desarrollada (5/4):
Soy un "CINCO" mucho más emotivo, sensible, callado, creativo e introspectivo que el 5/6. Mezclado con la energía del "CUATRO" soy más empático e ingenioso, más artista, intuitivo, abstracto e imaginativo que el 5/6.

Sin embargo, tengo un gran conflicto pues no quiero tocar mis sentimientos porque vivo en mi mente (5), y también quiero vivir mis emociones de manera intensa y apasionada (4).

Parte negativa: Puedo aislarme demasiado de la gente y volverme introvertido, melancólico, hipersensible y vulnerable, con altibajos en mi estado de ánimo.

Ejemplos de 5/4: Jeremy Irons, George Lucas, John Lennon, Anthony Hopkins.

Si soy un "CINCO" con ala "SEIS" más fuerte o más desarrollada (5/6):
Soy un "CINCO" mucho más receptivo, extrovertido, intelectual, investigador, técnico y analítico que el 5/4. Mezclado con la energía del "SEIS", soy más asertivo, lógico, estructurado, disciplinado, perseverante y cooperador. Soy muy leal, trabajador y comprometido.

Parte negativa: Puedo ser demasiado cauteloso, escéptico, desconfiado, reservado a nivel emocional, frío y torpe para expresar sentimientos, más agresivo, directo y egoísta.

Ejemplos de 5/6: Bill Gates, Carmen Aristegui, Jorge Fernández Menéndez, Charles Darwin.

¿Cómo me comporto cuando estoy relajado o estresado?

 "El Eneagrama no es estático. Nos movemos con frecuencia de un lado al otro. Los movimientos pueden ser temporales o duraderos, según la madurez de la persona."

Cuando estoy relajado:
Según las líneas del diagrama, podemos observar que el "CINCO" se mueve hacia el *"OCHO"* en una dirección y hacia el *"SIETE"* en otra.

TENSO ME VUELVO:
DISTRAÍDO
INQUIETO
IMPULSIVO
INESTABLE

RELAJADO ME VUELVO:
SEGURO
ASERTIVO
EXPRESIVO
LÍDER
DECIDIDO

Cuando me siento seguro y relajado, primero muestro *lo mejor* de mi tipo de personalidad "CINCO": cálido, confiable, prudente e inteligente. Después, según este camino, adopto *la parte positiva del "OCHO"* y me comporto de la siguiente manera (recomiendo leer la personalidad "OCHO" para entender mejor el comportamiento):

• Aterrizo mi mente, contacto con mi cuerpo y con mi poder personal, encuentro valor para moverme y tomar decisiones.
• Convierto mis pensamientos en compromiso y acción.
• Me vuelvo más abierto y asertivo, expreso lo que quiero y lo que no quiero.
• Cuando me enojo, puedo confrontar de manera abierta, establezco límites claros y me siento más seguro de mí mismo.
• Cuando logro equilibrar mi inteligencia, mi corazón y mi energía instintiva, me convierto en un líder espontáneo, generoso, emotivo y expresivo.

Asimismo, al ser el Eneagrama un sistema dinámico, también puedo tomar partes negativas del "OCHO":
• Me vuelvo agresivo en vez de asertivo, y utilizo el poder para vengarme y castigar.
• Actúo por impulso, ignoro y me burlo de los sentimientos de los demás.
• Minimizo a la gente con mi forma arrogante, directa y fría de decir las cosas.

Cuando estoy estresado:
Cuando me siento tenso, estresado o nervioso, primero muestro *lo peor* de mi personalidad: egoísta, avaro, distante e inexpresivo. Después, según esta dirección, adopto la *parte negativa del "SIETE"* y me comporto de la siguiente manera (recomiendo leer la personalidad "SIETE" para entender mejor el comportamiento):

- Me rebelo contra el aislamiento y me vuelvo impulsivo, inquieto, despistado y acelerado.
- Hago un poco de todo, pierdo el tiempo, paso de una actividad a otra y de una idea a otra, no termino ni me llena nada.
- Tomo todo a broma, muy por encima, para quitarle importancia y evitar comprometerme.
- Mi soledad y mi vacío me conducen a las parrandas, bares, drogas, alcohol y sexo.
- Si el estrés y el dolor es extremo, anestesio mi ansiedad, me hago insensible o adopto el papel del chistoso.

Asimismo, al ser el Eneagrama un sistema dinámico, también puedo tomar *partes positivas del "SIETE"*:
- Me vuelvo más ocurrente, divertido y cariñoso.
- Me vuelvo más espontáneo, aventurero, creativo, social y abierto.

¿Qué le atrajo a mi pareja de mí, que después se convirtió en una pesadilla?

"Todos tenemos cualidades especiales y nos sentimos orgullosos de ellas pero, a veces, tendemos a exagerarlas. En esos casos, esas cualidades pueden convertirse en nuestros peores enemigos y hasta pueden llegar a destruirnos de manera inconsciente."

En un principio, mi pareja pudo enamorarse de mi inteligencia, mi claridad de mente, mi sencillez, mi lealtad y mi manera tan práctica de ver la vida. Pudo cautivarle lo culto que soy y la perspicacia que tengo para verlo todo, captar lo más importante y poder resumirlo en dos palabras. Mi hipersensibilidad tan atinada para saber y expresarle lo que le ocurría siempre le impresionó. También pudo atraerle mi independencia, mi temple, mi calma para reaccionar ante cualquier crisis y esa combinación de sensibilidad, timidez y ternura que tengo escondida.

Con el pasar del tiempo, mis virtudes se convirtieron en mis peores enemigos. Mi objetividad e inteligencia hicieron que se alejara. Llegó a asustarse de mi frialdad e indiferencia hacia ella, ya que mi aislamiento y falta de comunicación la hicieron sentir sola, descuidada, rechazada, incluso abandonada por mí.

Se quejaba de que no entendía sus emociones, de que no la apapachaba y abrazaba de manera efusiva. ¡Y si de detalles hablamos, olvídalo! Se hartó de mí por aguafiestas, pues soy especialista en desinflar cualquier idea, emoción o ilusión que tuviera.

Mi pareja decía que yo siempre le contaba lo mínimo indispensable de mi vida diaria y que me sacaba la información a cuentagotas, porque nunca le mencionaba nombres ni lugares ni a dónde iba. Esto le parecía todo un misterio porque mis respuestas eran parcas, inexpresivas y difusas. Le enojaba muchísimo que en los eventos sociales me desapareciera de repente sin avisarle o me desconectara a mi mundo interno y no estuviera presente en la plática con los amigos. No soportó mis silencios prolongados. Recuerdo sus reclamos: "¡Eres un aburrido y egoísta, no te importa la gente y además quieres irte temprano!".

¿Cómo soy en el trabajo?

Me gusta que me digan lo que se espera de mí y después que me dejen trabajar solo y libre, sin sentir la presión de horarios y sin que me chequen o me juzguen, para que pueda concentrarme, reflexionar, analizar y decidir. Mi máximo sueño sería tener una oficina privada sin intrusos, en donde me proporcionaran información fresca y continua que me sirva para mi proyecto.

Puedo ver más allá. Tengo mucha capacidad para ver el negocio desde un todo de manera fría y objetiva, sin ningún tipo de apasionamientos. Una vez que me comprometo con un proyecto, me convierto en un trabajador incansable. Algunas personas piensan que soy un ente o investigador extraño que llama, pregunta, hace, va y toma sin consultar ni dar explicaciones.

Odio a los intrusos, por lo que trato de no ser de fácil acceso. Evito al máximo el teléfono y me toma mucho tiempo devolver llamadas o correos electrónicos. Me quitan el tiempo, al cual valoro en gran medida. Es por eso que amo a la contestadora automática o a la secretaria, que me sirven de intermediarios para que nadie me interrumpa o me distraiga de mi trabajo.

Uno de mis problemas es que opero desde la distancia y delego con facilidad, pero sé que debería tener más contacto con mis subordinados, ser más cálido, ser más expresivo y pasar más tiempo con ellos. Me hace falta darles

más información, escucharlos, guiarlos y motivarlos, ya que siempre espero que demuestren que son hábiles e independientes en lugar de que yo les ayude a desarrollarse.

La gente se queja de que soy muy escueto en mis respuestas, de que no comparto información y que rara vez doy mi opinión. Uso mi silencio como forma de control, pues poseer la información me hace sentir importante, es mi tesoro y mi mayor vínculo de comunicación.

Me molestan las juntas; son pérdida de tiempo. Sin embargo, me gusta estar bien preparado, saber con anticipación quién asistirá, el tiempo de duración y el tema a tratar, ya que soy alérgico a las espontaneidades y discusiones en las que no se llega a nada. Me gustan las preguntas específicas, exponer los problemas como son, tal cual, sin maquillaje para suavizarlos. Soy frío y voy al grano. Si es necesario tomar una decisión, por dura que sea, la tomo y paso a lo siguiente.

Ya me conocí, ahora ¿qué sigue?

Una vez que descubro mi tipo de personalidad "CINCO", debo observarme detalladamente y cuestionarme: ¿qué tan equilibrada está mi personalidad en términos mentales y emocionales?

 "De acuerdo con Riso y Hudson, dos personas con el mismo tipo de personalidad, una sana y equilibrada y otra inmadura o desequilibrada, se ven y se comportan de forma diferente por completo, lo cual nos confunde en el momento de identificarnos."

Éste es un resumen de lo que aprendí durante mi entrenamiento con Don Riso y Ross Hudson acerca de la manera en la cual la personalidad puede degenerarse si no se trabaja.

Si soy un "CINCO" sano y equilibrado:

Tengo una mente activa, abierta y receptiva a nuevas ideas, a las cuales puedo voltear de cabeza y desarrollar a su máximo, y así provocar innovaciones y cambios revolucionarios en mi campo. Soy visionario, ya que puedo entender, sentir y ver la realidad de las cosas con sorprendente claridad. Para mí, todo adquiere más color, mayor textura y definición, y esto hace que me apasione y me entusiasme por entender el mundo en el que vivo. Investigo y exploro lo desconocido. Me meto a capas muy profundas del conocimiento. Tengo la habilidad de sintetizar, convertir, explicar el conocimiento y hacerlo fácil, práctico y útil para todos. Me convierto en todo un experto en el tema que me interesa.

En mi vida diaria soy muy perceptivo y curioso, nada se me escapa y siempre encuentro algo interesante por aprender. Disfruto y me divierte pensar y cuestionarme. Una pregunta me lleva a otra y a otra, conecto ideas y nunca me aburro.

En mis relaciones personales y en mi vida social participo, me involucro y me comprometo sin dejar de ser independiente. Soy abierto, seguro, cariñoso, profundo, ocurrente, me echo mis buenas "puntadas" y soy muy amable. No necesito retraerme a mi mundo, ya que disfruto de las personas de quienes pueda aprender, además de intercambiar información, ideas y experiencias interesantes con ellas.

Si soy un "CINCO" promedio:

Necesito justificar mi existencia en este mundo, por lo que quiero ser muy bueno en algo, tener alguna habilidad o especialidad, como matemáticas, filosofía, mecánica, computación o arte para sentirme seguro y reconocido. Cuando me doy cuenta de lo mucho que me falta por aprender sobre mi tema, mis miedos y ansiedad empiezan a crecer porque no me siento lo suficientemente bien preparado para lanzarme al mundo real.

Yo creo que para salir al mundo necesito saber más, necesito profundizar y retener más información en mi cerebro. Para calmar este miedo, me retiro a mi mundo privado en donde me siento seguro con mis pensamientos, libros e ideas. Me vuelvo intelectual y analítico, investigo y elaboro teorías. Descubro que hay tanta información que me siento cada vez más inseguro de no dominar un tema. A la vez, empiezo a desarrollar cierto tipo de arrogancia al tener tantos conocimientos.

Conforme me desequilibro, me desconecto de mi cuerpo y mis senti-mientos y cada vez vivo más en mi cabeza. Me siento asfixiado por la gente y busco mi privacidad para concentrarme. Comienzo a descuidar el mundo real: me pierdo en el tiempo, llego tarde, olvido los compromisos, minimizo mis necesidades físicas y emocionales, descuido mi salud y mi familia, me vuelvo impráctico y me niego todo tipo de comodidad. Me alimento con comida chatarra, no duermo y me visto todo descoordinado con lo primero que encuentro. Mis sentimientos están bloqueados por completo y me alejo cada vez más del mundo real. Casi no me río.

Me entretengo y me pierdo en fantasías y teorías raras como: ¿qué pasaría si las hormigas crecieran y nos invadieran?, o ¿si todos los muertos revivieran? Cada vez me vuelvo más retraído, raro, complicado y abstracto. Entre más me cuestiono, más dudo de todo. Sin embargo, impongo mis teorías y ataco in-telectualmente a cualquiera que me contradiga. No comparto información y tomo una postura de indignación y agresividad ante esa bola de estúpidos que dejan pasar la vida y no pueden ver la realidad, aunque yo tampoco la vea.

Si soy un "CINCO" tóxico o desequilibrado:

En este nivel estoy deprimido, me siento rechazado y muy enojado, aunque todavía sea brillante. ¡Mando todo a volar porque este mundo está lleno de idiotas que cuestionan o desacreditan mis ideas! Me aíslo de todos, me retraigo y me vuelvo cada vez más extraño. Mi gesto gruñón y mi aspecto sucio y descuidado asustan y ahuyentan a la gente. Corto con todo contac-to humano. Me retiro a vivir a un lugar aislado o en donde no tenga que relacionarme con nadie y vivo como un ermitaño. Cualquier tipo de ayuda me amenaza, veo al mundo peligroso, me repugna la gente. Me vuelvo neu-rótico, estoy lleno de odio y a la vez siento que todos me rechazan y están en mi contra. Comienzo a tener fobias y alucinaciones. Distorsiono la reali-dad por completo aunque yo pienso que es la correcta. Con frecuencia me invaden fantasías catastróficas de rechazo y terror hacia mi persona, tengo pesadillas y me meto en un hoyo profundo y negro. Pierdo todo contacto con la realidad. No quiero vivir en este infierno porque es insoportable y muy doloroso. Siento que nadie me puede salvar y que no tengo remedio. Una alternativa es suicidarme o volverme loco.

¿Cómo puedo mejorar?

* Ponle más atención a lo que sientes que a lo que piensas. Identifica cada uno de los sentimientos (miedo, amor, enojo, etcétera) y aduéñate de ellos para que después los puedas expresar.
* Practica bajarte de tu cabeza a tu corazón para contactar con tu cuerpo y poder *sentir*.
* Esa sabiduría que tanto buscas en libros y teorías las vas a encotrar cuando te dejes impregnar por la misma vida, por las emociones y sensaciones que tu cuerpo siente ante el amor, la naturaleza y Dios.
* Aprende a diferenciar entre información y conocimiento; una cosa es acumular datos y otra es experimentar con tu cuerpo y tu corazón esa información para hacerla parte de ti.
* Reconoce el momento en el que empieza a actuar tu compulsión por evadirte o retirarte, y trabaja sobre ella.
* Para sentir, necesitas mover tu energía, estar más en contacto con tu cuerpo y con tus sensaciones físicas a través del deporte, el yoga, las artes marciales, la pintura, el baile, etcétera.
* Arriésgate a salir de tu escondite para participar, sentir, enamorarte y compartir tu vida con pasión, aunque corras el riesgo de que te lastimen.
* Vives de una forma tan intensa en tu cabeza, que te cuesta trabajo relajarte o dormir. Aprende a calmarte de manera sana y evita el acohol y las medicinas. La meditación o el ejercicio son sumamente útiles para ti.

¿Cómo me gustaría que me trataras?

- Respétame cuando necesite estar a solas. Necesito alejarme un rato a mi espacio para pensar, sentir y recargar de nuevo las "pilas".
- No me exijas ni me presiones a hablar ni a ser más efusivo o demostrativo porque termino por hacer lo contrario.
- Anímame a creer más en mí, a vencer mi miedo, a tomar riesgos y decisiones y a llevar mis ideas y proyectos a la acción.
- Háblame de forma directa y corta, no me eches "rollos" sentimentales.
- Aunque me vea frío e inexpresivo, dime que me quieres y lo importante que soy para ti. Nunca me presiones a que te abra mis sentimientos; yo sabré cuándo hacerlo.
- Con mucho gusto puedo escucharte y apoyarte, pero no te me pegues. ¡Cada persona debe atender sus cosas y sus responsabilidades de manera independiente!
- Puedo ser social y un buen conversador cuando los demás se interesan de verdad en lo que digo.
- Con tu ejemplo, enséñame a ser menos egoísta y a compartir mis sentimientos más profundos.
- Invítame de manera suave a ser más social, a divertirme, a abrirme y a conocer a los demás; a entender que cada persona tiene algo interesante para aportar.
- Si quieres hacer contacto conmigo, hazme comentarios y preguntas inteligentes, y evita preguntas muy íntimas.
- Disfruto mucho ser tu amigo, pero te pido que seas tú quien me busque, me llame por teléfono y me procure. Recuerda que tiendo a aislarme; sin embargo, te necesito.
- ¿Quieres hacerme sentir importante? Pídeme que te aconseje o asesore.
- Ayúdame a evitar lo que más odio: las sorpresas, las presiones, las intromisiones, las fiestas grandes, la gente imprudente y ruidosa y las confrontaciones.
- Puedo ser muy buen papá, esposo o amigo, pero no esperes que me quede todo el tiempo contigo; necesito mi espacio para recargarme de energía.
- No me presiones a que te responda en automático. Dime qué es lo que quieres y dame tiempo y espacio para pensar mi decisión.
- Respeta mi vida privada. No me bombardees con preguntas como: ¿a dónde fui, qué sentí, con quién fui, con quién comí?
- Hazme ver que mis silencios prolongados incomodan y descontrolan a la gente.
- Hazme consciente de que, si siento tanto cariño y gratitud hacia mis seres queridos, es necesario expresarlo. Si no, no sirve de nada.

Testimonio de un "CINCO" transformado:

Mientras más me conozco y me acepto como soy, más consciente estoy de lo mucho que vivía en mi cabeza, en mis ideas y pensamientos, y en lo alejado que estaba de mí mismo, de mi cuerpo y de mis emociones. Muchas veces me sentía superior y más inteligente que los demás porque tenía la costumbre de racionalizar cualquier situación; eso me daba poder y control sobre quienes se dejaban llevar por la debilidad de sus sentimientos.

El Eneagrama me permitió ver que me faltaba la sabiduría que no se encuentra en los libros, sino en experimentar la vida. ¡Mil libros sobre el tema del amor nunca sustituirán la experiencia de sentir el abrazo cálido de un ser amado!

Cada vez detecto con mayor claridad cuando me siento inseguro; puedo observar cómo mi mente y mi cuerpo se contraen como una tortuga y se retraen en automático, como si quisieran escaparse a un lugar seguro donde puedan estar a solas y en donde nadie los vea; un lugar privado en donde no existan sentimientos, para mantenerme al margen y evitar que me altere cualquier emoción fuerte. Lo interesante es que, cuando me retraigo, no puedo conectarme con el mundo de afuera. Vivo los días como si fueran planos, como una pérdida de tiempo; ni siquiera recuerdo muchos detalles porque ya me di cuenta de que las emociones son las que hacen que cada momento sea vivo y significativo.

Ahora que estoy consciente de este patrón, en lugar de huir y contraerme, me tranquilizo y respiro profundo hasta que logro relajar la sensación de escaparme. Me alejo lo más posible de mi mente, regreso a mi cuerpo y a mis sentimientos y trato de ser más receptivo y sensible con los demás. Antes me daba miedo hacerlo, pero con la práctica he descubierto que, cuando me conecto con el otro, me enriquezco más.

Poco a poco involucro más al corazón. Empiezo a sentir una especie de fuerza interior que me da confianza para expresar y compartir con los demás mis necesidades, mis ideas y emociones de una manera libre, sin miedo a depender de alguien o a sentirme rechazado. Me dicen que he cambiado y que me he vuelto más humano. Incluso he llorado en público. Hoy reconozco mis sentimientos, cómo éstos se expresan en mi cuerpo y lo que quieren decirme. Aprendo día a día a conocerme, a saber qué quiero y en quién quiero convertirme.

Personalidad tipo "SEIS"

Leal, responsable, cauteloso, comprometido, confiable, ambivalente, ansioso, escéptico, indeciso.

 "Para saber si eres un tipo de personalidad 'SEIS', debes identificarte al menos con setenta por ciento de sus características. Recuerda que éstas varían según cada persona. Toma en cuenta el rango entre 18 y 30 años de edad, ya que es en este periodo cuando la personalidad está más definida."

¿Cómo soy en general?

Soy una persona muy responsable, comprometida, leal, tenaz y trabajadora. El sentido del deber lo llevo en las venas; es decir, si me comprometo con algo, hago lo imposible por cumplir, lo que a veces ocasiona que me agobie, me estrese y me preocupe demasiado.

Soy muy bueno para resolver problemas, pues tengo una mente analítica que está muy atenta a lo que pueda salir mal, ya que desde muy chico he desarrollado una gran intuición y sensibilidad para detectar los peligros y amenazas del medio que me rodea. Es como si tuviera un radar dentro de mí que detecta qué tan sincera y confiable es la gente. Puedo leer con facilidad la falsedad, la manipulación o la verdadera intención de los demás, porque no me creo la verdad a la primera ni me dejo impresionar por el discurso o las apariencias.

Soy inquisitivo, desconfiado, escéptico y muy cauteloso. Tiendo a cuestionar las intenciones y motivaciones de la gente, pero en especial con aquellos que no son coherentes y consistentes entre lo que predican y lo que hacen. Algunas veces sospecho de los elogios; siento que hay algo más detrás de ellos, por lo que prefiero estar alerta para que no me tomen por sorpresa.

Un punto importantísimo en mi vida es sentir que estoy en un lugar confiable y seguro; es por eso que me gustan las cosas claras, saber con quién cuento, dónde piso y qué es lo que se espera de mí.

En mi vida social me siento muy querido; me gusta la gente, soy cálido, amigable y tengo mi lado simpático y bromista. Siempre busco y reúno a la familia y a los amigos para estar cerca de ellos y pasar un buen rato.

Soy una persona muy nerviosa y preocupona; de hecho, creo que me angustio más de lo debido. Con frecuencia dudo, titubeo, me cuesta mucho trabajo tomar decisiones importantes y siempre pregunto a los demás lo que me conviene hacer por miedo a equivocarme. Me molesta ser tan indeciso y dependiente de los demás, porque pierdo tiempo al darle mil vueltas al asunto y termino por posponerlo.

Dicen que soy impredecible y enigmático, que soy un manojo de opuestos. A veces puedo sentirme muy fuerte y seguro de mí mismo, puedo incluso ser el líder del grupo; sin embargo, en otras ocasiones me vuelvo sumiso, dependiente y muy inseguro. Según la situación puedo ser decidido y asertivo y, de repente, ser indeciso, muy miedoso, tierno, chistoso, extremadamente seco y negativo, confiado o desconfiado, agresivo o pasivo, escéptico o creyente, analítico o realizador, evasivo o muy rebelde.[17]

La autoridad es un tema importante en mi vida. Me impone, le tengo respeto, me gusta tener todo en orden y evito al máximo romper reglas o tener deudas; sin embargo, si no estoy de acuerdo con ella, puedo ser muy rebelde.

No sé por qué, pero siempre estoy muy pendiente de lo que está bien y lo que está mal. Quiero hacer justicia en todo y, si se trata de gente que está en desgracia u oprimida a nivel social, si empatizo con su dolor, la apoyo, lucho por sus causas y me convierto en su leal defensor.

A veces me cuesta trabajo reconocer que soy una persona miedosa. Reconozco mi miedo como una sensación intensa de ansiedad en el pecho, angustia y aprehensión. Cuando toco el miedo puedo volverme muy frágil y vulnerable. Mi mente se dispara e imagino lo peor que podría suceder. También puedo disfrazar mi miedo con una actitud retadora y agresiva.

---

[17] Riso, Don Richard, *The Power of the Enneagram*, www.nightingale.com Type #6.

¿Qué personajes representan mi tipo de personalidad?

Julia Roberts, Mel Gibson, Diana de Gales, príncipe Guillermo de Inglaterra, Andrea Legarreta, Lucero, Tom Hanks, Meg Ryan, Ed Harris, Sally Field, Steven Seagal, Susan Sarandon, Ryan Gosling, Jennifer Aniston, Edward Norton, Felipe Calderón, Kim Basinger, Robert Redford, Woody Allen, Hamlet, Sherlock Holmes, Michelle Pfeiffer, papa Paulo VI, Dustin Hoffman, Ted Turner, Richard Nixon.

¿Cómo percibo el mundo?

Este mundo es inseguro, por lo que es mejor ser desconfiado y precavido para estar alerta y preparado ante cualquier dificultad o peligro que se pueda presentar.

¿Qué busco?

- Claridad, certeza, confianza.
- Vencer mis miedos.
- Saber que sí puedo.
- Sentirme seguro y aceptado.
- Apoyarme en alguien más fuerte que yo.
- Coherencia y responsabilidad.

¿A qué le tengo miedo?

- A ser traicionado en el amor, en el trabajo, en la amistad.
- A reconocer que soy miedoso.
- A lo desconocido.
- A romper reglas.
- A no ser capaz, a no poder, a sentirme menos en el momento de realizar algo.
- A que me abandonen.
- A que se aprovechen de mí.

¿Cuál es la imagen que quiero reflejar ante los demás?

Soy una persona agradable, confiable, tenaz y muy responsable.

¿Cuál es mi queja interior?

Si la gente fuera más responsable y comprometida como yo, este mundo sería más productivo y confiable.

¿En dónde está mi mente la mayor parte del tiempo?

• En ser responsable y cumplir con todo lo que me comprometo a realizar.
• En estar alerta ante cualquier peligro; en buscar pistas que me indiquen las intenciones ocultas de los demás.[18]
• En mis preocupaciones y en mis agobios.
• En tratar de imaginar lo peor que puede suceder para que no me tome por sorpresa.

---

[18] Daniels, David y Virginia Price, *Eneagrama esencial,* p. 56.

¿Cómo me convertí en un "SEIS"?

De niño pude quizá viví alguna(s) de estas situaciones:

- La incongruencia de alguien importante en mi vida (papá, hermano, nana, maestro, abuela, etcétera) me provocó miedo y desconfianza; me sentí desprotegido.
- Aprendí a ser escéptico y a desarrollar un sexto sentido para reconocer las incoherencias y el peligro en momentos inesperados.
- Aprendí a defenderme, a disfrazar mi miedo y mi inseguridad a través de ser agresivo y rebelde ante cualquier autoridad que intentara aprovecharse de mí.
- Dentro de mi casa tal vez hubo alcoholismo, violencia intrafamiliar, secretos o mentiras que me provocaron inestabilidad emocional.
- Alguno de mis padres me transmitió su inseguridad y su postura miedosa y precavida ante la vida.
- Alguno de mis padres o alguna autoridad pudo tener creencias muy rígidas y estrictas en cuanto a temas de educación, dedicación al trabajo, sentido del deber, sacrificio y reglas por cumplir, y el incumplimiento de éstas me provocó miedo.
- Descubrí que, tanto en mi casa como en la escuela, si yo cumplía de manera responsable con todo, me sentía muy seguro, tranquilo y alegre.
- Pude haber crecido en un nivel socioeconómico bajo en el cual no había certeza si al día siguiente habría el suficiente sustento económico para sobrevivir.
- Pude haber tenido un padre indiferente, mediocre, que nunca me valoró ni me hizo sentir importante, lo cual me causó mucha inseguridad.

Experiencias de la infancia de personas tipo "SEIS":

Lorena, de 49 años:

Recuerdo que, cuando era niña, sufría al ir al colegio. Mi angustia me obligaba a levantarme más temprano que todos mis hermanos para tener todo preparado. Todos los días la directora revisaba que cada niña trajera perfectamente limpio el uniforme, el cuello almidonado, los zapatos boleados, el peinado engomado, las uñas cortas y limpias y el pañuelo blanco. Si alguna no cumplía con esos detalles, y según su humor, la mandaba de regreso a su casa o la hacía subir a una banca durante dos horas para que todas la observaran.

María, de 25 años:

Mi mamá era una mujer muy fría, exigente y cerrada. No le gustaba que la saludáramos con un beso por las mañanas y por las tardes cuando nos recogía del colegio. Nos decía que olíamos a hierro oxidado. Venía de una familia aristócrata en donde todo eran reglas y protocolo. Lo que yo hacía le parecía poco; eso me provocaba mucho miedo y ansiedad, ya que no sabía si iba a reaccionar con un grito, un manazo, un comentario irónico o una felicitación.

Pedro, de 51 años, recuerda:

Parece muy tonto lo que les voy a contar, pero este detalle me traumó en mi infancia: Un día, cuando estábamos en kínder, la miss, *que era una viejita amargada, se salió de la clase y unos niños pintarrajearon con gises de colores el pizarrón. Al entrar la* miss, *muy enojada, preguntó quién lo había hecho y nadie respondió. Nos puso en círculo y pasó frente a cada uno de nosotros para preguntarnos quién lo había pintado. Cuando se acercó a mí, su presencia me asustó, no contesté nada y sólo comencé a llorar. Ella dijo: "Muy bien, niños, todos a recreo menos Pedro, que se va a quedar castigado y parado en su silla, sin lonche ni recreo." Recuerdo que me dolió mucho la injusticia, pero lo curioso es que, ahora de adulto, me doy cuenta de que todo lo que representa autoridad, aunque se trate del policía de la calle, me causa ansiedad y miedo.*

¿Cuáles son mis mayores virtudes y talentos?

* Mi responsabilidad, dedicación y tenacidad me ayudan a llegar muy lejos.
* La gente a mi alrededor sabe que soy cumplido, detallista y confiable.

- Soy comprometido, productivo y trabajador. Soy excelente para planear, organizar y visualizar diferentes estrategias para evitar cualquier dificultad.
- Tengo gran habilidad para detectar dificultades y resolver problemas; mi mente analítica y detallista detecta con facilidad las discrepancias y los peligros que pueda haber en cualquier situación.
- Soy el que procura, busca y une a la familia, a los amigos y a los compañeros de trabajo. Así logro que las relaciones se fortalezcan.
- Estoy muy consciente de los demás, por lo que puedo acoger a las personas con calidez, escucharlas con atención, empatizar con ellas y ser muy agradable.
- Tengo la capacidad de luchar y morir por una causa, un ideal en el que creo o por una persona, sin necesidad de brillar o de buscar una gratificación.
- Soy extremadamente fiel e incapaz de traicionar a quien he prometido mi lealtad.
- En momentos críticos y difíciles puedo ser muy valiente y transmitir seguridad a los demás.

¿Cuáles pueden ser mis mayores defectos?

- Puedo llevar a su polo opuesto mi gran intuición para detectar señales de peligro, y convertirla en una actitud pesimista, temerosa, envidiosa y amargada.
- Puedo convertirme en un experto portador de malas noticias o echar a perder el comentario positivo sobre alguna persona o situación si busco el punto negativo con saña. "¡Cómo no iba a ganar, si es la hija del director!" "Es guapo, pero..."
- Mi miedo, llevado al extremo, puede paralizarme por completo y llevarme a la inactividad: "No salgo", "no juego", "no puedo".
- Mis dudas, inseguridad y falta de confianza en mí mismo trabajan en mi contra y provocan que le tenga miedo al éxito.
- Puedo crear desastres en mi mente y sufrir "de gratis": "Me imagino y vivo como si fuera real un posible accidente de auto. Puedo ver en mi mente cómo se derrapa, se voltea y se incendia."
- Si no me controlo, puedo llegar a la paranoia, a alterar la realidad y a suponer cosas que no existen: "¡Vámonos ya, por que ese hombre me mira muy raro!"

- Soy muy quejumbroso, negativo, pesimista y puedo hacer críticas muy severas.
- Puedo estar muy a la defensiva y estar lleno de odio, ser un desgraciado, extremadamente duro, déspota y agresivo.

¿Cuál es mi punto ciego?

El miedo.
Existen dos maneras diferentes en que una persona puede reaccionar ante el *mismo miedo*, es por eso que esta personalidad es difícil de detectar a simple vista.

Para entenderla mejor, la dividiremos en dos tipos: "SEIS" fóbico y "SEIS" contrafóbico.

Si soy un "SEIS" fóbico:

Soy una persona mucho más consciente de mi miedo; de hecho, le tengo fobia al miedo. Si me siento amenazado por una persona, soy más precavido y utilizo mi encanto y simpatía para seducirlo y aliarme con ella o, de plano, me alejo.

Cuando siento miedo o detecto peligro, *huyo* de la situación; mi problema se convierte en cobardía.

Tiendo a ser más cálido, cariñoso, sensible, tímido y dudoso que el contrafóbico. Soy más dependiente y complaciente con la gente, y me cuesta trabajo decirle "no" cuando requiere de mi ayuda. Puedo confundirme con un "DOS".

Las figuras de autoridad me imponen, llámense papás, jefe, director de la escuela, policía, etcétera. Por eso prefiero cumplir, obedecer y respetar a la autoridad; eso me hace sentir seguro y protegido.

Tiendo a adelantarme al futuro para saber si todo va a estar seguro. Es aquí donde mi mente me traiciona y me convierto en especialista en imaginar lo peor que puede suceder. Mis pensamientos vuelan y mi mente es tan poderosa que logra que experimente en mi cuerpo toda la angustia y miedo, como si fueran reales.

Si soy un "SEIS" contrafóbico:

Soy el opuesto del otro tipo de "SEIS". Me niego a sentir mi miedo; por tanto, estoy mucho menos consciente de ser una persona miedosa. Es probable que acepte que soy indeciso o escéptico, pero me resulta muy difícil reconocer que soy miedoso. Es por eso que soy más impulsivo, frío, extrovertido, independiente, directo, audaz, decidido y asertivo que el otro "SEIS". Busco retos y actividades peligrosas. Puedo confundirme con un "TRES" o un "OCHO".

No soporto rumiar el peligro en mi mente. En cuanto aparece el miedo, *confronto* la situación y actúo con impulsividad y agresión en lugar de huir.

Si la autoridad es justa, la acepto y la obedezco pero, de lo contrario, si se aprovecha de su poder, no me dejo, la cuestiono, desconfío y me rebelo.

Cuando siento miedo, lo escondo de manera inconsciente y automática y me presento ante el mundo como fuerte, duro, retador y agresivo. Esta forma tan impulsiva y reactiva de actuar como "muy macho" puede llegar a lastimar a muchas personas.

De igual manera, puedo ser una mezcla de fóbico y contrafóbico y que mi reacción sea huir o confrontar, según la situación en la que me encuentre. Sin embargo, en mi vida cotidiana siempre será más dominante un tipo que el otro.

Lo interesante es que ambos sentimos el *mismo miedo*, sólo que lo expresamos de diferente manera.

 Como dice Helen Palmer, no importa si eres fóbico o contrafóbico. Lo importante es descubrir, desde su raíz, qué es lo que origina y mueve este impulso a huir o a atacar, porque es ahí donde puede trabajarse el miedo y convertirlo en *valor*.

Hay tres tipos de miedos:
- El que me cuida: "¡Es peligroso salir solo a las dos de la mañana!"
- El que me paraliza: "Nunca salgo de noche."
- El que me mueve: "Aprenderé a conducir el auto de noche."

Como "SEIS" me cuesta trabajo reconocer que mi miedo y mi ansiedad son el motor que me mueve a actuar o a dejar de hacerlo.

Gran parte de mi miedo es mental, es inventado, motivado por mi inseguridad, por no creer en mí mismo y en mi propia autoridad.

Los miedos son sólo miedos y están fabricados por mi cabeza, noventa por ciento de ellos no son reales. Es miedo a lo que pueda suceder, pero lo más probable es que no suceda. Mi problema es que me adelanto a los hechos por las fantasías negativas que creo en mi mente. ¡Si dejo volar mi imaginación, nadie me detiene!

¿Cómo quitarme el miedo?

1. Reconoce y haz contacto con tu miedo: "Sí, en efecto, tengo miedo."
2. Percibe y siente en tu cuerpo: temblor, ansiedad en el pecho, voz cortada, sudoración, etcétera.
3. Acepta y hazte amigo del miedo: "El miedo forma parte de mí."
4. Ahora, cierra tus ojos, cóncentrate, haz lo correcto con tu cuerpo y dirige tu atención a tu respiración.
5. Acalla tu mente y respira profundo, lento, que la inhalación y la exhalación sean igual de profundas hasta que el miedo se relaje totalmente.
6. Una vez tranquilo, escucha a tu voz sabia, a tu intuición que te indicará qué hacer o hacia dónde ir.

¿Cómo soy por dentro en realidad?

Soy una caja de sorpresas, ya que puedo ser un manojo de opuestos: a veces me siento seguro de mí mismo, extrovertido, asertivo, confiado, sé lo que quiero a la perfección y soy líder, mientras en otras situaciones me invade una sensación de inseguridad y miedo al futuro y siento que no voy a poder enfrentar los desafíos de la vida.

Cuando no estoy centrado y me siento inseguro, pierdo el piso y todo lo veo complicado y confuso. Me agobio, exagero mis miedos y, desde mucho antes de que suceda algo me siento nervioso y lleno de ansiedad. En cambio, cuando llega el momento de actuar y estoy centrado en mi cuerpo y conectado conmigo mismo, me doy cuenta de que sí puedo y no pasa nada.

Algo curioso de mi personalidad es que tiendo a pedir opiniones cuando de antemano ya sé lo que quiero o lo que voy a hacer. No sé por qué desconfío de mi intuición y de mi sabiduría interna y busco consejo, apoyo o que alguien más valide mi decisión. Comparo los puntos de vista de la gente que me interesa con los míos y termino por hacer lo que yo quiero. La gente me dice: "¿Para qué preguntas, si vas a hacer lo que se te dé la gana?"

Es horrible aceptarlo, pero con frecuencia busco seguridad y certeza en el mundo de afuera porque, en el fondo, no confío en mí mismo. Lo peor es que, entre más busco depender del apoyo y aprobación de la gente, más inseguro y ansioso me siento porque entrego toda mi autoridad y poder interno a los demás para que decidan por mí.

Al dudar de mí, dudo de los demás. Desconfío, sospecho, tomo mi distancia y me tardo en confiar en la gente. Me da miedo que me traicionen y me lastimen, por eso estudio con cuidado a las personas antes de abrirme a nivel emocional. Sin embargo, una vez que confío, soy totalmente honesto, transparente, cálido y muy profundo.

Algo muy típico de mí es que, cuando estoy ansioso, tiendo a echarle la culpa a los demás de todo lo que sucede en mi interior. Por supuesto, "yo estoy bien y ellos están mal", en vez de cuestionarme y hacerme responsable de mis actos.

* No terminé el trabajo por culpa de mi vecino que me interrumpió varias veces.
* Me pongo de mal humor con todos en mi casa porque discutí con mi novio.
* La verdad es que perdimos el partido porque ella jugó muy mal.

¿Qué es lo que me molesta de mi personalidad?

* Mis miedos son mis peores enemigos; vuelan por mi mente y me impiden hacer todo lo que me gustaría.
* Sólo al observarme con atención puedo captar que soy negativo, quejumbroso, y exigente en todo, y que pocas cosas me satisfacen por completo.
* Puedo exagerar tanto mis miedos y mis sospechas que puedo volverme sobreprotector e infundir temor en los que me rodean.
* Puedo lastimar a las personas cuando soy muy reactivo, agresivo y directo debido a mi postura envalentonada e imprudente (contrafóbico).
* Puedo ser tan racional y analítico en ciertas situaciones, que olvido el corazón. Puedo caerles mal a los demás y parecerles frío.
* Mis excesos de cautela me boicotean: no me atrevo a dar el paso, planeo, pospongo y desaprovecho oportunidades de desarrollo y éxito.
* No me la creo, no me valoro lo suficiente, no me siento con derechos y me da coraje con aquellos que sienten que el mundo está a sus pies a la hora que quieran.
* Soy demasiado indeciso y preocupón. Me causa mucha angustia y ansiedad cualquier indicio de peligro.
* Odio que, mientras más inseguro me siento, más dependiente me vuelvo de las personas, de las instituciones o de las creencias, y más me alejo de quien soy en realidad.

- Tengo amnesia de logros y éxitos que he tenido en el pasado. Olvido que soy muy capaz. Me invade el pánico ante un nuevo reto.
- Mi excesiva responsabilidad hace que viva agobiado y estresado por tonterías; es desgastante y me impide disfrutar del momento.
- Me doy cuenta de que me atraen los fuertes y tiendo a idealizarlos. A los débiles los desprecio porque me cuesta trabajo reconocer la debilidad que hay en mí.
- Vivo una guerra interna entre someterme o rebelarme. Por una parte, siento odio, agresividad y deseos de venganza; por otra, el miedo y el deber me frenan y me reprimen.

¿Cómo soy en mi mejor momento?

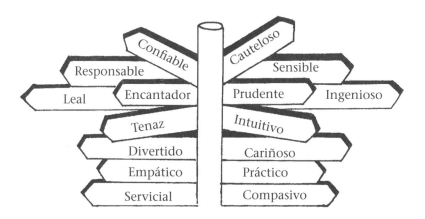

¿Cómo soy en mi peor momento?

¿Cómo es mi estilo para hablar?

Tiendo a hacer muchas preguntas, observo y escucho con atención. Dudo, supongo, analizo diferentes riesgos y posibilidades: "¿Qué pasaría si...?" Mi mente es muy rápida y quiero expresar muchas ideas a la vez; es ahí donde me confundo, me salto palabras y empiezo hablar de manera atropellada o "cantinflesca". Me cuesta trabajo aterrizar cada palabra y darle la importancia que merece. Sin embargo, cuando me siento seguro, puedo ir al grano y expresarme de forma clara y fluida.

¿Cómo es mi lenguaje no verbal?

Soy nervioso e inquieto. Soy gesticulador. Empleo mucho las manos y el cuerpo para hablar. Soy cálido y comprensivo. No soy ni demasiado rígido ni demasiado espontáneo; sin embargo, utilizo la risa y mi sentido del humor para aligerar mis miedos. Acumulo tensión en el cuello y en la espalda. Mi energía es baja y me canso con facilidad. Mi postura no es muy erguida, tengo los hombros hacia abajo y controlo mis gestos. Algunos "SEIS" tenemos la mirada sospechosa o temerosa, mientras otros hacemos contacto visual y nuestra mirada es dura y a la defensiva.

¿Qué país representa mi tipo de personalidad?

Alemania porque es obediente, leal, trabajador y disciplinado.[19]

¿Qué animal me representa?

El conejo porque es nervioso, aprensivo y se mantiene en alerta constante para reaccionar con rapidez a los peligros que se le presenten.[20]

¿Qué es lo que más evito?

Evito romper las reglas y las tradiciones, salirme de control, hacer escenas dramáticas, tener deudas y desobedecer a la autoridad. De igual manera, evito tocar temas que puedan lastimar o hacer sentir incómoda a la otra persona.

¿Qué es lo que más me enoja?

Me mata la traición, la infidelidad y la falta de responsabilidad. Me enoja que no demuestren el mismo interés por mí como el que yo demuestro por

---

[19] Pangrazzi, Arnaldo, *El Eneagrama*, p. 111.

[20] Ibíd, p. 110.

los demás. Me enfurecen los extremos, tanto sentirme ignorado como sentirme invadido, presionado o controlado. Me choca la gente cerrada, terca, presumida, oportunista, superflua y prepotente que sólo habla de sí misma. Me molesta la gente hipócrita que habla a mis espaldas, que evade el tema para no aclarar algo conflictivo o que no va al grano.

¿Cuáles son mis alas?

Mis alas son "CINCO" y "SIETE". Estas energías van a influir, mucho o poco, en mi tipo de personalidad durante toda mi vida.

Si soy un "SEIS" con ala "CINCO" más fuerte o más desarrollada (6/5):
Soy un "SEIS" mucho más serio, independiente, reservado, persistente y analítico que el 6/7. Mezclado con la energía del "CINCO", estoy más enfocado al conocimiento, a la investigación y al trabajo. Me interesa la historia y el origen de las cosas. Soy más cauteloso, organizado, disciplinado, profundo y observador. Mi atención está más enfocada hacia el mundo intelectual, por lo que soy ingenioso y competente en el área empresarial.

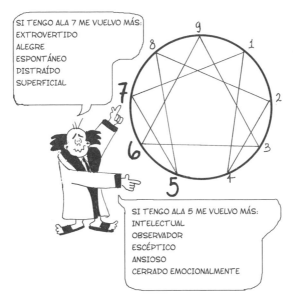

Parte negativa: Soy más cerrado y frío para expresar mis emociones. Soy más egoísta con mi espacio y mi tiempo. Tengo una ambivalencia entre mi parte social y la necesidad de aislarme a mis cosas, lo cual me produce ansiedad.

Ejemplos de 6/5: Tommy Lee Jones, Richard Nixon, Steven Seagal, Ernesto Zedillo.

Si soy un "SEIS" con ala "SIETE" más fuerte o más desarrollada (6/7):
Soy un "SEIS" mucho más ligero, extrovertido, divertido, social, activo y espontáneo que el 6/5. Mezclado con la energía del "SIETE", tengo un espíritu más aventurero y arriesgado. Soy más efusivo y cálido para expresarme. Soy alegre, activo, ocurrente y divertido. Mi energía y mi mente son más rápidas.

Parte negativa: Soy más superficial, distraído, impulsivo y materialista. Además, soy más nervioso y dependiente de la gente que me apoya. Soy un soñador inconstante, quiero abarcar todo, hacer muchas cosas y no perderme de nada, por lo que termino con mucha ansiedad y frustración.

Ejemplos de 6/7: Mel Gibson, Meg Ryan, Sally Field, Lucero, Julia Roberts.

¿Cómo me comporto cuando estoy relajado o estresado?

El Eneagrama no es estático. Nos movemos con frecuencia de un lado al otro. Los movimientos pueden ser temporales o duraderos, según la madurez de la persona.

Cuando estoy relajado:
Según las líneas del diagrama, podemos observar que el "SEIS" se mueve hacia el "NUEVE" en una dirección y hacia el "TRES" en otra.

Cuando me siento seguro y relajado, primero muestro lo mejor de mi tipo de personalidad "SEIS": alegre, leal, comprometido y responsable. Después, según este camino, adopto la *parte positiva del "NUEVE"* y me comporto de la siguiente manera (recomiendo leer la personalidad "NUEVE" para entender mejor el comportamiento):

* El miedo y la ansiedad desaparecen; encuentro paz y silencio dentro de mí.
* Me dejo guiar más por mi intuición y por mi sabiduría interna que por mi cabeza.
* Confío más en mí mismo y me convierto en mi propia autoridad.
* Me relajo y gozo más el momento; permito que la vida resuelva y se acomode, y yo fluyo con ella.
* Mis relaciones con los demás mejoran, se vuelven más íntimas y reales.

Asimismo, al ser el Eneagrama un sistema dinámico, también puedo tomar *partes negativas del "NUEVE"*:

* Me vuelvo muy distraído, dejo de hacer lo importante, divago y pierdo el tiempo en tonterías sin saber qué quiero hacer en realidad.
* Distraigo mi ansiedad o mis problemas con comida, mucha televisión, lectura, sueño, chismes, compras, etcétera.
* Puedo volverme más dubitativo, inseguro, apático y flojo.

Cuando estoy estresado:
Cuando me siento tenso, estresado o nervioso, primero muestro lo peor de mi personalidad: ansioso, miedoso, egoísta, pesimista. Después, según esta dirección, adopto la *parte negativa del "TRES"* y me comporto de la siguiente manera: (recomiendo leer la personalidad "TRES" para entender mejor el comportamiento)

* Disfrazo mi miedo con una imagen de persona exitosa y ocupada, y me engaño en un mundo falso lleno de vanidad y superficialidad.
* Logro muchas metas pero de forma acelerada y poco tolerante; no disfruto, presiono a todos, estoy histérico, de mal humor y por dentro me siento muy ansioso y angustiado.
* En vez de tocar mi miedo y dialogar con mi interior, me distraigo con asuntos y metas externas en un intento por impresionar a los demás.
* Puedo bloquear mis sentimientos a tal grado que me vuelvo egoísta e indiferente con los sentimientos de la otra persona, y sólo me importo yo mismo.

Asimismo, al ser el Eneagrama un sistema dinámico, también puedo tomar *partes positivas del "TRES"*:

- Tomo decisiones, actúo y dirijo mi energía hacia metas y tareas productivas, en vez de quedarme estancado en mis miedos e indecisión.
- Me vuelvo competente y proactivo en lugar de reactivo y quejumbroso.

¿Qué le atrajo a mi pareja de mí, que después se convirtió en una pesadilla?

"Todos tenemos cualidades especiales y nos sentimos orgullosos de ellas pero, a veces, tendemos a exagerarlas. En esos casos, esas cualidades pueden convertirse en nuestros peores enemigos y hasta pueden llegar a destruirnos de manera inconsciente."

Si soy un "SEIS" fóbico o dependiente:

En un principio, mi pareja pudo enamorarse de mi calidez, de mi apoyo incondicional, de mi parte responsable, justa y fiel al compromiso. No capté su atención a primera vista; sin embargo, le atrajo mi plática profunda e interesante. Pudo cautivarle y engancharse en esa ambivalencia "de quiero y no quiero hacerle caso", lo cual para mí era una duda real de querer o no querer tener una relación. Es muy probable que le atrajera mi fragilidad, mi dependencia y mi gran necesidad de apoyo y protección: "¿Cuánto me quieres, mi amor? Repítemelo diez veces. ¿De verdad que sí me quieres? ¿Estás seguro de que nunca me vas a dejar? ¿Y si me diera cáncer, me querrías igual?"

Con el paso del tiempo, mis virtudes se convirtieron en mis peores enemigos. A mi pareja le llegó a hartar mi falta de seguridad, mi dependencia exagerada, mis indecisiones, mi pesimismo, mis sospechas y mis reacciones de angustia y aprensión ante miedos imaginarios. Recuerdo que me decía: "Vives tan preocupado que dejas de disfrutar el presente." En cuestiones de amor le desesperaba mi miedo al abandono. "¡Ya te dije veinte veces que sí te quiero y nooo te voy a abandonar! ¿Por qué siempre piensas lo peor? ¿Por qué siempre me la volteas?, ¿no será que tú no me quieres?" Le irritaba que no supiera decir "no" y que siempre quisiera quedar bien con todo el mundo. Odiaba mi parte egoísta, me decía: "¿Por qué no das más de ti y fluyes en lugar de estar tan pendiente de quién dio y quién no dio, quién hizo y quién dejo de hacer?" Lo peor del caso es que yo provoqué que mis grandes miedos se hicieran realidad.

Si soy un "SEIS" contrafóbico o agresivo:

En un principio, mi pareja pudo enamorarse de mi inteligencia, de mi imagen fuerte, abierta y segura. Le atrajo mi ambición por lograr metas, mi deber ser y mi entrega hacia mi trabajo. Pudo atraerle mi manera directa y asertiva de decir las cosas. Le cautivó mi liderazgo, mi rebeldía o mi aparente valentía. Le divertían mis ocurrencias y espontaneidad.

Con el paso del tiempo, mis virtudes se convirtieron en mis peores enemigos. Mi pareja se cansó de mi agresividad, le lastimaba mi forma tan impulsiva de decir las cosas. Confundí asertividad con prudencia y tacto. Pude haber logrado mucho más si hubiera dicho lo mismo pero desde el corazón, de forma inteligente y tranquila. Le chocaba mi postura controladora, manipuladora y defensiva, esa lucha de poder y el afán de salirme con la mía. Decía que siempre le echaba la culpa y que nunca doblegaba mi orgullo para reconocer mis errores. Que mi manera de defenderme era cerrarme y atacar su punto más vulnerable.

Odiaba que mi primera respuesta ante cualquier petición fuera "no" o que siempre encontrara algo negativo o sospechoso en cualquier comentario. Otro detalle que acabó con nuestra relación fue mi barrera de frialdad, mi postura prepotente, mi dificultad para expresar y recibir amor y ternura. Pocas veces pude mostrar mi fragilidad, mis miedos y mi gran necesidad de amor y protección.

¿Cómo soy en el trabajo?

Tengo gran habilidad para cuestionar, analizar el otro lado de la moneda y sacar a flote a una empresa cuando ésta se encuentra en crisis. Soy leal, justo, responsable, comedido y muy trabajador. Me gusta la creatividad, el detalle y las cosas bien hechas. No soporto la mediocridad o el "ahí se va".

Es curioso, pero mientras mayor adversidad y presión sienta en el trabajo, mejores son mis resultados, pues mis dudas y miedos desaparecen una vez que me concentro y me meto de lleno en la actividad. Entre más inseguro me siento, más dedicación y empeño le pongo a mi trabajo.

Me gustan las cosas claras, concretas y específicas, y tener la mayor cantidad de información posible aunque sea negativa, pues me da seguridad y me ubica en la realidad; detesto los dobles mensajes o las intenciones ocultas.

Me motiva trabajar en equipo, en un ambiente agradable de cooperación y consistencia en donde se sienta la "camiseta" de la empresa. Por otro lado, rechazo categóricamente a toda esa gente con pose autoritaria que abusa de su puesto o de sus relaciones para obtener ciertos privilegios. Necesito que me animen, apoyen, reafirmen y retroalimenten de forma positiva. Me ayuda que escuchen mis dudas y temores; pero también me gusta que me dejen solo para hacer mi trabajo.

No sé por qué, pero a veces tiendo a admirar y a dejarme apantallar por alguien fuerte y exitoso. Le doy más poder del que tiene en realidad y me da coraje, porque yo mismo me descalifico, no me creo lo capaz y competente que soy.

Puedo ser jefe y líder sin ningún problema, me gusta y lo disfruto. Sin embargo, prefiero que este puesto sea durante un periodo determinado, ya que me causa ansiedad cargar con demasiada responsabilidad y por estar siempre en la mira, expuesto a ser criticado. Es por eso que me gusta compartir la carga o tener un papel secundario.

En ocasiones me doy cuenta y me enoja que yo mismo saboteo mis propios triunfos. Me vuelvo mi peor enemigo cuando surge el éxito y las oportunidades de crecer, pues las dejo pasar. Lo hago porque mis miedos y mis dudas empiezan a atacarme y busco cualquier pretexto o justificación para posponerlo.

Como me enfoco más en las fallas y en lo negativo que en lo positivo de la empresa, mi cautela y precaución sobre posibles riesgos me hacen lento para tomar decisiones. Esto desespera a ciertas personas, pues tiendo a aplazar o disminuir la actividad.

Ya me conocí, ahora ¿qué sigue?

Una vez que descubro mi tipo de personalidad "SEIS", debo observarme detalladamente y cuestionarme: ¿qué tan equilibrada está mi personalidad en términos mentales y emocionales?

 "De acuerdo con Riso y Hudson, dos personas con el mismo tipo de personalidad, una sana y equilibrada y otra inmadura o desequilibrada, se ven y se comportan de forma diferente por completo, lo cual nos confunde en el momento de identificarnos."

Éste es un resumen de lo que aprendí durante mi entrenamiento con Don Riso y Ross Hudson acerca de la manera en la cual la personalidad puede degenerarse si ésta no se trabaja.

Si soy un "SEIS" sano y equilibrado:

Soy una persona muy segura de mí misma, optimista, creo en mí, creo en mis habilidades y me siento pleno, aceptado, contento conmigo y en armonía con la vida. En mi interior me siento protegido y en paz. Puedo proporcionar estabilidad y apoyo, e infundir confianza y valor en los que me rodean. Tengo un gran respeto por el ser humano y confío en él, siempre y cuando no me pruebe lo contrario. Trato a las personas con dignidad, de igual a igual, y tengo facilidad para entablar comunicación con ellas y hacerlas sentir acogidas y seguras.

Soy "de una sola pieza", leal a mí mismo y a mis seres queridos, lo que me permite hacer vínculos verdaderos de amistad difíciles de romper. Disfruto estar solo y a la vez siento una necesidad y una seguridad emocional al sentirme partícipe de la familia y los amigos. Creo en el poder que tiene una comunidad, una familia, una institución o un equipo, ya que la unión y la cooperación de cada uno hacen la fuerza. Puedo ser líder o pasar la estafeta y jugar el papel que se me asigne con tal de que el trabajo salga adelante.

Soy muy responsable, comprometido y meticuloso; puedo sacrificarme por un bien común y es de la tenacidad con que me dedico a mi trabajo de donde surge mi creatividad. Ante una adversidad, no huyo ni me doblo con facilidad, ya que soy realista y muy valiente. No dejo de sentir ansiedad; sin embargo, la utilizo como combustible para estimularme ante nuevos retos.

Tengo muy buen sentido del humor, soy cariñoso, gracioso, transparente y espontáneo.

Si soy un "SEIS" promedio:

Empiezo a perder seguridad en mí mismo. Busco en quién apoyarme porque dejo de confiar en mí. Necesito a alguien más fuerte para que me aliente y me motive a encontrar mi propia fuerza interior. Quiero encontrar a alguien que me guíe y me diga por dónde es el camino, y en vez de confiar y buscar dentro de mí, salgo al mundo a pedir apoyo y soporte. Una vez que encuentro a esa persona o institución en la que creo y me da seguridad, le entrego toda mi energía. El deber ser se instala en mí y me vuelvo más dependiente, responsable, comprometido y trabajador. Quiero cumplir con todo, seguir las reglas y complacer a todos, lo cual me estresa, me presiona y me provoca mucha ansiedad. Tener a una autoridad arriba de mí me relaja y me libera de mis dudas y miedos porque ella decide por mí. Me convierto en un soldado fiel y obediente. Lo curioso es que, entre más inseguro me siento, más leal y servil me vuelvo.

Hay una parte de mí que quiere rebelarse contra la autoridad y ser fuerte e independiente, pero mi inseguridad no quiere romper con esos lazos. Empiezo a sentir ambivalencia entre rebelarme y obedecer. Me siento confundido y atrapado. Mi incertidumbre me hace cada vez más cauteloso, indeciso y escéptico. Me imagino peligros en todas partes y sospecho de las intenciones de los demás.

De repente mando señales contradictorias pues soy impredecible y manejo los opuestos: puedo responder tanto de manera educada y cálida como de forma directa y agresiva; puedo sentirme muy seguro o sumamente inseguro; quiero ser independiente y a la vez dependiente; soy aprensivo o muy "aventado". La gente se vuelve loca con mis reacciones, no sabe qué esperar.

Conforme empeoro, me comporto a la defensiva porque ya no aguanto tanta carga y me empiezo a enojar de todo sin razón. Me victimizo: "El único responsable aquí soy yo", me convierto en el rey de la queja, nada me satisface y a todo le encuentro su lado negativo. La ansiedad y la angustia se incrementan, y las disfrazo con actitudes reactivas, sarcásticas, nerviosas, hipersensibles e inseguras. Percibo que hay muchos enemigos, así que me comporto a la defensiva ante cualquier amenaza, según yo, para que no me vean la cara. Mis relaciones se deterioran. Me refugio en la comida o el alcohol. En vez de ser una fuerza para unir y colaborar, meto cizaña, acabo al prójimo, doy zancadillas, desafío, amenazo, les retiro mi apoyo, me opongo a todo, me rebelo, culpo a los demás, me vuelvo odioso y muy agresivo.

Si soy un "SEIS" tóxico o desequilibrado:

Me siento desesperado y muy asustado por haber arruinado las relaciones en que basaba mi seguridad. Continúa la ambivalencia: por una parte me siento culpable y tengo miedo al castigo y al rechazo; y por otra, me enojo conmigo por ser tan poquita cosa, tan miedoso, cobarde y dependiente. Mi autoestima está en el suelo; me invade la ansiedad, la cual me sabotea y me impide ver la realidad. No puedo tomar decisiones, no tengo guía interno, necesito alguien más fuerte que me ayude. Me agarro de lo que puedo: relaciones destructivas, drogas, calmantes, sectas religiosas, alcohol, etcétera. Tengo mucho miedo al abandono y a quedarme solo. Me vuelvo paranoico, todos me persiguen, me atacan y están en mi contra. Reacciono a todo de manera histérica porque ya no puedo controlar mi ansiedad. Mi miedo se convierte en terror y pánico. Llego a humillarme y a causar lástima en busca de protección. Me autocastigo, me flagelo, me hago daño a mí mismo, permito que me lastimen o me golpeen porque, para mí, el maltrato significa que le importo a la otra persona y no me abandonará.

¿Cómo puedo mejorar?

* Cree y confía más en ti, en tus propias capacidades, sé tú mismo. Actúa desde tu esencia y sé quien realmente eres.

* Aprende a centrarte, a practicar más introspección y confiar en tu sabiduría interna para que tu mente no se alimente con dudas y temores acerca del futuro.

* Aunque sientas miedo, ve hacia delante con fe y entusiasmo y recuerda dos cosas: que ya viviste situaciones similares de las cuales has salido triunfante, y que el miedo desaparece cuando empiezas a actuar.

* Cuestiónate y visualiza todo lo que te gustaría hacer si no tuvieras miedo.

* Ten mucho cuidado con lo que te dices, ya que las palabras son decretos que se hacen realidad. Si dices: "¡no puedo!", lo más seguro es que no puedas; mejor cámbialo por: "¡lo intentaré!"

* Nota la cantidad de información negativa que mandas diariamente a tu cerebro: "Me da miedo; soy malísimo; imposible, no voy a poder; sí pero, es que…" Entiende que eres lo que piensas de ti.

* Si te programas para estar sereno, optimista y saludable, en automático empiezas a producir todo tipo de químicos que te ayudarán a sentirte así.

* Compara tus miedos con los de tus amigos y date cuenta de que el poder de tu mente tiende a exagerar y distorsionar la realidad.

* Nota que, cuando te sientes en armonía, todo fluye y se acomoda. Por el contrario, cuando estás mal contigo, todos te caen mal, te quejas, culpas, juzgas, etcétera.

* Si eres un seis agresivo, tu trabajo es aprender a controlarte, evita que tus emociones salgan de forma impulsiva; fíltralas y exprésalas de manera inteligente y suave.

- Si eres un seis más suave y dependiente, tu trabajo es aprender a centrarte y evitar huir o reaccionar de manera exagerada cuando imaginas lo peor. Enfrenta con serenidad y valor lo que te toca vivir.

¿Cómo me gustaría que me trataras?

- Háblame siempre con la verdad, de forma directa y clara.
- Sé consistente, coherente y confiable; no me abandones a la mitad del camino.
- Nunca me traiciones: matarías mi confianza y me costaría mucho trabajo volver a creer en ti.
- Jamás menosprecies ni te burles de mis miedos; mejor ayúdame a trabajarlos.
- Enséñame a confiar en que hay halagos o muestras de cariño que no tienen una doble intención.
- Si te comprometes a algo conmigo, cúmplelo; la responsabilidad es vital para mí.
- Hazme ver que tiendo a etiquetar y a juzgar a las personas de manera negativa y sin darme la oportunidad de conocerlas primero.
- Ríete conmigo, contágiame tu optimismo e invítame a expandir mis horizontes.
- Ayúdame a dividir mi miedo mayor en pedacitos de miedo, para que a cada una de estas partes les ponga nombre y pueda solucionar una por una, en lugar de que el miedo completo me caiga encima.
- Enséñame a descubrir que, cuando más inseguro y ansioso me siento, es porque me encuentro más alejado y desconectado de mí mismo y de mi verdad.
- Cuando esté en el terreno del miedo y la inseguridad, apóyame, reafírmame, ayúdame a recordar que soy muy capaz y que sí puedo.
- Me encanta tratar con personas inteligentes, de mente rápida, ocurrentes y divertidas.
- Evita invadirme con muestras de cariño, ayuda, atenciones o demasiada intensidad emocional (dramas) porque despiertan sospechas en mí.
- Funciono más con estímulos positivos, ya que las críticas y reclamaciones me hunden.

Testimonio de un "SEIS" transformado:

Mi primer golpe emocional acerca de mi personalidad fue descubrir que era una persona miedosa, pues yo me consideraba fuerte, retadora, agresiva, enojona y un poco egoísta, pero miedosa ¡nunca! Durante muchos años de mi vida he sido líder en la escuela, en la universidad, en mis grupos sociales; es más, a varias personas les cohibía mi presencia y mi forma tan directa de hablar, lo cual me proporcionaba cierto placer.

Cuando me topé con el Eneagrama, me identificaba más con un tres o con un uno, pero jamás con el miedo. Me tardé cuatro meses en aceptar y procesar esa parte de mí que desconocía por completo y me dolió mucho. Poco a poco me observé y descubrí que, para no sentir miedo, me volvía muy reactiva y agresiva.

Lo interesante es que también empecé a observar las reacciones de mi cuerpo. Si la gente me trataba bien, respondía de manera cálida y encantadora; sin embargo, si la gente me ignoraba, me agredía o trataba de verme la cara, mi corazón y mi cuerpo se aceleraban al mil. Era como tener un botón rojo en el pecho, el cual se oprimía en automático ante ciertas situaciones y dejaba salir por impulso a otra persona muy defensiva y agresiva. Estaba ciega ante mis propias reacciones.

Ahora, gracias al Eneagrama, he aprendido a conocerme mucho más a fondo, lo cual me hace sentir más segura de mí y más dueña de mi persona, ya que puedo detectar el miedo antes de huir o reaccionar de manera agresiva. Al intentar ser mi propia autoridad, siento que ya no me apoyo tanto en los consejos u opiniones de los demás. Tomo mis propias decisiones, a veces con miedo, pero asumo mi responsabilidad.

No ha desaparecido el miedo ni he dejado de sentir ansiedad en el pecho porque sé que forman parte de mí, pero ya lo controlo. Me centro, me equilibro, respiro profundo, me vuelvo más receptiva y no me engancho. En ocasiones sí se me va de las manos y regreso a mi agresividad, pero cuando logro decir las cosas de manera cálida e inteligente, y sin lastimar al prójimo, siento una gran satisfacción.

Hoy mi gran reto es vencer y dominar mis miedos, por más tontos que parezcan.

Mi mayor logro es sentir paz interna, sentirme en armonía, ser un mejor ser humano y infundir en los demás ese valor y alegría por vivir que me caracterizan.

Personalidad tipo "SIETE"

Optimista, soñador, flexible, divertido, hiperactivo, ingenioso, despreocupado, evasivo.

"Para saber si eres un tipo de personalidad 'SIETE', debes identificarte al menos con setenta por ciento de sus características. Recuerda que éstas varían según cada persona. Toma en cuenta el rango entre 18 y 30 años de edad, ya que es en este periodo cuando la personalidad está más definida."

¿Cómo soy en general?

Soy una persona muy alegre, entusiasta, simpática, relajada y soñadora. Vivo mucho tiempo en mi mente; planeo, imagino y creo nuevas ideas y grandes negocios. Soy ocurrente, divertido y gracioso; tengo muchos amigos y un gran sentido del humor que contagio con facilidad a los demás. Me gusta ser espontáneo y llamar la atención con mis chistes y anécdotas. Dicen que soy encantador y muy seductor. Me gusta la gente, la fiesta, los viajes y probar nuevas aventuras de diferentes tipos. ¡Le entro a todo!

Tengo un niño dentro de mí a quien le gusta ver hacia arriba, al cielo, al horizonte, a espacios abiertos en donde su mente pueda volar. Es por eso que me gusta la ficción, idealizar el futuro, soñar despierto y crear fantasías en las que pueda deleitarme con mi imaginación.

Soy extrovertido y optimista; me gusta ver el lado bueno de las cosas, vivir nuevas experiencias, conocer gente interesante y disfrutar al máximo. Sin embargo, tengo la sensación de que la vida se me escapa, por lo que quiero vivir con intensidad y experimentar de todo. Mi agenda, por supuesto, siempre está llena de planes divertidos, actividades interesantes y viajes futuros.

Honestamente, me siento inteligente y muy talentoso; mi mente es rapidísima, cuando las demás personas apenas van, yo ya fui y regresé. Poseo gran facilidad de palabra; hablo mucho, envuelvo y convenzo con facilidad a las personas. Mi mente es tan rápida que me resulta difícil escuchar con atención; por eso soy muy distraído y disperso. Tengo un gran ingenio para escapar con éxito de situaciones complicadas y salgo bien librado con todos. Soy un excelente vendedor; puedo vender todo, desde un calcetín roto hasta un viaje a la luna.

Comprometerme no es lo mío, como que me siento atrapado. Prefiero tener varias opciones abiertas para sentirme libre. Soy muy creativo y tengo muchas habilidades, así que me gusta hacer de todo un poco y no amarrarme a una sola cosa porque me aburro. No soporto que me den órdenes o me limiten, pues soy rebelde y rechazo a la autoridad y a las reglas por naturaleza. Me encanta comprar y tener todo tipo de novedades, razón por la cual me cuesta trabajo ser disciplinado y ordenado. Casi siempre gasto más dinero del que debería.

Tengo muchísima energía para hacer lo que me interesa; soy buenísimo para planear y empezar un negocio o un proyecto: las ideas me sobran. Sin embargo, si la tarea es monótona, desagradable o requiere que se profundice más en ella, me aburro, la pospongo o no la continúo y prefiero que otras personas la terminen por mí.

En términos emocionales soy una persona cálida, coqueta, seductora y me enamoro con facilidad. Trato de evitar al máximo la confrontación pues no me gustan los problemas, las quejas o la gente negativa.

Le huyo a la parte dolorosa de la vida, al sufrimiento, a tocar emociones negativas. Me cuesta tanto trabajo tratar problemas emocionales, míos o ajenos, que prefiero evadirme y quedarme con lo positivo y placentero. Mi sueño sería que todo el mundo fuera feliz.

¿Qué personajes representan mi tipo de personalidad?

"Cantinflas", Yordi Rosado, Eugenio Derbez, Consuelo Duval, rey Juan Carlos de España, Larry King, Peter Pan, Don Quijote, Pedro Infante, "Loco" Valdez, "Güiri Güiri", san Francisco de Asís, Robin Williams, Chevy Chase, Sarah Ferguson, Jack Nicholson, Eddie Murphy, Anthony Queen, George Clooney, Goldie Hawn, Gerard Depardieu, Brad Pitt, Steven Spielberg, Dick

Van Dyke, Bette Middler, Francisco Gabilondo Soler "Cri-Cri", Elton John, Jim Carrey, Cameron Diaz, Adam Sandler, Austin Powers, Joey *(Friends)*.

¿Cómo percibo el mundo?

Este mundo está lleno de oportunidades y opciones maravillosas para ser feliz, por lo que voy a dedicar toda mi energía a crear momentos buenos y placenteros. Imagino ideas excitantes y evito, en la medida de lo posible, la dificultad y el sufrimiento.

¿Qué estoy buscando?

* Vivir a plenitud y ser feliz.
* Variedad. Probar de todo y estar en todas partes.
* Mantener mi libertad; hacer lo que me gusta sin ataduras ni límites.
* Derretir a las personas con mi encanto y seducción.
* Darle alegría a los demás.

¿A qué le tengo miedo?

* Al dolor y al sufrimiento. "Siento que, si toco el sufrimiento, no podré salir de ahí".[21]
* A confrontar, a comprometerme, a sentir ansiedad.
* Cuando mi encanto y seducción no me funcionan, me aterro.

---

[21] Daniels, David, *IEA Confererence*, Arlington Va, 2004.

¿Cuál es la imagen que quiero reflejar ante los demás?

Soy una persona creativa, positiva, feliz y divertida que sabe encontrarle lo bueno a la vida.

¿Cuál es mi queja interior?

Si la gente fuera más ligera y optimista, y pudiera ver el lado positivo de la vida como lo hago yo, descubriría un mundo lleno de aventuras y posibilidades y podría ser más feliz.

¿En dónde está mi mente la mayor parte del tiempo?

- Sin darme cuenta, mi mente casi siempre está en el futuro, un paso adelante, e imagina lo que haré al rato, mañana, en tres meses o en un futuro lejano.
- En inventar actividades interesantes, placenteras y divertidas.
- En asociar, conectar y sintetizar información pasada con proyectos e ideas nuevos.

¿Cómo me convertí en un "SIETE"?

De niño pude haber vivido alguna(s) de estas situaciones:

* Tuve una infancia feliz durante la cual pude haberle heredado a uno de mis padres su manera optimista y entusiasta de ver la vida, y quien me protegió de vivir el dolor y la dificultad.
* La felicidad de mi infancia pudo truncarse por algo doloroso o inesperado. Sobreviví gracias a que aprendí a evadir la adversidad y a enfocarme en lo positivo de la vida.
* Cuando me regañaban, me enojaba sentirme controlado y limitado. En lugar de huir o confrontar la situación, volaba a mi mundo mágico, lo modificaba y lo hacía placentero.
* Pude haber vivido en una familia en donde faltó apoyo económico o donde hubo una mamá depresiva, una muerte, violencia, un padre alcohólico o muy estricto y autoritario, que me provocaron mucho miedo.
* Para sobrellevar este miedo, lo suavicé con el poder de mi imaginación para escapar de lo negativo y seleccionar y recordar sólo lo positivo.[22]
* Desde muy chico descubrí que, al ser chistoso y divertido y al tener una actitud agradable, conseguía lo que quería, además del cariño y aceptación de los demás.[23]

Experiencias de la infancia de personas tipo "SIETE":

Javier de 52 años:

Cuando la gente me pregunta: "¿Cómo fue tu infancia?", siempre respondo que muy feliz. Ahora que soy adulto me doy cuenta de que no debió ser tan buena, ya que mi madre fue una mujer depresiva y alcohólica que no me hizo mucho caso. En realidad maquillé mi infancia para no sentir dolor. Con tal de no ver a mi madre y evitar estar en mi casa, jugaba futbol en la calle o me quedaba en casa de los vecinos.

Rebeca de 24 años:

Yo desesperaba mucho a mi papá. Recuerdo que me decía: "¿Por qué todo lo conviertes en broma?, ¿no puedes tomar la vida en serio?" En una de

---

[22] Palmer, Helen, *The Enneagram Workshop, Sounds True, Type #7.*
[23] Wagner, Jerome, Ph. D., *The Enneagram Spectrum of Personality Styles*, p. 103.

tantas, me castigó por mis malas calificaciones y me prohibió salir de mi cuarto durante todo un día. Se me hizo fácil e invité a escondidas a mis vecinas a hacer un picnic. Armamos una casita con las cobijas y cojines de mi cuarto. Cuando me cachó, con cinismo le respondí que yo había cumplido el castigo, pues no había salido de mi cuarto.

Roberto de 46 años:

Era yo muy pequeño cuando mi padre murió de una enfermedad cardiaca. Mi madre había sido una niña consentida que no sabía ganar dinero y poco a poco nos lo terminamos. Recuerdo haberla visto llorar varias veces, a escondidas de nosotros. Yo tenía miedo de nuestro futuro; sin embargo, me transportaba a mi mundo de fantasías y sueños, a un mundo mágico para evitar hundirme. Hoy me doy cuenta de que me daba miedo verla llorar, por lo que me dediqué a ser el gracioso de la familia y a reírme de mí mismo para aligerar la realidad.

¿Cuáles pueden ser mis virtudes y talentos?

- Soy un gran visionario; me anticipo al futuro y lo experimento vívidamente en mi imaginación. Veo con claridad el potencial de las múltiples posibilidades y opciones que presenta el futuro, lo que me permite ser aventurero y tener agallas para correr riesgos y tomar decisiones.
- Mi agilidad mental, mi ingenio y creatividad me permiten sintetizar información y conectar diferentes ideas y personas que en apariencia no guardan relación alguna entre sí.
- Vivo con entusiasmo e intensidad. Sé encontrarle el lado positivo a cualquier situación y hacer que todo momento se convierta en una experiencia muy agradable, por simple que sea.

AHORA QUE CUMPLA 100 AÑOS, VOY A HACER UNA FIESTA EN EL ASILO PARA FESTEJAR ¡QUE ESTAMOS VIVOS!

- Soy atento, flexible, cariñoso y nada rencoroso; perdono con facilidad porque tiendo a recordar más lo positivo que lo negativo.
- Soy alegre y muy extrovertido; puedo motivar, subir el ánimo, contagiar a la gente con mi buen humor y lograr que disfrute de un buen momento.
- Mi sentido del humor, mi actitud positiva y mi capacidad para reírme de mí mismo me ayudan a luchar y a echarle ganas a la vida diaria a pesar de las adversidades.
- Me nutro del dolor, crezco, me reinvento y salgo más fuerte para enfrentar la vida.
- Soy muy versátil, tengo muchas aptitudes y talentos.

¿Cuáles pueden ser mis mayores defectos?

- Me la paso en el futuro como si éste fuera una promesa de felicidad. Por tal motivo, no disfruto del momento presente.
- Evito conocer y experimentar "el otro lado de la luna". Al sólo enfocarme en lo positivo, no aprecio ni valoro la profundidad de lo bueno (sólo se valora la alegría cuando se conoce la tristeza).
- Evito profundizar y hacer contacto con mi propio dolor, ya que, si lo tocara, podría tener una empatía real con los demás.
- Cuando estoy en apuros utilizo mis mejores armas de manipulación: mi encanto seductor, mis chistes, mis promesas y mi sonrisa para salir del problema.

- Cada vez me vuelvo más experto en escaparme, de manera cínica, de todo aquello que es tedioso, desagradable y aburrido.
- Me vuelvo muy impulsivo, egoísta y poco tolerante a la frustración. Me crezco y me siento superior a todos. Hay mucha soberbia y prepotencia en mí. ¡Primero voy yo y que los demás se esperen!
- Mientras más busco felicidad y diversión, menos la encuentro y más insatisfecho me siento.
- Cuando no estoy bien, me doy cuenta de cómo crece mi ansiedad por vivir experiencias intensas: me vuelvo hiperactivo para no ver mi dolor ni sentir un vacío; subo de peso, tomo, fumo, compro, me río, me desvelo en exceso.
- Quiero todo y nada; apenas llego a un lugar y ya me quiero ir a otro más divertido. No termino mis ideas geniales porque aparecen opciones más seductoras. No me concentro con quien estoy y me parece más atractiva la plática del vecino.
- Ando en busca de una felicidad que no encuentro, me aburro con facilidad y nada me satisface. Me siento una persona frustrada y desesperada.
- Trato de mantenerme estimulado: quiero probar de todo, quiero más y más y más, y esta desmesura me conduce a la autodestrucción: me pierdo en el alcohol, en la droga, en el juego, en las parrandas, en la infidelidad, en la mentira y en la trampa.[24]
- Me cuesta trabajo reconocer que todas mis evasivas, mi exagerada y falsa alegría y mis huidas del dolor se traducen en miedo.

¿Cuál es mi punto ciego?

La gula.

SEÑORITA, SÓLO TENGO 20 PESOS Y QUIERO PROBAR TODOS LOS DULCES, DEME UNO DE CADA UNO

---

[24] Riso, Don Richard, *The Power of the Enneagram*, Type #7.

Como "SIETE" me cuesta trabajo reconocer que una persona divertida y optimista como yo, sea miedosa. Lo interesante es que no siento miedo ni ansiedad mientras mi mente esté ocupada en planes y actividades divertidas. Suavizo mi realidad y mi miedo cuando enfoco mi atención en lo positivo de la vida y en las posibilidades futuras que ésta me brinda.[25]

La gula es la sensación de vacío, de no sentirme satisfecho y querer más y más de todo lo que me gusta. Siento como si la vida se me escapara o resbalara de las manos, por lo que quiero aprovecharla al máximo, vivirla con intensidad y llenarme de sensaciones y experiencias nuevas.

¡Quiero sentirme vivo, hacer muchas cosas, abarcar y experimentar todo: aventuras, alegrías, nuevos amigos, viajes, placeres, cosas materiales, diferentes tipos de comida, mucha actividad, diversión, fiestas, estar en todas partes, nuevos proyectos, ideas, gente interesante! ¡Todo me llama la atención, estoy ávido de experiencias, quiero ir allá, probar lo mejor de acá y no quiero perderme de nada!

Lo malo de mi gula es que soy adicto a todo lo que sea placentero, me vuelvo insaciable y no tengo "llenadera". Estoy tan preocupado por buscar más y más, que dejo de gozar lo que ya tengo.

¿Cómo soy por dentro en realidad?

Me considero un optimista compulsivo. Mi mente me bombardea todo el tiempo con ideas y planes por hacer. Para mí es una tontería perder el tiempo en el dolor o en temas de tristeza, cuando hay un mundo afuera lleno de posibilidades y opciones placenteras por disfrutar. ¡No entiendo por qué estar triste, si es tan fácil estar contento!

Tiendo a idealizar mucho las cosas, exagero lo positivo, "le pongo mucha crema a los tacos": "¡No sabes qué viaje… te perdiste de la mejor película… es la mujer más hermosa que hayas visto!" Adorno todo para hacerlo exitoso y atractivo.

---

[25] Palmer, Helen, *The Enneagram Workshop.Sounds, Type Seven.*

Con frecuencia, cuando empiezo un proyecto, siento que será increíble y maravilloso; sin embargo, con el paso del tiempo, me aburro, me desilusiono, pierdo interés y, de pronto, mi mente me boicotea y me dice que hay algo mejor y más interesante. Por ejemplo, me inscribo a un curso y ya planeo inscribirme a otro; empiezo una dieta o a leer un libro y no los termino porque surge algo más atractivo.

Me encanta llamar la atención, ser popular, ser querido por muchos y mostrar siempre una sonrisa y buen humor. Sin embargo, a veces descubro que no siempre estoy bien y que me siento solo y triste por dentro. Mientras hago reír a los demás, me doy cuenta de lo mucho que me desconecto de mí con tal de aparentar que siempre estoy contento o que todo es felicidad en mi vida.

A lo largo del tiempo me he hecho fama de gracioso. En ocasiones me siento obligado y presionado a entretener y divertir a los demás cuando en realidad no quiero hacerlo. Me doy cuenta de que estoy ávido de cariño y me da tristeza pensar que sólo me invitan porque soy el que les va a convertir la fiesta en éxito; si no lo hago, me siento culpable de desilusionarlos.

Lo interesante de mi personalidad es que, cuando se me presenta un suceso doloroso o negativo, mi mente lo convierte en positivo sin darme cuenta y en automático. Lo hago porque me da miedo vivir el dolor, porque no sé cómo manejarme en ese terreno tan desconocido. A la vez siento que, si lo toco, me quedaré hundido en él. Mientras tanto, controlo mi ansiedad a través de ocuparme con el celular, la agenda o la noticia por el radio. Me mantengo muy activo hasta que logro negar o reprimir mi realidad.

Cuando me comporto así no veo la realidad como es, sino que la idealizo, la justifico, la distorsiono, la acomodo de tal manera que yo siempre gane. Lo peor de esto es que me la creo al cien por ciento.

Ejemplos:
Cuando se murió mi amiga Ana, en lugar de sentir el dolor de su pérdida, mi mente lo justificaba: "Qué bueno que ya murió porque le tenía mucho miedo a la vejez."
Le fui infiel a mi novia y no me sentí culpable pues pensaba que era mejor hacerlo ahora que cuando estuviera casado.
Me despidieron del trabajo, pero mejor así pues me quedaba muy lejos.

Lo cierto es que siempre encuentro la excusa perfecta que justifique mi conducta para negar la realidad, porque me cuesta trabajo aceptar la verdad del momento que me toca vivir.

¿Qué es lo que me molesta de mi personalidad?

- Quiero hacer tantas cosas que prometo más de lo que puedo cumplir.
- Soy muy distraído y disperso; me cuesta concentrarme y escuchar con atención a la otra persona.
- ¡Mi desmesura! No tengo límites, no puedo negarme algo que me gusta y más si se trata de algo novedoso o divertido. Me acelero, me vuelvo muy materialista, compro a lo loco, regalo a los demás en exceso, etcétera.
- No me gusta comprometerme; me hace sentir limitado, acorralado y frustrado.
- Mis amistades y relaciones personales terminan por ser ligeras y superficiales debido a que no me gusta comprometerme ni involucrarme mucho ni tocar emociones profundas.
- Soy narcisista y egoísta por naturaleza; quiero que me escuchen y que me vean, por lo que primero voy yo y luego los demás.
- Me da tristeza que los demás malinterpreten mi optimismo compulsivo y me consideren poco serio, falso, "rollero", superficial y hasta mentiroso.
- Me da coraje que soy bueno para muchas cosas pero, a la vez, no me especializo en nada.
- Soy desordenado; tengo tantas cosas en la cabeza que puedo olvidar prioridades que afectan a terceros.
- Es triste aceptarlo, pero sólo aprendo con base en los golpes que me ha dado la vida.
- Si me hacen sentir inferior, puedo ser agresivo, sarcástico y burlón.

¿Cómo soy en mi mejor momento?

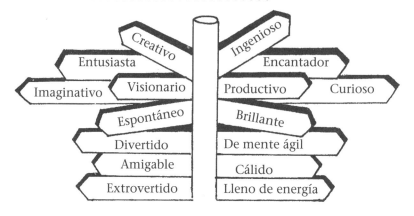

¿Cómo soy en mi peor momento?

¿Cómo es mi estilo para hablar?

Me comunico con soltura y espontaneidad a través de metáforas o anécdotas fascinantes. Mi voz es segura y convincente. Me encanta el chisme y entretener a los demás con mi conversación, por lo que recurro a las bromas, al "rollo", a la actuación, a la fantasía y al detalle. Hago preguntas interesantes para cautivar la atención. Puedo hablar muy rápido y fuerte, o lento y con muchos detalles.

¿Cómo es mi lenguaje no verbal?

Tengo muchísima energía, por lo que siempre estoy en actividad. Soy muy expresivo, alegre y gesticulador; empleo mucho las manos, muevo las cejas y toco a las personas al hablar. Me apoyo en todo mi cuerpo para transmitir, estimular, imitar y contagiar mi humor a los demás. Tengo cara sonriente y ojos chispeantes de niño travieso. Me río de mí mismo y hago reír a los demás.

¿Qué país representa mi tipo de personalidad?

México, porque es mágico, creativo, alegre, festivo y variado como yo. Oculta el dolor con el chiste y la fiesta.

¿Qué animal representa mi tipo de personalidad?

El chango[26] porque es divertido, ansioso e inquieto; salta de liana en liana en busca de nuevas experiencias.

¿Qué es lo que más evito?

Las situaciones o sentimientos dolorosos, las restricciones, la monotonía y el aburrimiento[27].

¿Qué es lo que más me enoja?

Que me ignoren, que me limiten o traten de controlarme. No puedo lidiar con las personas negativas, complicadas, depresivas y quejumbrosas. Odio las situaciones incómodas como velorios, hospitales, dar pésames o hablar de enfermedades. La rutina y todo lo que sea monótono y aburrido.

¿Cuáles son mis alas?

Mis alas son "SEIS" y "OCHO". Estas energías van a influir, mucho o poco, en mi tipo de personalidad durante toda mi vida.

---

[26] Pangrazzi, Arnaldo, *El Eneagrama*, p. 111.
[27] Daniels, David y Virginia Price, *Eneagrama esencial*, p. 60.

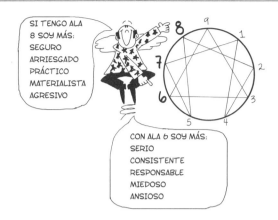

SI TENGO ALA 8 SOY MÁS:
SEGURO
ARRIESGADO
PRÁCTICO
MATERIALISTA
AGRESIVO

CON ALA 6 SOY MÁS:
SERIO
CONSISTENTE
RESPONSABLE
MIEDOSO
ANSIOSO

Si soy un "SIETE" con ala "SEIS" más fuerte o más desarrollada (7/6):
Soy un "SIETE" mucho más relajado, cálido, creativo, ocurrente, flexible, bromista y chistoso que el 7/8. Mezclado con la energía del "SEIS", soy más cauteloso, persistente, responsable, ingenioso, organizado, leal y disciplinado. Mi atención está más enfocada en el mundo de la creatividad y en tener contactos y relaciones personales que en el mundo material. Soy más romántico, apapachador y cariñoso. Mi apariencia es más suave, natural y amigable que la del 7/8.

Parte negativa: Soy más distraído, nervioso, titubeante y ansioso; más desconfiado, inseguro y miedoso que el 7/8. Dependo más de la gente.

Ejemplos de 7/6: Chevy Chase, "Cantinflas", Robin Williams, Consuelo Duval.

Si soy un "SIETE" con ala "OCHO" más fuerte o más desarrollada (7/8):
Soy un "SIETE" con una personalidad más imponente e interesante; es decir, más fuerte, realista y enérgica que el 7/6. Mezclado con la energía del "OCHO", tengo un espíritu mas libre, independiente y aventurero. Soy directo, asertivo y arriesgado. En el trabajo soy más dinámico, competitivo, ambicioso y apasionado. En términos materiales soy más espléndido y generoso.

Parte negativa: Soy mucho más codicioso, egoísta e impaciente. También puedo ser más impulsivo, ruidoso, insensible y agresivo que el 7/6. Puedo ser infiel y muy egocéntrico.

Ejemplos de 7/8: Larry King, Anthony Queen, Jack Nicholson, George Clooney.

¿Cómo me comporto cuando estoy relajado o estresado?

 "El Eneagrama no es estático. Nos movemos con frecuencia de un lado al otro. Los movimientos pueden ser temporales o duraderos, según la madurez de la persona."

Cuando estoy relajado:
Según las líneas del diagrama, podemos observar que el "SIETE" se mueve hacia el "CINCO" en una dirección y hacia el "UNO" en otra.

RELAJADO ME VUELVO:
PROFUNDO
CONCENTRADO
OBSERVADOR
CULTO

TENSO ME VUELVO:
SARCÁSTICO
JUICIOSO
PERFECCIONISTA
ENOJÓN

Cuando me siento seguro y relajado, primero muestro lo mejor de mi tipo de personalidad "SIETE": alegre, ingenioso, visionario y creativo. Después, según este camino, adopto la *parte positiva del "CINCO"* y me comporto de la siguiente manera (recomiendo leer la personalidad "CINCO" para entender mejor el comportamiento):

• Le bajo a mi ritmo acelerado, puedo alejarme y percibir todo con mayor perspectiva.[28]
• Me concentro y profundizo en un tema o actividad, en vez de "picar" por todas partes.
• Aprendo a estar solo y en silencio, y me vuelvo más reflexivo e introspectivo.
• Descubro y valoro el mundo del conocimiento; me tomo mi tiempo para observar e investigar. Me vuelvo más culto.

---

[28] Condon, Thomas, *Enneagram Movie and Video Guide*, p. 160.

- Dejo de ser reactivo, aprendo a ser más callado, más receptivo y a escuchar con atención.
- Me vuelvo más sereno y profundo; busco mayor intimidad para expresar mi vulnerabilidad.
- En mi soledad, toco mi vacío. Distingo y valoro lo prioritario en mi vida.

Asimismo, al ser el Eneagrama un sistema dinámico, también puedo tomar *partes negativas del "CINCO"*:
- Puedo aislarme en mi mente para planear y así evadir mi realidad.
- Puedo creerme un sabelotodo e imponer mis ideas y mi verdad.
- Puedo volverme egoísta, avaro y llegar a la depresión.

Cuando estoy estresado:
Cuando me siento tenso, estresado o nervioso, primero muestro lo peor de mi personalidad: egoísta, impaciente, oportunista y mentiroso. Después, según esta dirección, adopto la parte negativa del "UNO" y me comporto de la siguiente manera: (recomiendo leer la personalidad "UNO" para entender mejor el comportamiento)
- Adopto el perfeccionismo del "UNO" y me vuelvo dogmático, rígido e hipercrítico.
- Me acelero, me pongo nervioso e impregno el ambiente con mi enojo e irritabilidad.
- Me vuelvo serio, necio, inflexible, juicioso y dueño de la verdad.
- Expreso mi enojo a través de comentarios burlones y sarcásticos.
- Siento odio y resentimiento hacia aquellos que me impiden disfrutar de mi vida como la he planeado.
- Me vuelvo obsesivo y compulsivo por el orden, la limpieza y el detalle.

Asimismo, al ser el Eneagrama un sistema dinámico, también puedo tomar *partes positivas del "UNO"*:
- Me estructuro, me ordeno, me organizo y soy más productivo.
- Me concentro, desaparecen las distracciones y me pongo a trabajar.
- Mis valores se vuelven más éticos; me intereso más por el deber ser y por el bien social.

¿Qué le atrajo a mi pareja de mí, que después se convirtió en una pesadilla?

"Todos tenemos cualidades especiales y nos sentimos orgullosos de ellas pero, a veces, tendemos a exagerarlas. En esos casos, esas cualidades pueden convertirse en nuestros peores enemigos y hasta pueden llegar a destruirnos de manera inconsciente."

Al principio, mi pareja pudo enamorarse de mi amabilidad y encanto personal. Pudo cautivarle ese magnetismo que tengo para seducir y envolver a la gente con mi forma entusiasta de ver la vida. Mis chistes, mis ocurrencias y mi forma espontánea de ser me convertían en el alma de cualquier actividad social. Los atacaba de risa y los controlaba con mi simpatía. Le apantallaba el número de gente que conocía y la cantidad de reuniones divertidas que tenía.

Otra parte de mí que conquistó a mi pareja fue mi mente, mi espíritu ligero y práctico, mi gran imaginación y creatividad para fabricar sueños, mis ganas de comerme al mundo.

Con el paso del tiempo, mis virtudes se convirtieron en mis peores enemigos. A mi pareja le hartó mi ritmo acelerado de vida. Me decía que yo quería abarcar tanto y vivir tan de prisa que todo lo vivía "por encimita". Le desesperaban mis constantes y diversas justificaciones, que evadiera temas profundos o tocar a fondo nuestros problemas; mucho menos cuando se acercaba a mí con una lista de quejas. Me decía: "Bájate de tu Disneylandia y aterriza tus fantasías"; pero la verdad es que yo no veía los problemas, era mi pareja quien "se hacía bolas" en su cabeza y se complicaba la existencia.

En el momento en que descubrí el poder de mi encanto, me di cuenta de cómo la gente se doblaba y se derretía ante mí. Mi ego crecía por conquistar a más personas, me "volaba", quería quedar bien con todos y hacerlos reír, mientras mi pareja se sentía abandonada y desatendida por mí.

Me reprochó mi falta de seriedad y compromiso, ya que yo siempre le decía: "Una copa más y nos vamos; nada más termino de saludar; te prometo que..." Invariablemente terminaba en "reventón", y mi pareja frustrada y llena de rabia.

Le enojó mi gran egoísmo al querer sentirme libre, mi insaciabilidad y no saber decir un "no" o poner un "hasta aquí".

¿Cómo soy en el trabajo?

Mi alegría y espontaneidad propician un ambiente de cordialidad y buena vibra en el trabajo. En el mundo laboral me muevo como pez en el agua, conozco a mucha gente, tengo múltiples contactos y una facultad que me facilita ganarme a los clientes y a los proveedores. Esto me permite hacer sinergias con organizaciones y personas de gran valor para la compañía.

Tengo una mente muy rápida, por lo que mi ritmo de trabajo es acelerado. Soy muy efectivo si trabajo bajo presión. Soy muy ingenioso y bueno para generar ideas creativas y posibilidades que otros no ven, y malo para organizarlas y continuarlas. Por eso me conviene aprender a delegar. La gente me considera un gran promotor y un excelente vendedor, aunque a veces puedo exagerar y prometer más de lo que puedo cumplir.

Algo que me molesta del trabajo son los niveles de autoridad. No me gusta que me den órdenes; me gusta mi libertad y tener puertas abiertas para todo. Me gusta la acción y correr riesgos. Odio los trabajos rutinarios y monótonos de oficina. Prefiero salir a la calle, comer con clientes, viajar de un lado a otro hacia donde haya más retos y diversión. Aprendo y asimilo información con rapidez, lo que me permite encargarme de varias áreas y actividades a la vez; sin embargo, necesito marcar un tiempo límite para todo, porque me distraigo con facilidad ante nuevas ideas y proyectos.

Puedo ser un peligro al tomar decisiones, ya que, dado que genero múltiples ideas, mis prioridades pueden cambiar con frecuencia. Me cuesta trabajo reconocer mis propios errores y siempre termino por echarle la culpa a otra persona o por justificarme. Es fácil y divertido trabajar conmigo. Soy permisivo, flexible y evito tener conflictos.

Ya me conocí, ahora ¿qué sigue?

Una vez que descubro mi tipo de personalidad "SIETE", debo observarme detalladamente y cuestionarme: ¿qué tan equilibrada está mi personalidad en términos mentales y emocionales?

"De acuerdo con Riso y Hudson, dos personas con el mismo tipo de personalidad, una sana y equilibrada y otra inmadura o desequilibrada, se ven y se comportan de forma diferente por completo, lo cual nos confunde en el momento de identificarnos."

Éste es un resumen de lo que aprendí durante mi entrenamiento con Don Riso y Ross Hudson acerca de la manera en que la personalidad puede degenerarse si no se trabaja.

Si soy un "SIETE" sano y equilibrado:

Soy una persona alegre, jovial y agradecida con todas esas maravillas que la vida me da. Es por eso que me gusta explorar, apreciar, gozar cada momento y sacarle el máximo provecho. Mi energía es inagotable; soy multitalentoso y versátil. Me siento pleno, vivo, lleno de entusiasmo, productivo, comprometido conmigo mismo, con unas ganas intensas de generar cosas nuevas y creativas y hacer cambios positivos. En pocas palabras, estoy enamorado de la vida, disfruto lo que hago y busco llenarme de sensaciones y experiencias placenteras. Utilizo mi imaginación para planear mi vida de manera práctica, realista y creativa sin dejarme atrapar por las múltiples opciones que se me presentan a diario para alcanzar mis metas.

Tengo una gran fuerza interna que me permite enfrentar la parte oscura de la vida; puedo afrontar el sufrimiento, sentirlo, llorarlo, vivirlo y salir fortalecido de éste. Crezco ante el dolor de manera positiva y éste se convierte en mi motor para seguir luchando sin perder mi sentido del humor, mi espontaneidad, mi capacidad de amar y de reírme de mí mismo.

Si soy un "SIETE" promedio:

Disfruto mucho de todo, pero a la vez tengo la sensación de que me pierdo de algo. Me da miedo que se me acabe, por lo que quiero más de todo aquello que me hace feliz. Quiero exprimir el tiempo, probar de todo y mantenerme estimulado, así que busco opciones y más variedad de cosas con las cuales entretenerme. Me vuelvo menos productivo; sin embargo, ahora adquiero cosas más exclusivas, finas, de marca. Con tal de no sentir ningún tipo de ansiedad, me mantengo ocupado con amigos, en cocteles, en inauguraciones sociales, en los mejores restaurantes, en practicar algún deporte de moda, en viajar, etcétera. Mi kilometraje recorrido es mayor que el de cualquiera, lo que me convierte en todo un experto y gran conocedor de muchos temas a la vez. Quiero disfrutar lo mejor de lo mejor pero la buena vida cuesta, de manera que el tema económico se vuelve importante en mi vida. Si no tengo dinero me las ingenio: utilizo mi encanto y seducción para conseguirlo.

Conforme me deterioro, siento cada vez más ansiedad por encontrar felicidad. Con tal de no estar conmigo, me lleno de cosas materiales y me mantengo ocupado para que mi ansiedad disminuya. Me vuelvo muy impulsivo y distraído, quiero ir aquí, después allá y regresar acá, sin ser selectivo. Lo importante es mantenerme activo, animado y divertido. De igual manera me entra la compulsión por comprar "a lo loco" cosas que no necesito. Compro en exceso, como un juego de maletas adicional, veinte discos compactos, cuatro pares de zapatos que no uso, etcétera. Me convierto en el gracioso, el que entretiene a todos, no me censuro en lo que digo y me gusta ser el centro.

Empiezo a "picar" de todo por encimita, me vuelvo superficial, me aburro y nada me satisface. Es por eso que no me involucro ni me comprometo. Anticiparme al futuro me mantiene estimulado pues pienso que todo será mejor pero, a la vez, en realidad no vivo en el presente. Empiezo a sentirme triste y frustrado conmigo mismo. Conforme bajo de nivel, me vuelvo más intolerante, quiero que todos se dobleguen ante mí y que mis deseos se cumplan en ese momento. Sólo pienso en mí, en satisfacer todos mis gustos y mis caprichos. Me vuelvo egoísta, mentiroso, codicioso y ambicioso en extremo. Mi comportamiento hace sufrir a los demás, pero "me vale". Consigo lo que quiero y le entro a todo lo que me proporcione placer: parrandas, juego de apuestas, mujeres, sexo, alcohol, lujos, etcétera, sin remordimiento alguno. Sin embargo, la vida no me sabe a nada. Me siento vacío y triste por dentro.

Si soy un "SIETE" tóxico o desequilibrado:

En este nivel, evito el dolor a toda costa y estoy mal e inseguro a nivel emocional. Me dejo llevar por lo primero que se me presente con tal de no sentir, ya sea alcohol, drogas, compras compulsivas, calmantes o estimulantes, según el estado de ánimo en que me encuentre. Cada vez tolero menos que se me prive de algo que deseo en ese momento, por lo que puedo hacer escenas de pena o "panchos" que incomodan a cualquiera. Me acelero por todo, me vuelvo exigente, impaciente, agresivo, corriente, hiriente y dejo frías a las personas con mis comentarios, lo cual provoca que la gente se aleje de mí. Conforme me deterioro, mis estados de ánimo cambian de manera drástica: de la risa y el chiste paso a la tristeza y a la frustración.

Poco a poco pierdo la capacidad de sentir y de investigar la razón de mi ansiedad. En vez de trabajarla, la actúo y me comporto de forma atrevida. Me convierto en un peligro para mí mismo, vivo al filo, hago cosas muy arriesgadas: vuelo aviones, corro en motocicleta o en autos a gran velocidad. No mido las consecuencias de mis actos. Además, de pronto puedo llegar a vender todo mi negocio o apostar grandes cantidades de dinero; hago trampas y chantajes, etcétera. Entre más busco, menos encuentro. Me siento aterrado y muy infeliz.

¿Cómo puedo mejorar?

* Aprende a vivir el presente, disfruta y agradece todo lo bueno que tienes *hoy*.
* Disminuye tu ritmo acelerado y elige prioridades: más vale hacer menos cosas bien hechas, que tratar de abarcar todo de manera compulsiva. "El que mucho abarca, poco aprieta."
* Aprende a ser coherente con lo que deseas en tu vida y así elegir lo que es importante para ti. Deja a un lado todo eso que te deslumbra y distrae de tu meta.
* Aprende a controlar tus impulsos cada vez que se te antoje algo nuevo, cuando quieras comprar en exceso, más diversión, etcétera. Date cuenta de la poca tolerancia que tienes a la frustración.
* Observa que sólo te falta tenacidad y constancia para alcanzar tus metas, pues con tu actitud positiva ya recorriste la parte más difícil del camino.
* Aprende a expresar tanto tu alegría como tu tristeza, para que la gente te quiera por lo que eres y no sólo por la diversión que representas.
* Date cuenta de que, cuando huyes o niegas algo doloroso o conflictivo del presente, en automático empiezas a hacer planes o a buscar algo placentero para desviarte del problema.
* Integra en tu vida lo bueno y lo malo, el amor y el dolor, tus éxitos y fracasos. Haz de esto una sabiduría de vida.
* Atrévete a llorar, a sentir todo eso que te duele y te estresa, para que tu corazón se libere y se limpie.
* Muestra más tu humanidad y trata de empatizar con los demás y apreciar sus sentimientos y preocupaciones.
* Cuida tu salud y haz ejercicio, ya que tiendes al sobrepeso y a todos los excesos.

- Cuando aprendas a controlar tus impulsos, a comprometerte a fondo, a concentrarte en una sola cosa, a tener disciplina y a tocar y sentir emociones profundas, darás un gran salto en tu vida.

¿Cómo me gustaría que me trataras?

- No soporto que me controles, me des órdenes o me digas lo que tengo que hacer, porque haré justo lo contrario. Mejor preséntame varias opciones para que no me sienta acorralado.
- Hazme ver cómo siempre justifico mis errores, mis carencias, mis infidelidades y mis fracasos, y cómo les encuentro una salida que me absuelve de toda culpa.
- Evita quejarte con frecuencia, dime las cosas poco a poco, recuerda que me molesta lo negativo.
- No me aprisiones ni me des demasiada libertad; busca el punto medio en donde sienta tu cariño, tu compañía y tu interés por mí.
- Enséñame con tu ejemplo a tocar sentimientos de dolor y miedo, y cómo enriquecerme con ellos.
- Acércate a mí a través de ideas nuevas, retos, temas interesantes y anécdotas divertidas.
- No me des el "avión" ni "me tires de loco". Me gusta que me escuches con atención.
- Enséñame a interesarme por los demás preguntándoles: "Y tú, ¿cómo estás?" "¿Qué estudias?" "¿Qué te interesa?" No me doy cuenta de lo mucho que hablo de mí y de lo poco que escucho al otro.
- Acéptame como soy y acompáñame a explorar las sorpresas, las aventuras y las subidas y bajadas que tiene la vida.
- Aprende de mí las ganas y el entusiasmo que siento por la vida.
- Odio que me limiten; sin embargo, cuando se me pase la mano, reafírmame tu cariño y márcame un "hasta aquí" con claridad.
- Hazme ver cuando cruce la raya entre ser simpático y carismático y el "payaso" de la fiesta.
- Aprende a negociar conmigo, nunca me impongas, véndeme tus ideas como retos para que ambos ganemos.
- Hazme ver que, cuando estoy hiperactivo, rebelde, simpatiquísimo, gracioso, arrollador y con mucha ansiedad de fiesta, es porque tal vez intento ocultar un gran miedo que siento por dentro.

Testimonio de un "SIETE" transformado:

Cuando era más joven, idealizaba todo lo que veía y buscaba la felicidad. Un día, mi padre me prometió que el día en que yo le presentara un título universitario, me daría aumento de sueldo, automóvil último modelo y, lo más importante, la dirección del área ejecutiva que yo tanto anhelaba. En mi mente soñaba y fantaseaba con el mundo laboral.

Estaba en el último semestre de mi carrera y sólo me faltaba aprobar una materia que ya había reprobado por segunda vez. En pocas palabras, se me hizo fácil, falsifiqué el título y así obtuve todo lo prometido. Durante dos años viví en un mundo de mentiras, mi ego estaba en el acelerador. Llené mi vida de gente interesante, viajes, diversión y proyectos en el trabajo hasta que, por azares de la vida, llegó la verdad a oídos de mi padre. Mi familia se enteró de mi fraude y toqué por primera vez el dolor a fondo. Me di cuenta de la magnitud de mi mentira, de la decepción que causé a mis papás, a mi familia, a mis amigos y a mis compañeros de trabajo. Me sentí la burla de todos, un ser repugnante. Por dentro me invadía el terror de enfrentar las consecuencias de mis actos. Mi padre me degradó como a un soldado: me quitó el auto, me bajó de puesto, me dio el salario mínimo y me dijo: "Yo creí en ti a ciegas y me engañaste. Ahora no huyes, te quedas en la compañía y nos demuestras a todos que puedes cambiar." Ahí comenzó mi proceso de maduración y duró tres años, mismos que me tomó estudiar de nuevo la carrera en una universidad vespertina.

Mi mundo mágico desapareció, me transportaba en metro y en camión, conocí la pobreza, el hambre y el trabajo que cuesta ganar el dinero. Lo principal es que conocí la frustración, la vergüenza, el enojo y la tristeza. Fue en esa época que me topé con el Eneagrama y éste me ayudó a entenderme y a encontrarle un significado profundo a mi experiencia. Hoy, con el paso del tiempo, agradezco esa mano dura de mi padre pues fue un parteaguas en mi vida. Me obligó a aceptar lo bueno y lo malo de mi propia realidad. Ahora que soy padre, comprendo lo dolorosa y difícil que fue la decisión que tomó conmigo.

Todavía me encanta la gente, las bromas y la vida aventurera, pero ahora descubro que la felicidad, que durante años busqué en fiestas y diversión, la encuentro en el momento en que yo quiero; está aquí, en lo pequeño, en lo sencillo, en la riqueza del momento presente, en lo que me toca vivir.

Personalidad tipo "OCHO"

Protector, líder, dominante, asertivo, poderoso, decidido, impositivo, controlador.

 "Para saber si eres un tipo de personalidad 'OCHO', debes identificarte al menos con setenta por ciento de sus características. Recuerda que éstas varían según cada persona. Toma en cuenta el rango entre 18 y 30 años de edad, ya que es en este periodo cuando la personalidad está más definida."

¿Cómo soy en general?

Soy una persona fuerte, directa y asertiva. Me gustan los retos, el control y sentirme poderoso. Soy decidido, independiente y tengo tal fuerza de voluntad que hago que las cosas ocurran. Soy dominante, decidido, franco, valiente y muy seguro de mí mismo.

Soy un líder natural con una alto sentido de justicia y verdad, por lo que detecto con facilidad, todo aquello que es "chueco", corrupto y falso. Intuyo la manipulación, la debilidad, la mentira o el disfraz; no me ando con rodeos, voy al grano y expreso la realidad de manera abierta y cruda. Vivo en los extremos: o todo o nada; o es blanco o es negro, la gente es fuerte o débil, está conmigo o está en mi contra.

Soy apasionado y me gusta la intensidad. Mi problema es el exceso, la desmesura, desconozco los límites, el "hasta aquí", y esto me lleva a excederme en la comida, en la diversión, en el trabajo, en las compras, en la ropa, en la velocidad, etcétera.

Defiendo a los míos con pasión. Los protejo, les doy mi cariño; los ayudo a crecer, a ser fuertes e independientes y a valerse por sí mismos. Así como puedo estimular y sacar el verdadero potencial de la gente, también puedo aplastarla, minimizarla, ser posesivo, duro y controlador con ella.

Mi energía es tan fuerte que, cuando llego a un lugar, se nota mi presencia. A muchas personas les asusta y les molesta, aunque a otras les inspira confianza y tranquilidad mi seguridad y facilidad de palabra. No paso inadvertido.

Soy agudo, muy rebelde y "echado para adelante". Dicen que me siento dueño de la verdad y creo que hay un poco de cierto en ello, porque impongo mi voluntad y casi siempre me salgo con la mía. Ante un tema en el que no esté de acuerdo, me enterco. Me gusta dar órdenes y hacerme cargo de la situación. Impongo mis propias reglas y también las rompo a mi antojo.

Soy una persona muy impulsiva y visceral; rara vez toco la culpa, el miedo y el dolor. Cuando algo me enfurece, lo expreso en ese momento de forma directa y clara; en ocasiones, esto me lleva a ser agresivo en exceso y a salirme de control. Algo que me estimula y me divierte es la confrontación, llevar la contra, las pláticas acaloradas y las discusiones sobre problemas y temas delicados.

Si alguien me hace un comentario sarcástico o violento, puedo acabar a golpes y dejarlo helado, aunque después lo llene de cariño con acciones y halagos positivos. Muy rara vez pido perdón de manera verbal.

Mi fuerza radica en parecer fuerte y poderoso. Soy desconfiado y vivo a la defensiva. En caso de que alguien quiera lastimarme, estoy preparado y alerta para atacar. Niego y escondo mis sentimientos más profundos, como el miedo, el amor o la ternura; sólo los muestro y los expreso con las pocas personas en quienes confío de verdad.

Tengo mi parte muy alegre, divertida y cariñosa. Puedo ser muy ameno y seductor, o irme al otro extremo y ser intenso, imprudente y tener espíritu de "friega-quedito". Con la gente que quiero soy bueno, generoso espléndido y derrochador en todos los sentidos.

¿Qué personajes representan mi tipo de personalidad?

Lupita D'alessio, Ignacio López Tarso, Beatriz Paredes, Paquita la del Barrio, Robert De Niro, Sean Connery, Tony Soprano, Enrique VIII, Pancho Villa, Benito Juárez, Porfirio Díaz, Hugo Chávez, Fidel Castro, Stalin, Indira

Gandhi, Mussolini, Aristóteles Onassis, Mikhail Gorbachov, María Félix, Emilio Azcárraga Milmo, Diego Fernández de Cevallos, Carlos Salinas de Gortari, Ricardo Salinas Pliego, Alejandra Guzmán, Sadam Husein, Donald Trump, "Don Corleone", Barbara Walters, Michael Douglas, Sean Penn, Glen Close, Pablo Picasso, Denzel Washington, Russell Crowe, Rosie O'Donnell, Golda Meir, Fritz Perls, Queen Latifah.

¿Cómo percibo el mundo?

¡Este mundo es una selva donde los fuertes se comen a los débiles! Más me vale ser el rey y asegurarme el respeto y la protección de mis subordinados.

¿Qué estoy buscando?

* Poder.
* Ser admirado y respetado.
* Ser independiente y autosuficiente.
* Justicia y verdad.
* Gente fuerte en quien confiar.
* Controlar mi territorio, mis posesiones y a la gente que influye en mi vida.

¿A qué le tengo miedo?

* A que me vean débil.
* A no tener poder.
* A abrir mis emociones.
* A sentirme dominado por alguien.
* A ser traicionado.

¿Cuál es la imagen que quiero reflejar ante los demás?

Soy una persona fuerte, confiable, justa y poderosa que actúa con claridad y firmeza.

¿Cuál es mi queja interior?

Si la gente fuera más decidida, directa y asertiva como yo, este mundo sería más productivo y menos conflictivo.

¿En dónde está mi mente la mayor parte del tiempo?

En tratar de mantener todo bajo mi control.

¿Cómo me convertí en un "OCHO"?

De niño tal vez viví alguna(s) de estas situaciones:

* A muy temprana edad conocí la adversidad (el hambre, la pobreza, la orfandad) y me hice un adulto chiquito. Crecí demasiado rápido, tuve que hacerme fuerte para protegerme y hacerme cargo de mi familia.
* Durante mi infancia, alguna persona con autoridad me humilló a tal grado con castigos, golpes, burlas, etcétera, que crecí con mucho odio y rencor hacia ese tipo de personas. Decidí protegerme al ser fuerte, agresivo y duro, para que nunca más se aprovecharan de mí. Me doy cuenta de que, entre más rechazado me sentí de niño, más rígido y rudo me comporto.
* "Sentían que su mundo era dominado por personas más grandes y más fuertes que querían controlar sus vidas. El niño luchó en contra de las condiciones injustas y sobrevivió utilizando cualquier tipo de enfrentamiento que lograra que sus enemigos dieran marcha atrás." [29]
* Viví rodeado de agresiones y de violencia física en mi entorno: palizas, torturas, peleas callejeras, pandilleros, violencia en la escuela, drogas, etcétera, y descubrí que el fuerte se come al débil. Por eso preferí controlar a ser controlado.
* Fui aplaudido y respetado por ser valiente, por nunca dejarme dominar y por jamás mostrar señales de debilidad. "¡Qué bueno que le diste su merecido y no lloraste!"
* Descubrí que mi fuerza y mi enorme energía provocaban miedo y respeto; a la vez, me sentía útil y orgulloso de defender y proteger a los débiles
* Empecé a crear mis propias reglas y a impartir justicia con mi propia mano: "Ojo por ojo."
* Aprendí que no se puede ir de bueno por la vida. Abrir mis sentimientos sólo me traía traición, rechazo y mucho sufrimiento. Me hice inmune al dolor y al miedo.

Experiencias de la infancia de personas tipo "OCHO":

Isabel, de 33 años, nos platica:

En la escuela, la madre superiora era muy violenta con todas las alumnas. Cuando alguien la desobedecía, le daba de reglazos en la cabeza y la ence-

---

[29] Palmer, Helen, *El Eneagrama*, p. 243.

rraba en un sótano oscuro durante el recreo. Ahí teníamos que rezar para pedir perdón por nuestro mal comportamiento. Mis padres lo consideraban como parte de la disciplina, pero para mí era humillante e injusto. Tuve que soportarlo durante los seis años que duró la primaria. Cuando llegué a secundaría, me sentía mucho más fuerte y segura. Guardaba mucho rencor y rabia hacia ella, por lo que un día fui a su oficina y la confronté. Le dije que si volvía a poner un dedo sobre mí o sobre alguna de mis hermanas, la mataría sin importarme las consecuencias. La fuerza que vio en mí cuando se lo dije hizo que jamás volviera a molestarnos.

Conocí a Rosa, de 51 años, en un taller sobre Eneagrama en San Francisco. Esto fue lo que contó:

Desde muy chica fui violada por mi padrastro durante siete años. Me daba terror decirle a mi madre porque él me tenía amenazada. Durante doce años he asistido a terapia y apenas comienzo a perdonarlos. El proceso fue muy duro para mí porque me enteré de que mi madre ya sabía que su esposo me violaba, y ella nunca hizo nada para impedirlo. El sustento económico era más importante para ella. Cuando llegué a mi adolescencia, me escapé de mi casa y juré nunca volver a verlos. En la actualidad rechazo a los hombres, soy fuerte y agresiva. Soy homosexual y vivo muy feliz con mi pareja.

Pancho, de 37 años:

Fui el típico niño problema de la escuela y la oveja negra de la familia. Recuerdo que pasé mi infancia castigado en mi cuarto. Los castigos tenían tanto una parte divertida como una peligrosa. En las noches me escapaba, me iba con mi "bola" de amigos a romper vidrios, a aventar huevos a los vecinos, a "ponchar" llantas, etcétera. La parte peligrosa me provocaba mucha adrenalina placentera. Yo era el héroe de todos mis amigos. Para no demostrar mi debilidad, me reía y me burlaba cuando me regañaban o me golpeaban. Otra estrategia que me funcionaba era usar gritos explosivos de ira y agresividad. Muy en mi interior me sentía muy solo, rechazado, amargado y triste. Antes muerto que demostrarle a alguien mi debilidad. Mi mirada dura y retadora volvía locos a mis maestros y a mis padres.

¿Cuáles pueden ser mis virtudes y talentos?

* Le inyecto alegría y entusiasmo a la vida, y contagio a los demás esta pasión por vivir.

- Tengo los pies en la tierra y mis ideas son claras y transparentes, lo que me permite estar al mando, coordinar y controlar cualquier situación por más adversa que sea.
- Hago que las cosas ocurran porque soy persistente, firme y me entrego con pasión. Sé tomar decisiones rápidas en momentos difíciles. Soy líder natural y tengo una capacidad de trabajo fuera de lo común.
- Mi personalidad arrolladora y mi fortaleza sólida e imponente inspiran a otros a confiar en mí y a seguirme en cualquier proyecto. Irradio un tipo de vitalidad que provoca en muchos una sensación de seguridad y protección.
- Mi *resiliencia* y fuerza de voluntad hacen que no desista, que no me rinda y me levante una y mil veces más, ya que crezco ante la adversidad y lucho con más ganas para conquistar mis metas.
- Soy una persona objetiva, realista, puedo ver mas allá e imaginar el futuro. Es por eso que me atraen y me estimulan los retos y proyectos grandes, pues nada ni nadie me da miedo. Acepto los desafíos. Entre más retador y difícil sea el proyecto, más motivado me siento.
- Tengo un amplio sentido de la justicia y la equidad, por lo que soy un gran defensor de los débiles y oprimidos. Mi sensibilidad ante las necesidades y el dolor humano me impulsa a trascender mis intereses en favor de un bien común.
- Observo y estudio con cuidado a mi adversario y puedo detectar con rapidez de qué pie cojea, su "talón de Aquiles".
- Intuyo con facilidad la mentira, lo falso, el engaño y la hipocresía.
- Me gusta construir a las personas, abrirles camino, hacerlas fuertes y seguras, sacarles su verdadero potencial y lanzarlas a la vida para que sean poderosas e independientes.

¿Cuáles pueden ser mis mayores defectos?

* Mi exceso de energía hace que me dirija a los demás de manera directa y brutal. Esto puede intimidarlos y lastimarlos profundamente. Al no darme cuenta del impacto que causan mis palabras, puedo aniquilar y aplastar las emociones y deseos de los demás.
* Desconozco el tamaño de mi fuerza interna. Son más rápidos mis impulsos que mi cabeza; a veces, por ser tan impaciente o querer salirme con la mía, uso más energía que la que se requiere en ese momento.
* Si me siento frustrado o enojado, puedo reaccionar con violencia. Me vuelvo agresivo, explosivo y hasta puedo insultar y golpear a alguien. Lo peor es que, una vez que desahogo mi ira, me siento muy bien. Dejo a la otra persona tambaleante y descontrolada por completo.
* Soy tan impulsivo y orgulloso que, una vez que tomo una decisión, no me echo para atrás aunque yo salga perjudicado. Castigo a los demás y no me importa que eso me perjudique, con tal de que no me vean débil.
* Mi agresión es pasiva; es decir, unas gotas de arsénico todos los días, hacen más daño que cualquier violencia física. "¡No entiendo para qué estudias si siempre has sido una estúpida!"
* Mi obsesión por querer controlar a los demás no es otra cosa que una gran inseguridad en mí mismo. Hago que la otra persona se sienta poseída y asfixiada por mí, a tal grado que puede llegar a hartarse y "mandarme a volar". También puede suceder que mi exagerado control aplaste y acabe con la autoestima de la otra persona.
* Enfurecido y enfermo, puedo mostrar lo más vil del ser humano. Puedo ser vengativo, cruel, patán y despiadado. Para mí, el fin justifica los medios. Puedo nulificar mis emociones y llegar a matar sin remordimiento alguno.

¿Cuál es mi punto ciego?

La lujuria, el exceso.

Como "OCHO", siento mi energía como un fuerte impulso interior que quiere salir, expandirse y manifestarse todo el tiempo.

Esta energía me gusta porque me hace sentir grande, fuerte, invencible y poderoso. Pero, por otro lado, me lleva a excesos que me provocan placer: comprar mucha ropa, autos, casas, relojes, comer enormes cantidades, trabajar hasta altas horas de la noche, ganar mucho dinero, poseer y controlar todo lo que me rodea, parrandear, bailar y cantar hasta el amanecer; así como abusar de las drogas, el sexo, el cigarro, sustancias tóxicas, hacer deporte como un loco desenfrenado, conducir el auto a alta velocidad, etcétera. En pocas palabras, disfrutar de todo aquello que me genere vigor e intensidad.

Cuando algo o alguien llama mi atención (como una casa, un negocio, ganar una pelea, una mujer, una antigüedad, un caballo) se convierte en un desafío divertido y placentero por el cual tengo que luchar hasta conquistarlo y hacerlo mío. Mi cuerpo se llena de adrenalina y vitalidad por conseguirlo. Una vez que lo tengo en mis manos, me vuelvo insaciable, no tengo límite ni freno alguno y busco tener más de lo mismo. Siempre tengo la sensación de querer hacer o tener más y más y más:

- Si probé las galletas de chocolate y me gustaron, quiero diez kilos de galletas y que toda mi familia y mis amigos las prueben.
- Si me gustó una camisa, quiero veinte, de diferentes colores.
- Si me gustaron los tacos de la esquina, me como quince en vez de tres.
- Si me gustan los autos deportivos, no quiero uno, quiero siete.

Este *exceso* es peligroso porque, entre más consigo lo que quiero, más energético, invencible y poderoso me siento en ese momento. Es mi manera de fingir que me siento vivo. Sin embargo, con el tiempo me invade de nuevo una sensación de vacío, de soledad e insatisfacción. Con tal de no sentirla, la niego y me lleno de actividad, de abundancia e intensidad.

Estoy muy consciente de que, si me dejo llevar por mis excesos, puedo hundirme y perderme en ellos con facilidad. Pueden ser tan desenfrenados que pierdo contacto con la realidad; me deshumanizo, me olvido de mi verdadera esencia y me hago insensible al dolor ajeno.

¿Cómo soy por dentro en realidad?

Detrás de mi fachada de dureza y fuerza hay mucha sensibilidad escondida. A veces quiero acercarme a otra persona pero no sé cómo hacerlo, pues soy muy sensible al rechazo y a que me lastimen. Me cuesta mucho trabajo abrirme a los demás y mostrarme como soy en realidad. Puedo ser tierno, cariñoso y hasta llorar ante algún detalle o suceso emotivo. Una caricia, un bebé, un animal pequeño pueden derretirme; sin embargo, me da miedo expresar mis verdaderos sentimientos porque me siento vulnerable, débil e impotente frente a los demás.

¡Vivir sin poder me mata! Me provoca ansiedad, descontrol y desconfianza. Por instinto, lo primero que hago cuando me siento inseguro es reprimir mis sentimientos. Puedo negar emociones y cualquier tipo de dolor físico, y mostrar una actitud de "todo lo puedo". En ocasiones, para no sentirme vulnerable y en descontrol, asusto a la gente con mi fuerza y mi tono brusco y directo. Esto me permite lograr que me obedezca, provocar miedo y evitar que se me acerque demasiado.

Desde luego, mi miedo y mi tristeza los vivo a solas; no permito que nadie me vea frágil ya que yo represento la fuerza, la protección, y los demás se apoyan en mí. Hay ocasiones en que me encantaría "soltar el cuerpo", bajar la guardia, descansar, aventar el poder y depender de alguien para que me cuide, me apapache y me quiera como soy.

Muy en el fondo no confío casi en nadie, vivo a la defensiva y preparado para un posible ataque. Me gusta y me interesa presionar, confrontar, probar a la gente y ponerle trabas para conocer sus reacciones más a fondo y saber hasta dónde le puedo soltar el poder. ¡Una vez que confío, me despreocupo y lo suelto!

Por la buena, soy generoso y los demás pueden hacer de mí lo que deseen. Sin embargo, si alguien quiere pasarse de listo, manipularme o traicionarme, despierta a mi gigante dormido, agresivo y feroz. Mi impulso me puede conducir a la venganza, al maltrato y al castigo, hasta que mi deseo de justicia y equidad quede satisfecho.

¿Qué es lo que me molesta de mi personalidad?

- Me presiono y me exijo demasiado. Aunque a veces no quiero hacer algo, me obligo y lo hago.
- Invado terrenos ajenos y me adjudico problemas que no son míos.
- Cuando alguien me provoca y me encuentra, a veces no puedo controlar a mi monstruo interior y después me arrepiento.
- A veces se me pasa la mano y puedo ser muy severo y duro con los demás.
- Por más que trato de decir las cosas de manera suave, sueno como dictador.
- Me identifico tanto con ser fuerte y valiente, que pongo en automático una barrera de hierro que evita que la gente se acerque a mí y conozca mis verdaderos sentimientos.

- No puedo controlar mi impaciencia y desesperación ante la gente blanda, indecisa y mediocre que anda con rodeos y no da la cara.
- Me enfurece la gente fuerte que se aprovecha, usa, pisotea o trata de manera injusta al débil. No me doy cuenta de que, si no maduro, hago lo mismo.
- Disfruto mucho de presionar, provocar, molestar, confrontar y discutir con intensidad, sin darme cuenta del rechazo y del impacto negativo que genero en los demás.
- Me siento mal de saber que hay gente que me quiere y no se acerca a mí porque la intimido.
- Soy rencoroso; me cuesta trabajo olvidar la traición y las heridas hasta que hago justicia, me desquito o saldo cuentas.
- Me duele saber que mucha gente me tolera y me obedece más por miedo o por imposición que por mi liderazgo, cariño y convicción.
- No sé manejarme en el terreno de la sensibilidad y la ternura. Puedo sentirlas un rato y, de inmediato, me freno y vuelvo a mi postura fría y defensiva.
- Mi egoísmo puede llegar a tal grado que puedo vivir y trabajar durante años con la misma persona y no querer saber nada de su vida íntima.
- Con frecuencia el punto medio se me va de las manos: estoy eufórico o apagado; me interesa o me aburre; es listo o es un idiota; te abrazo de manera efusiva o te ignoro.
- Cuando me enojo, me cierro, niego lo que no me conviene, desprecio cualquier opinión, busco a quien culpar y me convierto en el dueño de la verdad.

¿Cómo soy en mi mejor momento?

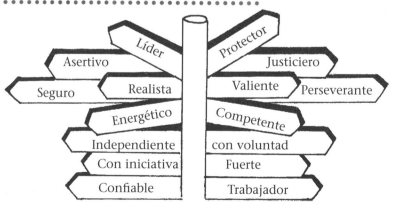

¿Cómo soy en mi peor momento?

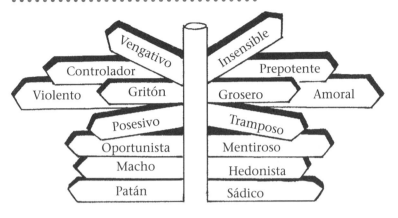

Vengativo
Insensible
Controlador
Prepotente
Violento
Gritón
Grosero
Amoral
Posesivo
Tramposo
Oportunista
Mentiroso
Macho
Hedonista
Patán
Sádico

¿Cómo es mi estilo para hablar?

Evito andarme con rodeos. Me comunico de forma clara, directa, segura y voy al grano. Mi voz tiene una fuerza que puede motivar y convencer, o puede lastimar y ahuyentar. Utilizo mucho la palabra "no". Estoy tan acostumbrado a dar órdenes, exigir y hablar de manera imperativa y brusca que tiendo a descuidar la forma de pedir las cosas, lo que puede interpretarse como arrogancia y mal humor: "Quiero esto ahora, ven para acá, tráeme, hazme esto rápido, ve y dile."

Puedo emplear palabras fuertes, altisonantes o groseras con amigos para reforzar nuestra confianza y amistad. De igual manera, puedo usarlas de manera impulsiva o agresiva para imponer mi voluntad, menospreciar o intimidar a alguien.

¿Cómo es mi lenguaje no verbal?

Siempre estoy en constante actividad y mi gran energía evita que me canse o me enferme. Tengo un aspecto firme y seguro, lo cual hace que se sienta mi presencia en todas partes. En ocasiones, mi personalidad asusta e incomoda a muchas personas y mi modo de ser exige respeto de los demás.

Puedo presentar una postura prepotente y autoritaria, y "barrer" a la gente con una mirada despectiva. Guardo mi distancia, mi mano es firme al saludar y mi contacto visual es tan intenso que a muchas personas les intimida mi mirada. Algunos somos muy gritones y ruidosos, mientras otros somos más prudentes y callados.

Una gran mayoría de "OCHOS" tenemos problemas de sobrepeso; otros, en cambio, nos vamos al otro extremo y somos delgados y enjutos.

¿Qué país representa mi tipo de personalidad?

España[30] porque es directo y asertivo.

---

[30] Rohr, Richard, *The Eneagram The Discernment of Spirits*.www.cacradicalgrace.org compact discs type #8

¿Qué animal representa mi tipo de personalidad?

El tigre[31] porque es seguro, dominante y agresivo.

¿Qué es lo que más evito?

Mostrarme débil y vulnerable.

¿Qué es lo que más me enoja?

La injusticia y el oportunismo en contra de personas que no pueden defenderse. El engaño, la mentira, que me oculten o disfracen la información por más negativa o insignificante que ésta sea. No soporto que los demás me desobedezcan, que intenten darme órdenes, que me impongan algo o que decidan por mí. Odio a la gente indirecta que no va al grano, que evita dar la cara y que no se hace responsable de sus actos. Me molesta el mediocre, el hipócrita que echa culpas, el que no toma postura ni decisiones, el que se esconde y se pega al que más le conviene.

¿Cuáles son mis alas?

 Mis alas son "NUEVE" y "SIETE". Estas energías van a influir, mucho o poco, en mi tipo de personalidad durante toda mi vida.

---

[31] Pangrazzi, Arnaldo, *El Enneagrama*, p. 113.

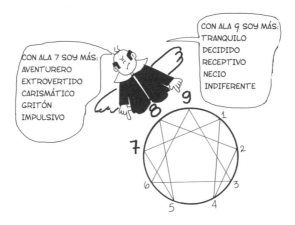

Si soy un "OCHO" con ala "SIETE" más fuerte o más desarrollada (8/7):
Soy un "OCHO" mucho más sociable, independiente, enérgico, aventurero, extrovertido y carismático que el 8/9. Mezclado con la energía del "SIETE" tengo una mayor agilidad mental, soy más activo, arriesgado, emprendedor y ambicioso. Mi atención se dirige hacia los negocios combinados con relaciones sociales y contactos de poder. Soy más protagónico, simpático y seductor.

Parte negativa: Soy muy vanidoso y presumo todo lo fuerte y poderoso que soy. Más impulsivo, brusco, adictivo, ruidoso y hablador. Poco tolerante a la frustración, me enojo y exploto con rapidez. Violento y muy agresivo. Más materialista y hedonista que el 8/9.

Ejemplos de 8/7: Pancho Villa, Richard Burton, Danny De Vito, Frank Sinatra, Donald Trump.

Si soy un "OCHO" con ala "NUEVE" más fuerte o más desarrollada (8/9):
Soy un "OCHO" mucho más serio, sereno, receptivo, menos pretencioso, gentil, tranquilo y ecuánime que el 8/7. Mezclado con la energía del "NUEVE", tengo más tacto para mandar e influir sobre la gente. Domino con mi presencia, no grito ni exploto con facilidad. Puedo ser amable pero a la vez tímido y reservado en términos sociales. Soy más observador, paciente, callado y hablo más despacio, pero con fuerza e intensidad.

"Estas personas parecen tener una doble naturaleza; se manifiestan de un modo distinto en diferentes aspectos de su vida. Por ejemplo, pueden ser acogedoras y afectuosas en su casa, pero muy enérgicas y agresivas en el trabajo".[32]

Parte negativa: Soy más terco, frío, necio, insensible y cerrado. Ignoro a la gente y me comporto con indiferencia. Tardo en enojarme pero, cuando exploto, intimido con mi fuerza y mi agresividad, lo cual aterra a las personas. Mi venganza no es inmediata: la planeo de manera inteligente.

Ejemplos de 8/9: Fidel Castro, Michael Douglas, Sean Connery, Indira Gandhi.

¿Cómo me comporto cuando estoy relajado o estresado?

 "El Eneagrama no es estático. Nos movemos con frecuencia de un lado al otro. Los movimientos pueden ser temporales o duraderos, según la madurez de la persona."

Cuando estoy relajado:

Según las líneas del diagrama, podemos observar que el "OCHO" se mueve hacia el "DOS" en una dirección y hacia el "CINCO" en otra.

Cuando me siento seguro y relajado, primero muestro lo mejor de mi tipo de personalidad "OCHO": confiable, protector, cálido y generoso. Después, según este camino, adopto *la parte positiva del "DOS"* y me comporto

---

[32] Riso, Don y Russ Hudson, *La sabiduría del Eneagrama,* p. 305.

de la siguiente manera: (Recomiendo leer la personalidad "DOS" para entender mejor el comportamiento)

* Me vuelvo más espontáneo, abierto, cariñoso y expresivo.
* Me muestro más humano y sensible hacia las necesidades de los demás.
* Utilizo mi vitalidad para impulsar y ayudar a las personas a ser fuertes y autónomas.
* Bajo la guardia, me deshago de mis defensas y me doy cuenta de lo mucho que quiero y necesito a las personas.
* Empiezo a disfrutar de mi parte sensible, aunque no dejo de sentirme expuesto y desprotegido a ratos.

Asimismo, al ser el Eneagrama un sistema dinámico, también puedo tomar *partes negativas del "DOS"*.

* Manipulo y amedrento a la gente, le ofrezco mi ayuda y protección a cambio de algo.
* Mi posición de protector y salvador del mundo me convierte en un soberbio arrogante.
* Me vuelvo celoso, dependiente, infantil y berrinchudo.

Cuando estoy estresado:
Cuando me siento tenso, estresado o nervioso, primero muestro lo peor de mi personalidad: agresivo, controlador, impulsivo y mentiroso. Después, según esta dirección, adopto *la parte negativa del "CINCO"* y me comporto de la siguiente manera:

* Evito a las personas, me vuelvo reservado, suspicaz, tenso y callado. No permito que nadie me aconseje o me apapache.
* Me aíslo, me siento solo, desesperado, frustrado y traicionado. Planeo mis acciones y mi venganza.
* Descuido mi salud, mi aspecto físico y mi alimentación; sufro de apatía e insomnio.
* Me vuelvo escéptico y desconfío hasta de mi propia gente.
* Me caigo mal, me odio a mí mismo, me maldigo, me siento culpable y deprimido.

Asimismo, al ser el Eneagrama un sistema dinámico, también puedo tomar la *parte positiva del "CINCO"*:

- Controlo mi impulsividad; pienso y planeo antes de reaccionar.
- Tomo distancia y percibo las cosas con mayor objetividad y claridad.
- Descubro lo poderoso que es tener conocimiento e información.

¿Qué le atrajo a mi pareja de mí, que después se convirtió en una pesadilla?

"Todos tenemos cualidades especiales y nos sentimos orgullosos de ellas pero, a veces, tendemos a exagerarlas. En esos casos, esas cualidades pueden convertirse en nuestros peores enemigos y hasta pueden llegar a destruirnos de manera inconsciente."

Al principio, mi pareja pudo enamorarse de mi carisma, de mi empuje y fuerza interior para lograr todo lo que quería. Le cautivó mi personalidad arrolladora. Es probable que le atrajera mi combinación de aplomo y seguridad con rasgos de ternura y gentileza. Le derretía mi generosidad en todos los sentidos: detalles, regalazos, muestras excesivas de cariño. La complacía en todo, la hacía sentir como si fuera el centro de mi vida. A mi pareja le encantaba sentir mi protección y mi apoyo en momentos difíciles. Algo que le sorprendía era mi independencia y mi capacidad de trabajo; admiraba que pudiera tener todo bajo control. Me decía: "¿Cómo puedes con tantas cosas a la vez: oficina, casa, diversión, viajes…? Eres el salvador de todos; resuelves y te encargas de los problemas de tus papás, hermanos, empleados, etcétera. ¡Es increíble cómo puedes controlar todo!" Se reía y divertía con mi audacia para hacer cosas prohibidas y romper reglas, con mi forma tan espontánea y franca para decir las cosas tal como son.

Con el paso del tiempo, mis virtudes se convirtieron en mis peores enemigos. Lo que más le hartó a mi pareja de mí fue el excesivo control y los celos. Decía que poco a poco la envolví en mis redes de regalos y amor, y que la dominé hasta que me adueñé de ella y la convertí en una más de mis posesiones. Poco a poco, mis impulsos agresivos minaron su personalidad: la hice insegura y miedosa. La moldeé a mi modo de ser pues quien mandaba y decidía en la relación era yo. Se sentía atrapada e invadida por mí; tenía que saber absolutamente todo acerca de mi pareja para sentirme seguro. Con frecuencia le preguntaba: "¿Qué piensas?, ¿qué sientes?, ¿con quién fuiste?, ¿de qué platicaste?, ¿por qué te pusiste esa ropa?, ¿a quién saludaste con tanto cariño?"

Se quejaba de que, por una parte, yo la controlaba y desconfiaba siempre; ¡pero cuidado con que quisiera controlarme en algo a mí! Yo no lo permitía; es de las cosas que más odio. Mi pareja me decía con frecuencia: "Me dices que soy lo máximo, el amor de tu vida y que sin mí te mueres. Sin embargo, por una mirada o un simple comentario armas grandes pleitos…"

Le hacía escenas inconcebibles de celos, con comentarios sarcásticos y burdos que la dejaban temblorosa. Su peor queja era: "Siempre niegas, volteas todo a tu conveniencia y termino por pedirte perdón para llevar la fiesta en paz", hasta que un día se cansó.

Algo que terminó con nuestra relación fue mi agresión pasiva; es decir, invalidaba o despreciaba sus opiniones, la hacía sentir tonta o lenta.

También se cansó de mis excesos y egoísmo; de que yo fuera el cascabel o el cascarrabias del lugar. Cuando algo me gustaba, no quería que terminara; sin embargo, si no me interesaba lo suyo, me ponía de malas y a todos contagiaba mi mal humor. Le molestaba mi falta de tacto y mi audacia para hacer o decir lo que me venía en gana. Se hartó de mi frialdad; decía que yo temía abrir mi corazón por miedo a parecer débil.

¿Cómo soy en el trabajo?

Pienso en grande: soy visionario, trabajador y realizador; la autoridad en cualquier área de trabajo. Si no lo soy, lucho por serlo. Cuando estoy en desacuerdo con alguna situación interna, hago la guerra y no dejo de presionar hasta conseguir mi objetivo. Mi postura es firme y no veo medias tintas: o estás conmigo o no lo estás. Soy muy hábil para saber cuál botón apretar y tocar el punto débil, provocar y enganchar a cualquiera. Me gusta hacer preguntas asertivas y directas; ante respuestas ambiguas o no sustentadas, impongo mi fuerza y presiono hasta conseguir respuestas claras.

Me gustan los reflectores y que la atención se dirija hacia mí. Tengo facilidad de palabra para entusiasmar y motivar a mi gente, y puedo apantallarla si finjo tener grandes conocimientos.

Soy hombre de acción, no me asustan los retos, los peligros, los problemas o la competencia abierta con el enemigo; por el contrario, me estimulan, me excitan, me inyectan fuerza y decisión para acabar con mi adversario. En cambio, cuando el negocio fluye sin problemas y "estoy de ocioso", me convierto en un dolor de cabeza para los demás, pues me meto en donde no me corresponde y la gente empieza a alucinarme.

Me gusta estar constantemente informado de lo que sucede a mi alrededor. ¡Quiero saberlo todo! No soporto que me suavicen, escondan o manipulen la información. Ésta debe ser clara y detallada, por más cruda o tonta que sea.

Me enojo con facilidad y no tengo dificultades para expresarlo; utilizo la ironía y admiro a las personas que, en vez de amedrentarse ante mi ira, me enfrentan de forma directa y honesta para expresar su desacuerdo. Respeto a las personas que no ponen pretextos ni culpan a los demás, admiten sus errores y no temen poner las cosas claras sobre la mesa. Me gusta relacionarme con gente fuerte como yo. A los que se hacen poquita cosa y se encubren, los vomito.

Para tomar decisiones me dejo llevar por mis instintos y corazonadas, más que por análisis y estudios profundos. Me cuesta trabajo delegar; sin embargo, necesito de gente confiable para lograr todas mis metas. Pruebo, presiono y observo cómo reacciona una persona ante diferentes circunstancias. Si es honesta, fuerte y confiable, la protejo y le suelto el control; de lo contrario, la despido en el momento. Creo en las reglas y en la autoridad; sin embargo, si éstas no me benefician o me estorban, las rompo a mi antojo.

Ya me conocí, ahora ¿qué sigue?

Una vez que descubro mi tipo de personalidad "OCHO", debo observarme detalladamente y cuestionarme: ¿qué tan equilibrada está mi personalidad en términos mentales y emocionales?

"De acuerdo con Riso y Hudson, dos personas con el mismo tipo de personalidad, una sana y equilibrada y otra inmadura o desequilibrada, se ven y se comportan de forma diferente por completo, lo cual nos confunde en el momento de identificarnos."

Éste es un resumen de lo que aprendí durante mi entrenamiento con Don Riso y Ross Hudson acerca de la manera en la cual la personalidad puede degenerarse si no se trabaja.

Si soy un "OCHO" sano y equilibrado:

Soy una persona plena y alegre, con una gran vitalidad. Me siento vivo, siento pasión por vivir, por lograr, por iniciar, por construir un mundo mejor; encauso mi energía hacia los retos y la acción. Vivo muy en contacto con mi intuición. Soy astuto, muy práctico y veo un mundo de posibilidades en donde puedo combinar mis propias ambiciones con un bien común: reconstruir un hospital, crear una fundación, construir una iglesia, amasar grandes fortunas. Me ubico donde pueda apoyar una causa noble o dejar un legado para las siguientes generaciones. Soy una persona honesta, decidida, confiable y segura de mí misma. Tengo una personalidad sólida, me gusta tomar el mando y reconozco en mí una fuerza natural que inspira, motiva y mueve a la gente a seguirme y a buscar mi consejo por su voluntad. Soy equitativo y me preocupo tanto por mi bienestar como por el de los demás. Protejo, cuido, dejo ser y trato con justicia y dignidad a mi gente. Quiero hacerla fuerte, competente y confiable.

Aprendo de la adversidad y de mis caídas. Por dentro me siento vivo y, por ende, estoy en contacto con mi parte vulnerable y sensible. No soy de piedra y puedo mostrar de cariño, compasión, miedo, tristeza y gentileza a mis seres queridos sin ningún temor. Me llena el corazón de satisfacción que muchas personas consideren un privilegio tenerme cerca.

Si soy un "OCHO" promedio:

Aquí ya empiezo a sentirme inseguro de mí mismo y de no cumplir todas mis metas. Quiero probarme y demostrarle al mundo entero que soy auto-suficiente y más fuerte que los demás. En mi interior endurezco y empiezo a deshumanizarme; finjo tener confianza y fortaleza, y es por eso que me vuelvo más reactivo y agresivo. Desconfío de la gente y levanto mis defensas para no ser lastimado. Aún soy líder, pero de forma impositiva, ya no por convicción sino porque ejerzo una fuerza falsa: empujo, obligo y presiono. Dentro de mí crece una obsesión por controlar y tener poder sobre mi entorno. Tomo la actitud retadora de "las puedo de todas, todas".

Como deseo ser una persona poderosa y exitosa, trabajo muy duro y me arriesgo en retos y proyectos que prometan grandes utilidades y confirmen mi grandeza. Necesito dinero para ser yo quien manda, quien decide, quien protege, quien paga; a fin de cuentas, quien tiene el dominio absoluto de todo. Soy persistente, audaz y terco para cumplir mis ideales. Es tal mi hambre y adrenalina por el triunfo y el poder que me vuelvo adicto al trabajo. Como consecuencia, mis relaciones interpersonales se deterioran. Me dejan de importar los sentimientos y las necesidades de los demás.

Conforme bajo de nivel, mis aires de grandeza y mi agresividad aumentan. Me vuelvo presumido, vanidoso y egoísta; provoco, presiono, utilizo y amenazo a la gente. Impongo mi palabra y mi verdad; nunca me echo para atrás, aunque salga perjudicado. Lo curioso es que tengo momentos tan sensibles que puedo llorar por una causa particular, pero después paso a una agresividad brutal. Me siento el rey del universo y quiero que mis súbditos me reconozcan y obedezcan como tal.

Promuevo y prometo el cielo y las estrellas, digo mentiras. Para conseguir mi objetivo, aplico mi fuerza, intimido, humillo, asusto y extorsiono a la gente para que caiga en mis redes. Soy muy explosivo y trato a la gente de manera despectiva, lo cual provoca odio, rencor y rechazo hacía mí.

Si soy un "OCHO" tóxico o desequilibrado:

En este nivel ya no tengo corazón ni sentimientos de culpabilidad. Siento que mi propia gente me traiciona y se rebela contra mí. Esto me provoca rabia y una gran soledad. Mi único deseo es sobrevivir a cualquier costo y asegurar mi protección. Hago lo que sea necesario con tal de demostrar que todavía tengo el poder absoluto. Me salgo de control con violencia y manifiesto mis impulsos agresivos y mi parte animal. Tanto mi familia como mi gente se someten a mis decisiones, a mis castigos y a mi control. Puedo herirlos con palabras, golpearlos o abusar físicamente de ellos sin piedad alguna. No le tengo miedo a nada ni a nadie. Me convierto en un tirano y en un patán despiadado. En esta guerra todo se vale: hago justicia con mi propia mano, me vuelvo corrupto, vengativo, oportunista, amoral, tramposo y cruel. Me da lo mismo robar, lastimar, torturar, cortar un dedo o matar. No siento remordimiento ni vergüenza alguna, pues percibo a las personas como cosas.

Me gusta ser malo porque me siento orgulloso, fuerte e invencible. Estoy al mismo nivel de Dios. Ya perdí contacto con la realidad. Niego mis debilidades y desafío a la vida al sentirme *todopoderoso*. Aunque esté tan desintegrado, no he perdido la capacidad de reconocer que mi poder tiene un límite y, en el caso de que me sienta atrapado o en gran desventaja, prefiero mil veces destruirlo todo (imperio, casa, negocio, familia o pareja) que doblegarme ante los demás.

¿Cómo puedo mejorar?

* Tu verdadera fuerza radica en permanecer en tu centro y no perder el control ante situaciones en que tus impulsos gritan por salir. Es decir, aprende a domesticar a tu fiera interna, a controlarte, a saber cuándo emplear tu energía y cuándo dejar de hacerlo para que ésta trabaje a tu favor y no en tu contra.
* Tu trabajo consiste en encausar toda esa energía de una manera positiva: ayuda, construye e impulsa en lugar de destruir, oprimir y controlar.
* Utilza tu vitalidad y energía para marcar una huella, un camino, un legado para que lo continúe quien venga detrás de ti.
* Uno de tus grandes retos consiste en deshacerte de toda esa armadura que te impide reconocer tu sensibilidad. Una vez ahí déjate sentir y exprésale a la gente que la quieres.
* Reconoce que, aunque eres fuerte y poderoso, necesitas mucho del cariño, apoyo y ayuda de los demás.
* Observa y haz conciencia del impacto tanto positivo como negativo que tiene tu energía sobre los demás.
* Intenta encontrar en tu vida el punto medio, las tonalidades de grises, la moderación, y evita vivir en los extremos de "todo o nada".
* Si te interesa conocer de verdad a las personas, necesitas bajar tus defensas y aprender a estar en el momento, a ser más receptivo con los demás sin juzgar ni imponer, sólo aceptar.
* Cuando vives en los excesos te sientes poderoso e invencible; sin embargo, esta fortaleza es fingida porque no viene de tu esencia sino de una adrenalina exterior.
* Percibe lo cansado y agotador que es utilizar más energía de la necesaria para controlar, presionar o salirte con la tuya, en lugar de confiar y aceptar la realidad tal como es.
* Acepta que, detrás de tu agresión, hay mucho miedo escondido que no quieres reconocer.
* Aprende a frenarte, cuenta hasta diez, reflexiona y dirige la información antes de tomar una decisión impulsiva y acelerada.
* Es mucho más fuerte una persona que es sensible y vulnerable que quien reprime y niega sus propios sentimientos.
* Un gran reto para ti es: cada vez que notes tu impulsividad sobre otros, sé humilde, ofrece una disculpa y vuélvelo a expresar de manera asertiva, sin agredir ni lastimar.

¿Cómo me gustaría que me trataras?

- Háblame sin rodeos, no me adornes o disfraces las cosas. Sé directo y ve al grano.
- Si quieres mi confianza, demuéstrame que eres fuerte, leal y justo, cumple con lo que prometes y nunca me mientas.
- Si no estás de acuerdo conmigo, no importa; me divierte y me estimula una confrontación inteligente y sustentada.
- Admiro a la gente fuerte, que lucha, que establece sus límites y que no me permite ganarle con facilidad.
- Nunca intentes prohibirme algo, tampoco darme órdenes, manipularme, controlarme o imponerme. No decidas por mí, porque "te mando a volar".
- A ratos disfruto de estar a solas. Respeta mi privacidad y no me lo cuestiones.
- Me atrae la gente que quiere valerse por sí misma y con gusto puedo ayudarla y asesorar, pero no soporto que se cuelgue o se aproveche de mí.
- Si quieres que te preste atención, no me tengas miedo, mírame a los ojos, escúchame con atención y después, de manera asertiva y clara, expresa tus puntos de vista.
- Acepta mi manera brusca y directa de hablar; no pienses que intento atacarte.
- Aunque no lo aparente, soy muy sensible y tengo un gran corazón; sin embargo, no domino ese terreno. Enséñame con suavidad a hacer contacto con mis sentimientos y a expresarlos.
- Métete a mi mundo, a mi intensidad, y disfruta conmigo de los placeres de la vida: comer, viajar, divertirnos, tener nuevas aventuras y experiencias, etcétera.
- Hazme notar cuando mi forma brusca de hablar o mis comentarios lastimen a otras personas.
- Enséñame a no confundir franqueza con majadería o falta de respeto.
- Nunca minimices mi pasión por algo que deseo.
- Cuando sientas que está a punto de darme un ataque de intensidad o que se hace presente mi espíritu "fregativo", no te enganches. Mejor ignórame de manera inteligente.

Testimonio de un "OCHO" transformado:

Comencé a madurar cuando mi matrimonio se fue "a pique". En ese entonces era yo un joven empresario muy importante y con mucho poder en la sociedad. Tanto mis socios como mis empleados me respetaban y mostraban cierto miedo hacia mí, lo cual disfrutaba. Mi empuje, mis contactos, mi tenacidad y trabajo hicieron que el negocio creciera a niveles exorbitantes. Me volví millonario a muy corta edad. El éxito se me subió a la cabeza y me enfermé de poder. Me casé con María, una mujer muy guapa y adinerada cuya familia no me aceptaba, lo cual generó un tremendo resentimiento en mí.

Una vez casados, le prohibí a mi mujer frecuentar a su familia y poco a poco la convencí de que me permitiera administrar su capital. Al principio le molestó, pero poco a poco se acostumbró a mi dominio y control pues la trataba como a una reina y complacía todos sus caprichos.

Sin embargo, no la dejaba trabajar ni le soltaba la chequera o la tarjeta de crédito. Tenía que pedirme el dinero y especificarme en qué lo iba a gastar. Me gustaba sentir el control y que dependiera de mí. De esta manera me aseguraba que no pudiera abandonarme. Con el tiempo me enfermé de celos, me sentía solo, la veía más guapa y segura y sentía que hasta el carnicero estaba enamorado de ella. Me volvía loco de ira; llegué a golpearla, a humillarla y hasta a encerrarla porque sentía que me traicionaba. Era tal mi inseguridad que mandaba a mi gente a espiarla en los restaurantes, en el club deportivo o en el supermercado.

Llegué a prohibirle que tomara clases fuera de nuestra casa y le contraté un maestro particular. Grande fue mi sorpresa cuando, al poco tiempo, ella se enamoró del "maestrito" mediocre.

Al descubrirlo, fue tal mi rabia que, para vengarme, ordené a los sirvientes que llevaran al jardín toda su ropa, joyas, abrigos de mink, bolsas y zapatos y, frente a ella, les prendí fuego. Luego la corrí en pijama de mi casa para nunca volver a verla.

Esa noche lloré como un bebé. La amaba apasionadamente y sabía que podía reconquistarla, pero primero muerto antes que lucir débil. Me vi inmerso en la soledad, el alcohol, el vacío y la tristeza. Era millonario y me sentía infeliz.

Fue a través del Eneagrama que empecé a ver luz. Me conocí y me di cuenta de lo enfermo que estaba. Entendí por qué me comportaba así. Me costó muchos años poder controlar mis celos y reconocer mi gran inseguridad; tocar fondo, enfrentar mis miedos y sentirme vulnerable e indefenso fue mi salvación. Descubrí que, entre más quería controlar, más inseguro me sentía. Empecé poco a poco a cambiar y a ver la vida de diferente manera. Hoy puedo decir que controlo noventa por ciento de mis impulsos y balanceo mi enorme energía, misma que hizo daño a tanta gente. He aprendido que un pequeño cambio en mi persona cada día, con el tiempo se convierte en una plataforma para construir grandes estructuras.

Me doy cuenta de que no puedo solo. Necesito cariño, apoyo y una pareja con quien compartir todas mis ilusiones, mis miedos, mis inseguridades y mi pasión por la vida. Deseo formar una familia y tener una relación más equitativa en la que pueda proveer y proteger pero a la vez me sienta amado y protegido. Quiero encontrar una nueva oportunidad de dar, de servir más allá y contribuir a formar un mundo mejor.

Personalidad tipo
"NUEVE"

Conciliador, tranquilo, adaptable, mediador,
sereno, paciente, relajado, rutinario.

 "Para saber si eres un tipo de personalidad 'NUEVE', debes identificarte al menos con setenta por ciento de sus características. Recuerda que éstas varían según cada persona. Toma en cuenta el rango entre 18 y 30 años de edad, ya que es en este periodo cuando la personalidad está más definida."

¿Cómo soy en general?

Soy una persona cálida, tranquila, acogedora, optimista y muy amigable. Soy buen escucha, buen amigo y querido por muchas personas. La gente disfruta de mi compañía porque soy fácil, práctico, flexible y muy adaptable; me dicen que proyecto paz y que se sienten seguros y muy a gusto cuando están cerca de mí. Mi naturaleza es buena, me gusta hacer el bien, soy ingenuo, nada pretencioso, moderado y mesurado para vivir. Evito la intensidad en todo, tanto en la alegría como en la tristeza. Que nada me perturbe o me haga "ruido", ya que prefiero la tranquilidad y el equilibrio.

Me dicen mediador porque soy muy bueno para arbitrar cualquier situación en donde se presente una crisis, un problema o una confrontación. Puedo ver las dos caras de la moneda: puedo ver con facilidad los argumentos de cada lado, entenderlos y expresarlos con calma para que las dos partes dialoguen en paz y armonía.

Me gusta mucho mi casa, lo simple y tranquilo de la vida, la familia, mis costumbres, la rutina, lo conocido. Me gusta la comodidad y vivir muy bien, por lo que me atrae mucho todo lo nuevo en tecnología que me simplifique la vida o que la haga más confortable y práctica. Tiendo a acumular y a coleccionar cosas; de hecho, me resulta difícil desprenderme de ellas, ya que siempre encuentro una justificación para no desecharlas: "Me costó carísimo; me lo regaló mi mamá; por si engordo; por si enflaco; tal vez me sirva en unos años."

¡Mi "talón de Aquiles" son los problemas! ¡Me cuesta gritar, ser agresivo y defenderme! Es por eso que evito al máximo los conflictos y las discusiones, y hago lo imposible por buscar soluciones pacíficas. Casi siempre termino por ceder con tal de no enojarme. Mi lema podría ser: "No te compliques; busca paz y el lado fácil de la vida." Pienso que no hay que tomar tan en serio los problemas, ¿para qué sufrir? Es mejor darles tiempo para que se resuelvan solos.

Me cuesta trabajo expresar mis sentimientos de dolor y de tristeza, soy muy sensible a la crítica y casi nunca me enojo. Aguanto y aguanto mucho, pero el día que llego a mi tope, exploto a tal grado que saco toda la presión que llevaba guardada y me vuelvo un monstruo irreconocible.

Me gusta complacer, estar pendiente de los demás y olvidarme de mí mismo, y sé distinguir con mucha claridad lo que quieren, lo que les conviene y lo que necesitan los demás. No obstante, cuando se trata de saber lo que en realidad quiero yo, no lo tengo muy claro; por tanto, prefiero quedarme en segundo plano y adaptarme a los demás para no crear problemas.

No sé por qué, pero muchas veces no me siento especial. Aunque exijo poco, siento que no merezco y que no tengo derechos. Entonces me vuelvo conformista: "Primero el otro y después yo."

Soy simpático y tengo muy buen humor. También soy muy distraído; mi mente se me escapa con facilidad, por lo que es no es raro que de repente haga una cosa distinta de la que planeé en un principio.

¿Qué personajes representan mi tipo de personalidad?

Dalai Lama, Sandra Bullock, Barack Obama, Amanda Seyfried, Kevin Costner, Luciano Pavarotti, Tobey Maguire, Morgan Freeman, Rebecca de Alba, René Zellweger, Stan Laurel (serie *El gordo y el flaco*), Ronaldinho, Antonio Banderas, "Chabelo", Rigoberta Menchú, Sancho Panza, Marge Simpson, Mafalda, Winnie Pooh, Mr. Magoo, Ringo Starr, Gerald Ford, reina Sofía de España, Carl Jung, Carl Rogers, Walt Disney, Audrey Hepburn, Rose Kennedy, Linda Evans, Clint Eastwood, Grace Kelly de Mónaco, Lisa Kudrow (serie *Friends*), Miranda (esposa de Julio Iglesias).

¿Cómo percibo el mundo?

Este mundo no me toma en cuenta ni me valora lo suficiente. ¿Para qué esforzarme si es más fácil no hacer ruido, ceder, fluir, adaptarme a los demás y así tener una vida armoniosa, confortable y llena de paz?

¿Qué estoy buscando?

* Paz y armonía.
* Unirme con el otro de manera profunda.
* Tranquilidad interna.

¿A qué le tengo miedo?

* A confrontar y a enfrentar mis problemas.
* A sentir que no valgo nada.
* Al cambio y a la pérdida.
* A ver la realidad tal como es.
* A la separación, a quedarme solo.

¿Cuál es la imagen que quiero reflejar ante los demás?

Soy una persona tranquila, estoy a gusto y en paz.

¿Cuál es mi queja interior?

Si la gente fuera más relajada y tranquila, como yo, habría más armonía en el mundo.

¿En dónde está mi mente la mayor parte del tiempo?

* En el mundo de afuera, en las necesidades y proyectos de los demás.
* Mi mente se distrae con mucha facilidad, es muy dispersa, se me escapa del momento presente a cualquier cosa del medio ambiente que atraiga mi atención: imagen, cosa, idea, preocupación, etcétera.

¿Cómo me convertí en un "NUEVE"?

De niño pude haber vivido alguna(s) de estas situaciones:
* Tuve unos padres sobreprotectores, con una vida hermosa y mucha comodidad en la que resolvieron a tal grado mi vida que me privaron de anhelar y de luchar por algo, de tomar mis propias decisiones y de ser independiente.
* Fui querido por mi familia; sin embargo, también me sentí ignorado, no visto ni escuchado, lo cual me provocó un sentimiento de que no soy importante y no valgo.
* Crecí en una familia muy numerosa en la que tuve que aprender a adaptarme a todo, a fluir con la corriente, a dar antes que solicitar, a no ocasionar problemas, a tener pocas necesidades y a resignarme a recibir poca atención.

- De niño nunca me sentí especial ni importante para mis padres, ya que mis hermanos los acapararon por su simpatía, por su gran energía o por su mal comportamiento, y yo me quedé a un lado.
- Mis necesidades, mis opiniones y mis sentimientos no eran tomados en cuenta, les eran indiferentes a mis padres. Para no sentir ese dolor tan profundo, aprendí a insensibilizarme. Me olvidé de mí mismo, tomé la vida de los otros como propia y me entusiasmé con sus ideas como si fueran mías.
- Hice grandes esfuerzos para que me quisieran: reprimí a tal grado mi voluntad y mis necesidades que me desconecté por completo de mis emociones; es decir, aprendí a no sentir ni a expresar mi enojo y a no tener voluntad propia para actuar.
- Cuando había problemas, aprendí a minimizarlos, a no darles importancia y a distraerme con actividades agradables como comer, ver televisión, coleccionar cosas, leer, jugar, etcétera; es decir, sustitutos temporales de cariño.

He aquí experiencias de personas tipo "NUEVE":

Martha, una canadiense que participó conmigo en un curso en Estados Unidos, no recuerdo su edad, nos platicó:

Después de mí, nació mi hermano con síndrome de Down. Toda la atención era para él. Recuerdo que era muy pequeña cuando mi mamá me dijo: "Más vale que no me des lata porque, si lo haces, te mando a un internado." La idea me daba terror, por lo que intenté ser una niña buena.

Diego, de 52 años, recuerda:

Fui el menor de mis ocho hermanos. En esa época, mi mamá trabajaba y la verdad es que siento que nunca me hizo mucho caso. Recuerdo una vez, cuando me fui a estudiar al extranjero, regresé a mi casa para pasar vacaciones y me sorprendió que ninguno de mis familiares fuera a recogerme. Tomé un taxi y, al llegar a mi casa, ¡oh, sorpresa, ya no vivían ahí! La vecina me dijo que hacía un mes que se habían mudado. Cuando vi a mi mamá, me dijo que se le había olvidado mi llegada y también había olvidado avisarme del cambio de casa. Me dolió y me di cuenta de que yo no les importaba mucho.

¿Cuáles pueden ser mis virtudes y talentos?

- Soy un excelente mediador, intermediario y guía, ya que tengo gran habilidad para conciliar fuerzas opuestas. Puedo ver y entender el lado positivo y el negativo de ambos de manera imparcial y objetiva.
- Mi carisma, mi sencillez, mi simpatía y mi estabilidad interior me permiten ser muy hábil para manejar grupos de gente y sacar adelante situaciones de crisis, lo cual me convierte en un líder natural.
- Puedo ser una persona serena, independiente y dueña de mí misma que inspira paz y confianza en los demás. Sé acoger, calmar y escuchar con atención y sin criticar. Me llaman "sanador de almas". Mi gran paciencia y sensibilidad hacia el otro me permiten fusionarme y lograr tal profundidad de conexión que puedo sentir y pensar como el otro. Eso genera una enorme empatía.
- Soy muy activo, trabajador, ordenado, creativo y comprometido con la vida y conmigo mismo. Confío por completo en las personas, las dejo ser y propicio su autodesarrollo. Soy muy humano y noble con los demás; sin embargo, sé establecer límites y expresar mi postura y mi enojo cuando debo hacerlo.

¿Cuáles pueden ser mis mayores defectos?

- Uno de mis grandes problemas es mantenerme avispado, alerta, estar presente, hacerme consciente de mi existencia limitada en este mundo, tomar las riendas de mi vida y actuar; definir mis metas, mis valores y mis límites para no correr el riesgo de perder mi identidad y limitarme a vivir la vida a través de los demás.

* Me abandono a mí mismo; es decir, me desconecto de la experiencia de vivir el momento presente. Mi cuerpo está aquí, en la acción, pero mi alma no lo está: estoy y no estoy a la vez, lo que me conduce a actuar en automático, como un robot, y a estar muerto en vida.

* Dejo para el último minuto las cosas importantes que debo hacer, y me ocupo de cosas rutinarias o triviales, siempre con miedo a tomar responsabilidades e iniciativas.

* Puedo vivir en la falta total de estructura y dejarme llevar por una llamada telefónica, un antojo, leer una revista, un programa de televisión o por arreglar un cajón. Me pierdo, me distraigo y me entretengo con lo superficial.

* No puedo con el conflicto, ignoro u olvido lo que no quiero ver y lo que me molesta; borro los problemas, no los confronto y los evado. Muestro indiferencia y aplazo los problemas por flojera hasta que se resuelven solos. También busco soluciones mágicas, idealizo, rezo o fantaseo en una falsa paz y en un mundo irreal.

* No sé establecer límites y me cuesta trabajo decir "no". Ahogo mi enojo y me tardo en reaccionar ante alguna agresión, lo que ocasiona que la gente "se me suba", me pise, me utilice y se aproveche de mí.

289

¿Cuál es mi punto ciego?

La pereza, la apatía.

La palabra "pereza" como tal me molesta mucho porque me considero una persona muy activa en muchas áreas de mi vida; sin embargo, el Enea-grama se refiere a una pereza o flojera interior que equivale a "olvidarme de mí mismo". ¡Olvido que soy importante, que valgo como persona, que soy único e irrepetible!

¡Me abandono a mí mismo! En términos emocionales me da flojera profundizar, esforzarme y hacerme cargo de mí. Prefiero huir a mi mundo imaginario en donde todo es perfecto y nadie ni nada interrumpe mi paz. Yo construyo y controlo mi propia realidad: mi cuerpo está presente pero mi mente se encuentra muy lejos, ocupada en fantasear e imaginar una falsa paz.

Me da pereza preguntarme: ¿Qué quiero hacer con mi vida? ¿Cuál es mi verdadera opinión? ¿Qué es lo importante para mí en este momento? ¿Cuál es el sueño que no he llevado a cabo? ¿Qué me gusta? ¿Qué me enoja? Prefiero paz, armonía y estar a gusto. Quiero hacer a un lado lo conflictivo, lo complicado y todo lo que me hace "ruido", como la gente que no me cae bien, las tristezas, las envidias y los enojos. ¡No quiero problemas ni que nada ni nadie me moleste!

Cuando me siento inseguro es mucho más fácil para mí voltear a ver el mundo de los de afuera: detectar sus necesidades, fundirme con ellos, vivir a través de ellos, pensar y opinar como ellos, que interiorizar y descubrir mi propia fuerza, resolver problemas y hacerme responsable de mi vida.

Ejemplo:

Estoy muy enojada con mi esposo. En vez de confrontarlo y expresar mi sentimiento, me dirijo al refrigerador por una rebanada de pastel y me siento a ver una película.

Me gusta el lado fácil y práctico de la vida, por lo que me esfuerzo al máximo por evitar enfrentamientos o sentirme en apuros ante alguien. Cuando es inevitable que esto suceda, siento miedo a que ya no me quieran y es entonces cuando distorsiono la realidad: dejo los problemas a la suerte para que se resuelvan solos o los pongo en manos de Dios para que los solucione. Mientras tanto, con tal de no pensar en ellos, anestesio mi ansiedad y me apapacho con comida, amigos, chistes, diversión, deporte, alcohol, compras, arreglos de la casa, la televisión, muchas horas de sueño, problemas ajenos, lecturas, mucho tiempo en internet, etcétera.

Mi problema consiste en mantenerme "despierto", estar presente y conectar mi cuerpo y mi alma con mis cinco sentidos en cada momento de mi vida. De esta manera puedo sentir, experimentar y vivir el momento con pasión. Es horrible, pero mi apatía por la vida me provoca sueño, me adormila, me vuelve olvidadizo, veo borroso, como si hubiera neblina ante mis ojos. Me resulta más fácil dejarme llevar por la corriente, por la rutina, por las opiniones de los demás y por las distracciones de la vida que ocupar mi propio espacio, sentirme en mi casa y sacar mi propia voz. ¡Dejo que la vida "me viva" sin participar en ella!

Conocí a Arlette en una convención anual del Eneagrama. Ella me platicó una experiencia que me impresionó*:*

Soy francesa y toda mi vida he sido insegura y he dependido de las opiniones de personas más fuertes que yo. Ahora tengo 49 años y no he podido perdonarme lo siguiente: a los 43 años quedé embarazada de mi tercer hijo. Tanto mi esposo como mi ginecólogo me aconsejaron abortarlo por el peligro que implicaba. Yo quería tener a mi bebé y, sin embargo, me dejé convencer por sus ideas. Ese dolor me ha servido para despertar, para validarme como persona y para adueñarme de mi vida, de mis acciones y de mis decisiones.

 "El trabajo personal del 'NUEVE' consiste en convertir esta pereza en acción; es decir, no se trata de actuar por actuar, sino de despertar y hacer lo que en verdad es importante para él en cada momento del día. Cuando descubra ese 'algo' que le apasione de verdad, que sea prioritario en su vida, que lo llene a nivel instintivo y que pueda afirmar con convicción: 'Esto es lo mío...de aquí soy', actuará de manera adecuada y sin desviar su atención; se concentrará en ese proyecto, actividad o tarea con tal entusiasmo y compromiso que cualquier tipo de duda o miedo al rechazo o al 'qué dirán' desaparecerá. Entonces es cuando crecerá su autoestima y su valor interno."

¿Cómo soy por dentro en realidad?

Soy muy sensible a la crítica. Me gusta complacer a los demás y es por eso que puedo aparentar que estoy tranquilo, que estoy de acuerdo con todos, muy sonriente, muy complaciente y sin asomo de agresividad; sin embargo, por dentro soy diferente: tengo un huracán de indecisión, enojo, miedo y resentimiento que no quiero ver ni afrontar.

Para mí es muy importante sentirme querido y aceptado por todos; en una situación difícil, prefiero ser mediador y permanecer neutral que tomar partido por una persona y ser rechazado por las demás. No puedo expresar mi opinión con apertura, en particular si se trata de temas de dolor o enojo. Querer quedar bien con todos me ocasiona muchos problemas porque, por una parte, puedo aparentar ser hipócrita y, por otra, me pierdo a mí mismo por no tener una postura propia.

En mi vida diaria me gusta hacer cosas rutinarias, a mi ritmo y sin prisa; por ejemplo: tomar mi café todas las mañanas mientras leo el periódico, o dormir la siesta todas las tardes y ver la televisión en mi sillón preferido, comprar flores todos los lunes, hacer mi yoga, etcétera, porque la rutina me impide pensar y tomar decisiones, me da seguridad y me evita conflictos.

Me cuesta trabajo distinguir entre lo que es esencial y lo accidental, ya que para mí todo tiene la misma importancia. Al final del día hago miles de cosas pero no las primordiales como: quiero sacar una cita con el dentista, inscribirme en una clase de karate, llamar a un amigo que vive en el extranjero. Por la noche me doy cuenta de que arreglé mi oficina, comí con un cliente, me fui de compras, llegué a mi casa, regué el jardín... y olvidé el karate, la llamada y el dentista por completo.

Me frustro porque me dormí en lo importante. No obstante, a la vez me perdono y me justifico: "Bueno, no pasa nada, mañana lo hago." Lo peor de todo es que lo dejo y lo pospongo hasta el último momento.

Mientras más presionado me siento por tener que hacer algo importante, más pierdo el tiempo en tonterías o en tareas secundarias.[33] Por ejemplo:

Tengo que entregar con urgencia un trabajo para mañana que me dejaron desde hace un mes; en el momento de empezar a trabajar, veo el cajón desordenado y lo arreglo, voy por un café, hablo por teléfono, leo el correo, prendo la música, me duermo diez minutitos. No me doy cuenta, hasta que lo hago consciente, de lo mucho que me distraigo en tonterías y del tiempo que pierdo. En vez de concentrarme en lo prioritario y ponerme en acción, me boicoteo a mí mismo, hago muchas cosas y evito lo importante.

Soy indeciso, me cuesta mucho trabajo tomar decisiones importantes en mi vida, ser líder, tomar la iniciativa y, lo más importante, saber decir "no". Muchas veces niego mi propio valor. La verdad es que siento que yo no merezco, que no importo; como soy conformista, termino por resignarme. A veces hasta me siento invisible, como si la gente no me viera ni me escuchara con atención.

Creo ser buen conversador para temas informales; sin embargo, me da miedo hablar de mí mismo, profundizar, verme por dentro, gustarme, aceptarme o valorarme. Es por eso que prefiero tomar todo más a la ligera y no darle tanta importancia a las cosas, incluso a mí.

---

[33] Palmer, Helen, *El Eneagrama*, p. 271.

¿Qué es lo que me molesta de mi personalidad?

* Me devalúo yo mismo y me digo: "No mereces, no vas a poder."
* En vez de expresar mi enojo, lo demuestro de una forma pasiva: actúo despacio, con terquedad o simplemente NO actúo: "No oigo, no sé, no veo, me desentiendo."
* Con tal de pertenecer a un grupo puedo perderme a mí mismo y hablo de sobra, lo cual me ocasiona remordimiento y culpabilidad más tarde.
* Mi descuido desespera a muchas personas y provoca que ellas realicen el trabajo que me corresponde.
* No me gusta el cambio; prefiero lo mío, lo fácil, la comodidad y la rutina.
* En vez de enfrentar una situación, les doy el "avión" a todos y finjo estar de acuerdo, mientras hago lo que se me pega la gana.
* Mi mente dispersa, mi indiferencia y mi falta de reacción ante los problemas causa grandes frustraciones en los demás.
* Mi tranquilidad y lentitud para hacer las cosas me ocasionan muchos problemas: llego tarde, dejo las cosas a medias, pierdo tiempo, se me olvidan las citas, desespero a la gente, etcétera.
* Mi complacencia y falta de autoridad pueden provocar que los demás me "pisen" y se aprovechen de mí.
* Con tal de no ser rechazado, estoy demasiado pendiente de agradar a los demás y en la opinión que tengan sobre mí.
* Tengo un pensamiento mágico, fantasioso e inocente que quiere convertir todos los problemas en un final feliz.

• Tiendo a idealizar y a identificarme a tal grado con mi pareja, hijo, amiga, jefe, etcétera, que vivo a través de ellos, pienso y siento como ellos. Sin darme cuenta, me traiciono y nulifico mi identidad.

¿Cómo soy en mi mejor momento?

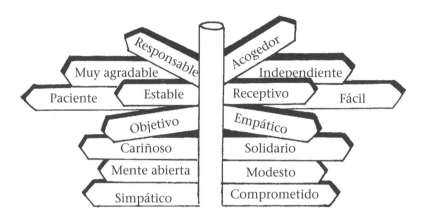

¿Cómo soy en mi peor momento?

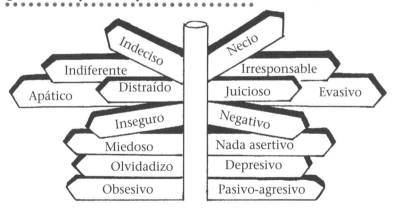

¿Cómo es mi estilo para hablar?

Mi voz es calmada, tranquila y serena, sin expresar emociones que puedan dañar las relaciones con los demás, un poco monótona. Tiendo a hablar de cosas agradables y evito tocar temas delicados que provoquen dolor o conflicto. Hablo con tantos detalles y explicaciones que me voy por las ramas y pierdo el objetivo, lo cual desespera a muchas personas. Me gusta ser conciliador y explicar los dos lados de la moneda. Soy muy buen escucha. Utilizo frases como "tal vez", "a lo mejor", "déjame verlo", "después decido".

¿Cómo es mi lenguaje no verbal?

Mi apariencia es abierta, relajada, sonriente y despreocupada. Me gusta la proximidad y el contacto físico. Mi energía es baja y puedo ser muy distraído. No soy ni muy intenso ni muy eufórico. Soy tranquilo. Mis expresiones corporales carecen de calor y color; sin embargo, me gusta expresarme a través del arte, la cocina, el deporte, la música, el baile, etcétera.

Con las demás personas soy delicado, cálido y muy receptivo. Mi mano es suave al saludar y subo y bajo mucho los ojos al hablar. También me gusta expresarme a través del humor y de los chistes. A veces tiendo al sobrepeso.

¿Qué país representa mi tipo de personalidad?

La India[34] y todos los países en vías de desarrollo porque la gente nunca tiene prisa, es tranquila, pacífica y tolerante.

---

[34] Rohr, Richard, *The Enneagram The Discernment of Spirits* CDs.

¿Qué animal me representa?

El delfín[35] porque es amigable, adaptable y pacífico.

¿Qué es lo que más evito?

El conflicto, competir, la presión, el esfuerzo, ser independiente y responder por mí mismo.

¿Qué es lo que más me enoja?

Me mata que me ignoren, me hagan un lado o me hagan sentir menos. Sentirme utilizado u obligado a confrontar alguna situación difícil. Sentirme frustrado por no poder expresar y defender mi valía y mi opinión. Sentirme presionado o controlado por alguien. La actitud cerrada de los demás para dialogar y resolver un conflicto.

---

35 Pangrazzi, Arnaldo, *El Eneagrama, un viaje hacia la libertad*, p. 114.

¿Cuáles son mis alas?

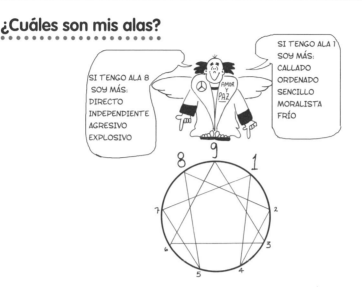

SI TENGO ALA 1
SOY MÁS:
CALLADO
ORDENADO
SENCILLO
MORALISTA
FRÍO

SI TENGO ALA 8
SOY MÁS:
DIRECTO
INDEPENDIENTE
AGRESIVO
EXPLOSIVO

AMOR Y PAZ

Mis alas son "OCHO" y "UNO". Estas energías van a influir, mucho o poco, en mi tipo de personalidad durante toda mi vida.

Si soy un "NUEVE" con ala "OCHO" más fuerte o más desarrollada (9/8):
Soy un "NUEVE" mucho más despreocupado, independiente, asertivo, directo y decidido que el 9/1. Soy más receptivo y sociable con la gente. Mezclado con la energía del "OCHO" soy más dinámico, me rebelo contra la autoridad, soy buen líder y me oriento hacia las metas y las negociaciones.

Parte negativa: Puedo mandar señales ambivalentes y pasar de la calma y la tranquilidad a explosiones repentinas de agresividad, brusquedad y mal humor, o de sumisión a un liderazgo.

Ejemplos de 9/8: Clint Eastwood, Dalai Lama, George Burns, Carl Jung, Janet Jackson.

Si soy un "NUEVE" con ala "UNO" más fuerte o más desarrollada (9/1):
Soy un "NUEVE" más rígido, racional, reservado, controlado y perfeccionista que el 9/8. Mezclado con la energía del "UNO" soy más ordenado, modesto, sencillo, trabajador, idealista y con altos valores morales. Estoy más en contacto con la naturaleza, el arte, el deporte, el baile, la creatividad, etcétera.

Parte negativa: Puedo ser aburrido, sarcástico, moralista, indeciso, frío e insensible.

Ejemplos de 9/1: Sandra Bullock, Jennifer Aniston, Grace Kelly, Ronald Regan.

¿Cómo me comporto cuando estoy relajado o estresado?

"El Eneagrama no es estático. Nos movemos con frecuencia de un lado al otro. Los movimientos pueden ser temporales o duraderos, según la madurez de la persona."

Cuando estoy relajado:
Según las líneas del diagrama, podemos observar que el " NUEVE" se mueve hacia el "TRES" en una dirección y hacia el "SEIS" en otra.

Cuando me siento seguro y relajado, primero muestro *lo mejor de mi tipo de personalidad "NUEVE"*: cariñoso, alegre, prudente y empático. Después, según este camino, adopto la parte positiva del "TRES" y me comporto de la siguiente manera: (recomiendo leer la personalidad "TRES" para entender mejor el comportamiento).

* Me fijo metas y me vuelvo más estructurado, veloz, productivo, eficiente y energético. No pierdo el tiempo en trivialidades.
* Me preocupo más por mi físico: hago deporte, cuido mi peso, me visto más a la moda, etcétera.

- Aprendo a establecer límites, a ser más asertivo y seguro de mí mismo sin dejar fuera los sentimientos.
- Me vuelvo independiente y menos complaciente. Tengo más control sobre mi vida.
- Adquiero mayor conciencia del tiempo y de lo que en verdad quiero hacer.

Asimismo, al ser el Eneagrama un sistema dinámico, también puedo tomar *partes negativas del "TRES":*
- Puedo volverme presumido y muy consciente de mi imagen.
- Puedo comprometerme más de lo que puedo cumplir.
- Puedo perderme en el éxito y descuidar mis metas personales.

Cuando estoy estresado:
Cuando me siento tenso, estresado o nervioso, primero muestro lo peor de mi personalidad: apático, distraído, evasivo y dependiente. Después, según esta dirección, adopto la parte negativa del "SEIS" y me comporto de la siguiente manera:

- Me conecto con el miedo, me vuelvo más necio, ansioso y muy nervioso.
- Tomo una actitud defensiva, reactiva, desconfío de la gente y me siento inseguro.
- Me vuelvo aún más indeciso, cuestiono, me vuelvo escéptico y pesimista. Mi mente se enfoca en lo peor que podría suceder.
- Exagero las cosas y culpo a los demás de mi situación.
- Me vuelvo apático, pasivo e ineficiente; si me aterro, me paralizo y no actúo.
- Cuando estoy muy mal, puedo entrar en una gran depresión, distorsiono o niego la realidad y me autocastigo con adicciones para que alguien me salve.

Asimismo, al ser el Eneagrama un sistema dinámico, también puedo tomar *la parte positiva del "SEIS"*.

* Me vuelvo más realista y comprometido.
* Toco mis sentimientos negativos como frustraciones y enojo, lo cual me ayuda a saber lo que no me gusta.
* Contacto con mis propios deseos y me vuelvo más leal a mí mismo.

¿Qué le atrajo a mi pareja de mí, que después se convirtió en una pesadilla?

"Todos tenemos cualidades especiales y nos sentimos orgullosos de ellas pero, a veces, tendemos a exagerarlas. En esos casos, esas cualidades pueden convertirse en nuestros peores enemigos y hasta pueden llegar a destruirnos de manera inconsciente."

Al principio, mi pareja pudo enamorarse de mi gran flexibilidad para adaptarme a todos sus planes: "¡Claro que sí, mi amor, lo que tú quieras!" Le atrajo mi bondad, mi buen carácter, mi optimismo y ligereza ante el conflicto. Le gustó que yo no era nada egoísta y que primero pensaba en los demás. Notó que tenía gran capacidad para aguantarle todo: su mal genio, sus groserías o su egoísmo. Me olvidaba de mí mismo, vivía pendiente de mi pareja y le daba gusto en todo: sus preferencias, sus deportes, etcétera. Le di un lugar tan importante en mi vida que tomaba mis decisiones de acuerdo con lo que ella dijera. Yo podía vivir mi vida a través de ella. Si se sentía bien, yo también estaba bien. Si le iba mal, yo me sentía triste.

Con el paso del tiempo, mis virtudes se convirtieron en mis peores enemigos. Mi pareja se hartó de mi falta de identidad, de ser aburrido, carente de personalidad y menospreciado. Me convertí en una carga por mi indecisión, mi falta de carácter y de asertividad, pues no tengo una postura definida en la vida. Mi pareja se cansó de que yo no afrontaba ni "tomaba el toro por los cuernos" cuando se presentaba cualquier problema o situación conflictiva, de que no supiera enojarme cuando la situación lo ameritaba. Me dijo que yo era una lápida sin vida, que no tenía iniciativa ni metas individuales ni luz propia para identificar mi propio camino. En pocas palabra, se fastidió de vivir con una persona aburrida que vive, piensa y siente a través de ella en lugar de ser dos seres independientes que pueden compaginarse en un mismo amor.

¿Cómo soy en el trabajo?

Soy un gran árbitro y negociador, puedo resolver conflictos, mediar diferencias, unir a las personas y mantener la calma en momentos de crisis. Soy de trato fácil y me puedo relacionar con todo tipo de personas. Tengo gran capacidad para manejar a la gente, hacerla sentir incluida y crear un ambiente cálido de trabajo. Me gusta trabajar en equipo ya que me da un sentido de pertenencia, de apoyo y de compromiso con la organización. Me cuesta trabajo expresar mi opinión, lo que necesito, decir que "no" y definir una posición personal. Me molesta trabajar bajo presión y en un ambiente tenso y autoritario; sin embargo, en un ambiente relajado puedo ser muy productivo. Soy una persona de hábitos y rutinas; me gusta lo preciso y me desagrada el cambio. Los demás dicen que soy terco. Tengo dificultad para fijar prioridades y me entretengo en actividades rutinarias o sin importancia en vez de afrontar lo que sí es importante; me distraigo y se me pasa el tiempo sin que termine de hacer lo que me corresponde. Es por eso que necesito escribir mis pendientes a diario y comprometerme a realizarlos, ya que tiendo a aplazarlos o a perder la concentración con facilidad. Puedo minimizar y hasta negar la seriedad de los problemas, me acomodo a los demás, soy complaciente, me vuelvo pasivo, sin energía, y corro el riesgo de empeorar la situación. Con tal de no meterme en problemas puedo posponer decisiones, actividades o confrontaciones, lo cual desespera y enoja a los demás.

Ya me conocí, ahora ¿qué sigue?

Una vez que descubro mi tipo de personalidad "NUEVE", debo observarme detalladamente y cuestionarme: ¿qué tan equilibrada está mi personalidad en términos mentales y emocionales?

 "De acuerdo con Riso y Hudson, dos personas con el mismo tipo de personalidad, una sana y equilibrada y otra inmadura o desequilibrada, se ven y se comportan de forma diferente por completo, lo cual nos confunde en el momento de identificarnos."

Éste es un resumen de lo que aprendí durante mi entrenamiento con Don Riso y Ross Hudson acerca de la manera en que la personalidad puede degenerarse si no se trabaja.

Si soy un "NUEVE" sano y equilibrado:

Soy una persona tranquila e intuitiva, pero a la vez independiente, con carácter, dueña de mí misma y con mucha estabilidad interna. Sé qué quiero y a dónde voy; acepto y enfrento la realidad, los problemas y el cambio como parte inevitable de la vida. Mi serenidad y paciencia me permiten ser receptivo, un gran apoyador y tener gran capacidad para escuchar y mediar en cualquier situación; así logro que todos se sientan a gusto. Aunque quiero complacer y agradar a otras personas, primero me acuerdo de mí y después veo por los demás. Hago lo que me gusta con pasión y alegría y me consiento sin sentir ningún tipo de egoísmo o remordimiento. En mi interior me siento en paz y con mucha fuerza, y esto me ha permitido desarrollar un sentimiento de valor y amor por mí, además de tener una mejor conexión con mi cuerpo, con los demás y con mi energía instintiva, lo cual me permite ser más profundo y reflexivo con mis pensamientos y sentimientos. Expreso de manera creativa esa energía interna a través de la pintura, el deporte, la escritura, la música, etcétera. Me fascina sentirme conectado con la naturaleza y con los animales porque me llenan de paz y energía. Soy alérgico a las personas pretensiosas y presumidas ya que, para mí, la belleza se encuentra en las cosas simples, en la sencillez de las personas, en la inocencia y en la honestidad.

Si soy un "NUEVE" promedio:

Soy una persona agradable pero demasiado "mona", muy pendiente de los demás, de sus opiniones, de sus necesidades, de sentirme querido y aceptado. Es aquí donde comienzo a desconectarme y a abandonarme, ya que lo mío lo mando a segundo plano. Confundo y pienso que, si soy asertivo, es lo mismo que ser agresivo, por lo que empiezo a decir "sí" cuando en realidad quiero decir "no". Evito problemas y complazco a todos. Comienzo a idealizar a ciertas personas fuertes e importantes de mi vida, y me llego a identificar tanto con ellas que, sin darme cuenta, me lleno con su energía y organizo mi vida alrededor de ellas. En mi interior me siento seguro, completo y pleno; me gusta mi zona de comodidad y cada vez me alejo más de mí. ¡Dejar esta paz y esta comodidad me da miedo!, ¿para qué moverle, hacer olas y meterme en problemas?; mejor me quedo tranquilo y en paz.

Mi vida se acomoda y mis actividades se vuelven rutinarias. Vivo parte de mis actividades en piloto automático; es decir, mi cuerpo está presente pero yo no estoy ahí. Conforme me desequilibro, utilizo mi flojera y apatía para disfrazar el miedo que siento de no poder hacer las cosas. Pierdo confianza en mí, siento que no puedo, que no me va a salir bien. En términos mentales comienzo a adormilarme aunque a nivel físico continúe activo. Lo único que quiero es paz, por lo que me vuelvo indiferente, ignoro los conflictos y a las personas que me causan problemas. Evito lo que no quiero ver.

Ante cualquier dificultad, tengo gran habilidad para cambiarme de sintonía, como si estuviera en un cuadrante de radio y me cambiara de estación con sólo apretar un botón. Me voy a mi mundo, a mi fantasía, me pierdo en mi mente, divago en mi letargo y comienzo a ser olvidadizo e irresponsable. Nada es tan importante ni tan urgente, todo lo aplazo y lo dejo para después. En cuanto bajo de nivel me vuelvo pasivo, negativo y fatalista: "¡Ya no tiene remedio, no hay nada que hacer!" Empiezo a perder interés por las cosas, todo me da flojera y hago el mínimo esfuerzo por mejorar. Desperdicio mi tiempo en ver películas, en dormir horas adicionales, en abusar del deporte, de la comida, del alcohol, del cigarro, de los amigos, etcétera.

Conforme continúa mi deterioro, mi autoestima desciende; me siento presionado por todos, dejo de hacer cosas y no me comprometo en nada.

En mis relaciones interpersonales quiero autonomía, quiero alejarme, me comunico de una forma pasiva-agresiva, dejo de hablar, actúo con lentitud o digo puras tonterías. Entro en depresión.

Si soy un "NUEVE" tóxico y desequilibrado:

Me deprimo, me siento apático y pesado. Todo me cuesta trabajo. Me cierro a todo, no escucho, no quiero ver la realidad, no quiero lidiar con ningún tipo de presión o de problema económico, sentimental o profesional: "Tu hijo reprobó el año, consume drogas." Yo niego la realidad y me hago la ilusión de que todo está bien; me creo mi propia historia. Me deprimo de una forma hedonista, con comodidad y placer: me levanto tarde, me quedo en bata, no me baño, no me visto, no me arreglo, no guardo mi ropa, no hago la cama, "¿para qué?, ¡si mañana la volveré a hacer!" No puedo mantenerme presente, me siento sin poder y débil, es por eso que quiero que me dejen solo. Me vuelvo terco y necio en extremo, y no soporto a quien me dice: "Ve a una terapia, necesitas ayuda", o a quien me dice "ya no comas más pastel". Con tal de ponerme en su contra, me como el pastel entero o me tomo la botella completa. Me siento cada vez más perdido, ansioso, enojado, devaluado y confuso en mis sentimientos. La gente me utiliza, me convierto en el "tapete" de todos, le doy mi poder a los demás. Mi mundo empieza a caerse; pierdo amigos y me separo de mi familia en términos emocionales. Continúo con mi tendencia a negar la realidad y los problemas que se incrementan. Son tan duros y dolorosos que no puedo enfrentarlos. Si sigo muy mal, me abandono a mí mismo, me despersonalizo, estoy muerto en vida y caigo en una severa depresión que puede llevarme al suicidio si no busco ayuda profesional.

DICEN QUE CORRIERON A MI HIJO DEL COLEGIO POR DROGAS... NO LO CREO, ¡EXAGERAN! CUANDO CREZCA SE LE PASA, ASÍ SON LOS JÓVENES

¿Cómo puedo ser mejor persona?

* Despierta, busca dentro de tu alma eso que te llena y llévalo a la acción.
* Para lograr tus metas necesitas estructura, disciplina y llevar una agenda para ordenarte.
* Sé asertivo, aprende a tomar una postura propia y a decir "no" cuando no estés de acuerdo, sin miedo a dañar la relación con la otra persona.
* Todos los días proponte dos o tres actividades prioritarias en tu vida y comprométete a cumplirlas.
* Date cuenta de que, cuando te organizas, todo fluye y vas logrando pequeñas metas que te hacen sentir seguro y orgulloso de ti.
* Atrévete poco a poco a afrontar y a tomar pequeñas decisiones. Entre más evites tener conflictos, más problemas llegarán.
* Observa cómo deporte, yoga, baile, o cualquier actividad física te conectan con tu cuerpo, te hacen consciente de cada parte de éste y activan toda esa energía reprimida que llevas dentro.
* ¡Acuérdate de ti! Cuestiónate: ¿qué actividades te hacen feliz que hoy no realizas por pensar primero en los demás?
* Aprende a negociar para que ambas partes ganen y no acabes por ceder, como siempre.
* Cuando cuentas tus problemas a alguien, date cuenta cómo tiendes a usar anécdotas y chistes para restarle importancia al asunto.
* Para ti "NUEVE", cada vez que algo te molesta, es importante que sientas el enojo, lo aceptes y proceses; de lo cotrario terminará somatizándose en tristeza, ansiedad, dolores, sobrepeso, etcétera.
* Enojarte es una energía válida que te indica lo que te disgusta o en dónde debes poner límites.
* ¡Despierta! Lo peor que te puede pasar en la vida es llegar al final de tus días y darte cuenta de que estuviste dormido y de que no realizaste tus sueños por seguir y complacer a los demás, sin que tú fueras el autor de tu propio libro.

¿Cómo me gustaría que me trataras?

• Odio que me presionen, así que dame tiempo. Sólo hazlo cuando sea necesario.
• Ríete y diviértete conmigo, disfruta de esa parte simple y bella de la vida.
• Ayúdame a descubrir en qué soy bueno, cuáles son mis capacidades, qué me motiva, qué me apasiona, qué me llena a mí y no a los demás.
• Tómame en cuenta, voltea a verme, inclúyeme. No me ignores o minimices porque eso me lastima mucho.
• Funciono mucho mejor si me reafirmas y me animas que si me regañas o me culpas.
• Ayúdame a salir de mi zona de comodidad, a que descubra y pruebe el cambio y los retos, a que me involucre y comprometa con la vida.
• Por las buenas puedes sacarme lo que quieras, pero nunca por las malas. Me gusta ayudarte, pero no me utilices ni te aproveches.
• Abrázame, demuéstrame afecto físico. Necesito mucho cariño, apoyo y paciencia para mostrarte mis sentimientos más íntimos.
• Estimúlame a decidir y a tomar acciones para que me sienta útil e importante. Empieza por cosas pequeñas.
• Hazme preguntas que me ayuden a aclarar mi mente porque, aunque me veas tranquilo y en paz, por dentro escondo mucha ansiedad.
• Cuando te hable, deja de hacer lo que haces y escúchame con atención. Necesito que me valides con tu cariño y paciencia.

Testimonio de un "NUEVE" transformado:

Durante muchos años no me sentí una persona especial, no quería hacer ruido ni causar ningún problema a nadie. Esto me daba seguridad porque me brindaba un sentido de pertenencia. Idealizaba a las demás personas: eran más importantes, más seguras y más activas que yo. Ellas tenían esa fuerza que, según yo, no tenía. Relacionarme con gente importante en algún ramo aumentaba mi autoestima. Me sentía querido y me llevaba bien con todos; sin embargo, en el fondo percibía que los demás no me tomaban en serio o que muy pronto perdían su interés por mí.

Recuerdo que, durante mi adolescencia, me uní a una amiga a tal grado que hablaba y me movía como ella. La gente me lo decía y eso me gustaba, pues yo quería llenarme con su energía. Me vestía, opinaba como ella y hasta llegué a estudiar la misma carrera. Vivía a través de ella. Me daba miedo verme por dentro, profundizar y hablar de mí misma, por lo que optaba por no darle importancia.

Ya casada caí en una gran depresión y aumenté quince kilos. Me sentía muy sola, así que busqué ayuda y descubrí, entre muchas otras cosas, que estaba muy enojada, con ganas de gritar y llorar. Estaba furiosa conmigo misma por no quererme, por no valorarme, por dejarme pisar, por estudiar la carrera de mi amiga, por dejar que otros se aprovecharan y decidieran por mí.

En mi intento por encontrarme, que no fue nada fácil, me topé con el Eneagrama. Resultó ser una gran luz para entenderme y aceptarme como soy: un gran ser humano. Por primera vez pude tomar distancia y observar lo que había hecho en mis 47 años. No me gustó. Sentí que no había hecho nada significativo en mi vida y sentí mucho miedo y culpa. Creo que eso me despertó y poco a poco he empezado a sentir una fuerza interna y muchos deseos de vivir lo que no he vivido.

Cada vez me siento más conectada conmigo misma. He desarrollado un sentimiento de valor y de amor por mí, el cual me hace sentir independiente y a la vez comprometida con la vida.

Mis relaciones con los demás son más auténticas y profundas. Me sorprende que ahora las personas me buscan para que las escuche, las acoja y las guíe. Me siento viva, despierta, con muchas ganas de actuar y de luchar por mis ideales, por lograr un mundo mejor y generar paz y armonía a mi alrededor.

ENEA-TEST

Descubre tu tipo de personalidad basado en el Eneagrama.

* Marca las afirmaciones que reflejen un modo típico de sentirte o comportarte, presente a lo largo de mucho tiempo, aunque quizá ahora su intensidad haya disminuido o ya no sea tan evidente.

* Sé sincero, muy honesto; responde lo que eres y no lo que te gustaría ser.

* Recuerda que no hay respuestas buenas o malas.

* Si dudas mucho sobre alguna respuesta, marca medio punto o piensa en cómo eras cuando tenías entre 18 y 30 años de edad, ya que en este periodo es cuando más marcada está la personalidad.

(A)
• • •

1 ( ) Tengo un carácter tranquilo, optimista y mediador; me dicen que proyecto paz.

2 ( ) Por lo general me cuesta trabajo el cambio, ya que me siento más a gusto con lo conocido y rutinario.

3 ( ) Me cuesta trabajo entender por qué a las personas les gusta discutir o vivir situaciones conflictivas, cuando yo las evito al máximo.

4 ( ) Puedo mostrarme como una persona tranquila y contenta y a la vez sentir por dentro un volcán de furia y ansiedad.

5 ( ) La gente disfruta de mi compañia porque dicen que soy fácil, sencillo, práctico, flexible y me adapto a todo.

6 ( ) Se me ocurren muchas ideas y me gustaría hacer muchas cosas, pero la verdad, me cuesta trabajo ponerlas en práctica.

7 ( ) Ante algún problema, trato de verle el lado positivo o de plano lo ignoro porque internamente desearía que se resolviera solo.

8 ( ) Siento que mi calma y mi tranquilidad pueden enojar y desesperar a muchos.

9 ( ) Con tal de llevar la fiesta en paz, prefiero ceder.

10 ( ) Muchas veces sin darme cuenta, se me va el tiempo en trivialidades y dejo de hacer cosas que eran importantes en ese momento.

11 ( ) Me resulta difícil deshacerme de las cosas y siempre encuentro una justificación para no desprenderme de ellas.

12 ( ) Cuando tengo algún problema, es fácil que distraiga mi atención con mi hobby favorito o pensando en cosas pendientes, pasando mucho tiempo en la computadora o la televisión, mandando mensajitos por el celular o bien, comiendo, bebiendo, leyendo...

13 ( ) Me gusta tomarme las cosas con clama; tener una vida cómoda, práctica y serena. Entre menos esfuerzo haga y ¡¡¡tenga más tiempo libre para mí, mejor!!!

14 ( ) Me cuesta trabajo poner límites y decir un buen "¡NO!".

15 ( ) Cuando ya tomé una decisión y alguien me trata de controlar, me comporto de una manera muy necia y terca.

(B)
•••

1 ( ) Soy visionario y muy trabajador. La acción y los retos difíciles me atraen y me hacen sentirme vivo y poderoso.

2 ( ) Me gustan las personas de una sola pieza: directas, asertivas y que van al grano.

3 ( ) Sé cómo obtener resultados, tengo una voluntad fuerte, soy enérgico, decidido y no me echo para atrás facilmente.

4 ( ) Soy un líder natural con un alto sentido de justicia. Me gusta mandar, dar órdenes y hacerme cargo de la situación.

5 ( ) Soy protector, cuido y defiendo a mi gente con pasión. Los ayudo a ser fuertes e independientes como yo.

6 ( ) Con frecuencia me dicen que mi forma directa e imperativa de dirigirme a los demás, lastima e intimida a la gente.

7 ( ) Tengo una parte sensible y tierna que con poca gente comparto.

8 ( ) No me importa la opinión de los demás; cuando alguien me cae mal me las ingenio para que se entere.

9 ( ) Intuyo con facilidad la mentira, el engaño, la manipulación, lo podrido, la parte débil del otro y expreso de manera abierta y cruda la realidad.

10 ( ) Me gusta ejercer el control y sentirme fuerte, poderoso, y cuando se requiere, hago uso de la fuerza volviéndome duro y dominante.

11 ( ) Expreso directamente lo que no me parece. Y cuando tengo que decir "NO" lo hago sin ningún problema.

12 ( ) Mi energía es tan fuerte, que mi presencia impone. A muchos les asusta, incluso les molesta, mientras que a otros les inspira seguridad y protección.

13 ( ) Mi problema es la desmesura e intensidad y esto me lleva a excederme en todo lo que me gusta: comida, trabajo, bienes materiales, velocidad, alcohol, control, diversión, etcétera.

14 ( ) Tengo un don especial para identificar y empoderar a la persona que tiene potencial para actuar, crecer y ser alguien importante en lo que hace.

15 ( ) Cuando tomo una decisión, no me echo para atrás aunque salga perjudicado.

(C)
•••

1 ( ) Amo la libertad, quiero vivir con intensidad y experimentar de todo; me gusta disfrutar la vida, probar cosas nuevas e interesantes y no perderme de nada.

2 ( ) Soy visionario, optimista, espontáneo, aventurero, simpático e innovador.

3 ( ) Me molesta que me den órdenes o me limiten; por naturaleza siento algo de rechazo hacia la autoridad y a las reglas.

4 ( ) Busco la parte alegre de la vida y trato, lo más posible, de olvidar todo lo que me produce tristeza, dolor y sufrimiento.

5 ( ) Soy un poco indisciplinado, mi agilidad mental y mi entusiasmo me llevan a planear más de lo que realmente puedo cumplir.

6 ( ) Uso mi encanto y simpatía para animar, seducir y conseguir lo que quiero.

7 ( ) Me cuesta trabajo tratar problemas emocionales, propios o ajenos; evito las quejas y a la gente negativa.

8 ( ) Soy inquieto y distraído, me resulta difícil concentrarme y suelo pasar de una cosa a otra en lugar de profundizar y enfocarme.

9 ( ) Honestamente, me siento muy inteligente; mi mente es rapidísima, es una máquina de ideas, cuando las personas apenas van, yo ya fui y regresé.

10 ( ) Soy adicto a la gente, me gusta la diversión, los viajes, probar diferentes tipos de comida, tener nuevos proyectos, retos, sentir la adrenalina y vivir nuevas experiencias.

11 ( ) Soy divertido y espontáneo, me consideran "el alma de la fiesta", cuento chistes y anécdotas con gran sentido de humor.

12 ( ) Prefiero las conversaciones ligeras e intrascendentes, en lugar de las serias y profundas.

13 ( ) ¡Soy un gran vendedor! Vendo desde mi imagen hasta cualquier proyecto o producto. Tengo facilidad de palabra, envuelvo y convenzo con facilidad.

14 ( ) Me cuesta mucho trabajo hacer tareas repetitivas, pues me aburre la rutina y la repetición.

15 ( ) Por supuesto mi agenda está siempre llena de actividades interesantes y opciones abiertas por si al final decido cambiar.

(D)
•••

1 ( ) Sentir seguridad y confianza es lo más importante para mí; por eso me gusta conocer las reglas y saber dónde estoy pisando.

2 ( ) Soy muy responsable, comprometido, trabajador y leal con las personas en las que confío.

3 ( ) La autoridad me crea conflicto; si la admiro y respeto, entonces la obedezco fielmente; pero si desconfío de ella, me rebelo.

4 ( ) Soy escéptico, no me la creo a la primera. Dudo de la gente que no es coherente o consistente con lo que dice ni con lo que hace.

5 ( ) Tengo la tendencia a analizar y a cuestionar las intensiones de la gente; no me dejo impresionar por el discurso o las apariencias.

6 ( ) Ante una decisión importante, primero consulto la opinión de personas en las que confío, lo irónico es que muchas veces termino haciendo lo que yo pensaba al principio.

7 ( ) Suelo ser cauteloso y precavido, por eso siempre estoy alerta a lo que pueda salir mal o a las intenciones de los otros, para que no me tomen por sorpresa.

8 ( ) Lo que me impulsa a hacer las cosas es mi sentido del deber y de la responsabilidad.

9 ( ) Cuando siento angustia y ansiedad, puedo imaginar escenas catastróficas y las experimento como si fueran reales: "¡Ya se murió!" "¡Ya chocó!"…

10 ( ) Soy cariñoso, sensible y emotivo pero me cuesta trabajo expresar mis sentimientos, incluso a mis más íntimos.

11 ( ) Siempre estoy pendiente de lo que está bien y de lo que está mal. Quiero ser justo en todo, y si se trata de gente desprotegida, me vuelvo su leal defensor.

12 ( ) Puedo leer con facilidad la falsedad o la manipulación de las personas, también detecto de inmediato la doble intención de sus actos.

13 ( ) Me cuesta trabajo reconocer que soy una persona miedosa. Cuando se presenta el miedo me vuelvo frágil y vulnerable, también lo puedo disfrazar con una actitud retadora y agresiva.

14 ( ) Hay personas que ven la vida como un vaso medio lleno, otras medio vacío, yo la veo como un vaso de cristal que se puede romper.

15 ( ) Es curioso, pero puedo ser un manojo de opuestos: a veces muy extrovertido y en otras muy tímido, valiente o muy miedoso, rebelde y sumiso, cariñoso y agresivo.

(E)
•••

1 ( ) Vivo más en mi cabeza que en el resto del cuerpo, pues mi mente es mi mejor amigo: ahí me divierto, pienso, analizo y reflexiono.

2 ( ) Doy la impresión de ser frío y distante, pues hacer contacto físico, abrazar mucho tiempo a alguien o aumentar las señales de afecto, no es lo mío.

3 ( ) Guardo y acumulo cosas que un día puedan servirme: dinero, libros, música, recuerdos, cosas materiales...

4 ( ) Tengo dificultad para hablar y manifestar mis sentimientos más íntimos, pues sólo lo hago con muy pocas personas.

5 ( ) Tiendo a ser introvertido, aislado y solitario; tengo una gran necesidad de tener mucho tiempo y espacio sólo para mí.

6 ( ) Me cuesta trabajo entregarme al otro, comprometerme y compartir con generosidad lo que tengo (tiempo, ideas, dinero, sentimientos...).

7 ( ) Me desagradan las personas ignorantes y melosas que hacen drama de todo.

8 ( ) Me estimula todo lo que amplíe mis horizontes y mis conocimientos; para mí la información es PODER.

9 ( ) En cualquier evento social, trato de estar sólo unos momentos y sólo estoy pensando qué inventar para retirarme.

10 ( ) Soy curioso por naturaleza; me gusta observar, desarmar e investigar el origen de las cosas y entender por qué son como son.

11 ( ) No soporto a la gente inoportuna, intrusa y escandalosa.

12 ( ) Las habilidades sociales no son mi fuerte. Prefiero estar solo o con poca gente que realmente conozca.

13 ( ) A veces deseo ser invisible para evitar que la gente me invada con saludos o preguntas que me quitan tiempo y energía.

14 ( ) Muchas veces he sentido la sensación de no pertenecer o encajar en los grupos, como si fuera yo un "ente raro" en este mundo.

15 ( ) Me gustan las fronteras y los límites. ¡Qué no se metan en mi territorio, en mi privacidad! ¡Que no me toquen ni arreglen mis cosas!

(F)
• • •

1 ( ) Me gusta ser auténtico, diferente y original; ¡trato de ser creativo y ponerle mi toque personal a todo lo que hago!

2 ( ) Me atrae la belleza, la naturaleza y todo lo que tenga energía de vida. El amor, los sentimientos y las emociones lo son todo para mí.

3 ( ) ¡Soy hipersensible! Tengo tal profundidad emocional que me permite sentir una gama de emociones mucho mayor que cualquiera.

4 ( ) Lo mío es la intensidad de la existencia: experimentar sensaciones profundas, ya sean de tristeza o alegría pero que me hagan vibrar con la vida.

5 ( ) Con frecuencia tengo una sensación de añoranza, de sentirme incompleto; "algo o alguien" me falta para ser completamente feliz.

6 ( ) A veces me siento solo, no estoy a gusto, como que no pertenezco a los grupos aunque sean mis amigos.

7 ( ) Soy muy sensible a las críticas, cualquier comentario me hiere facilmente, me lo tomo personal y provoca que me ensimisme.

8 ( ) Vivo mucho tiempo dentro de mí. Sueño o fantaseo con personas o situaciones del pasado o las imagino en el futuro.

9 ( ) Con frecuencia me siento incomprendido; la gente no entiende la profundidad o complejidad de mis emociones.

10 ( ) Constantemente me esfuerzo por encontrar lo que hace feliz a mis amigos y que a mí se me escapa: "Ellos son felices..." "Ellos están enamorados..."

11 ( ) Es raro decirlo, pero me gustan mis estados de melancolía, incluso me gusta prolongarlos y no necesariamente quiero salir de ellos.

12 ( ) Cuando estoy deprimido, me puedo paralizar en la actividad, por horas, días o semanas.

13 ( ) Suelo compararme con los demás, a veces me siento superior y muy seguro de mí, otras me siento deficiente, inseguro, frágil y de lágrima fácil.

14 ( ) Mis repentinos cambios de humor me causan problemas ya que paso fácilmente del odio al amor, de la alegría a la melancolía, sin ninguna explicación.

15 ( ) No me gusta seguir las reglas ni que me den órdenes, mucho menos sentirme presionado. ¡Me gusta ser libre!

(G)
••••

1 ( ) Soy eficiente, competente, práctico, seguro de mí; por eso me enfoco al éxito y a ser reconocido.

2 ( ) Hacer muchas cosas y lograr objetivos, me da placer, seguridad; para mí, una vida sin actividad es morir en vida.

3 ( ) Me gusta brillar, sobresalir, tener prestigio y ser el mejor en todo lo que hago, porque soy un ganador.

4 ( ) Me desespera la gente lenta, floja e ineficiente; todo lo quiero rápido, bien hecho y bien presentado.

5 ( ) No me interesa mucho hablar de mis sentimientos ni de mi vida personal.

6 ( ) Tener éxito y una seguridad económica es fundamental para mí.

7 ( ) Pienso que el valor de una persona está totalmente relacionado con lo que tiene y con todo lo que ha logrado con mucho esfuerzo.

8 ( ) Soy adicto al trabajo, siempre estoy de prisa, con planes y metas definidas, casi no dejo espacio para reflexionar en mis sentimientos.

9 ( ) Admiro a los triunfadores, evito a los mediocres a los perdedores y, si me comparo con ellos, creo que soy muy superior.

10 ( ) Para mí es muy importante dar a los demás una excelente imagen de mí y de mi familia, por eso invierto mucho tiempo en mi apariencia: con ropa, auto, casa, accesorios, etcétera.

11 ( ) A veces me enfoco tanto en el trabajo y en conseguir lo que quiero, que descuido aspectos emocionales de mi vida, como la familia y mis amigos.

12 ( ) Con tal de ser el primero o llegar a la meta, puedo volverme frío e insensible, y atropellar al otro sin darme cuenta.

13 ( ) Soy más adaptable que la mayoría; soy como un actor que puede disfrazarse y representar el papel que se requiere en cualquier situación.

14 ( ) ¡Soy práctico y muy hábil para hacer muchas cosas a la vez: hablar por celular, escribir un correo electrónico y escuchar la noticia por la radio!

15 ( ) Lo que aparento: "Mi mundo es perfecto", no es lo que hay dentro. En el fondo me siento inseguro, estoy hambriento de admiración y reconocimiento.

(H)
••••

1 ( ) Me gusta ser visto como una persona cálida, afectuosa, muy humana, incluso servicial.

2 ( ) Soy muy sensible y de lágrima fácil; me gusta besar, acariciar, abrazar, acurrucarme con el otro.

3 ( ) Soy adicto a las personas; necesito contactarme con ellas para sentirme vivo.

4 ( ) Más que ayudar o tener detalles con la gente que me interesa, me gusta compartir mi tiempo, mostrarles mi interés y mi cariño.

5 ( ) Para mí, el amor, las muestras de cariño, la intimidad y una buena relación de amistad son determinantes en la vida.

6 ( ) Considero muy importante sentirme aprobado, gustar, agradar y caer bien a los demás.

7 ( ) A veces, cuando me entrego tanto a los demás, termino agotado, me descuido, y esto me provoca una sensación de soledad.

8 ( ) Soy extremadamente hábil para leer y complacer las necesidades de los demás, mientras que las mías me cuesta trabajo reconocerlas.

9 ( ) Enojado, puedo transformarme ¡y convertirme en una fiera irreconocible!

10 ( ) La verdad, me siento más seguro y confortable dando que recibiendo.

11 ( ) Me encanta ser el centro de mi familia y de mis amigos, más aún si me buscan para que les ayude o les aconseje.

12 ( ) Me gusta sentirme querido y necesitado, por eso me cuesta trabajo decir "NO", puedo llegar a prometer más de lo que realmente puedo cumplir.

13 ( ) A veces siento algo de resentimiento cuando los demás no muestran su agradecimiento por lo que hago por ellos.

14 ( ) Sinceramente, no me importa sacrificarme por los demás, con tal de complacerlos y hacerlos felices.

15 ( ) Ver violencia o gente que sufre en el cine o la televisión es insoportable para mí.

(!)

1 ( ) Soy serio, ordenado, organizado, metódico, detallista y preciso.

2 ( ) Me cuesta trabajo soltar el cuerpo, ¡ser espontáneo!

3 ( ) Soy muy moderado para vivir, para comprar; no me gusta desperdiciar, compro exactamente lo que necesito, mi conciencia me dice: "¡Ahorra!"

4 ( ) Me frustro y me enojo cuando las cosas no salen perfectas ¡como a mí me gustarían!

5 ( ) Mi conciencia me lleva a actuar rectamente, aun en contra de mis intereses.

6 ( ) Soy muy rígido, exigente conmigo mismo, me critico, me regaño ¡y a veces hasta me castigo!: "Mañana vas a correr media hora más."

7 ( ) La honestidad, la justicia y la integridad son valores importantísimos para mí.

8 ( ) Soy experto en ver el error, la mancha, la falta de ortografía, lo que está fuera de su lugar.

9 ( ) ¡No puedo dejar las cosas a medias, trato de hacer lo correcto en todo lo que hago!

10 ( ) Tengo una voz interior o un juez que me critica y juzga todo lo que hago.

11 ( ) Desde niño soy un adulto chiquito, obediente, responsable y trabajador.

12 ( ) Muchas veces, cuando descanso o estoy de vacaciones, me siento culpable de no estar haciendo algo provechoso.

13 ( ) Tengo muy claro lo que está bien y lo que está mal, y vivo de acuerdo con mis ideales y principios morales.

14 ( ) Muchas veces mi sentido del deber me lleva a sacrificar mis momentos de descanso.

15 ( ) Soy idealista, en mi mente siempre estoy pensando cómo mejorar las cosas, cómo tener un mundo mejor.

¿Ahora qué hago?

Cuenta y registra el número de puntos que tuviste en cada letra. Compara cada letra con los nueve tipos de personalidades. Las dos más altas probablemente indiquen tu tipo de personalidad.

A	B	C	D	E	F	G	H	I
9	8	7	6	5	4	3	2	1

A = 9 Mediador   F = 4 Creativo o Romántico
B = 8 Protector   G = 3 Ejecutor
C = 7 Optimista   H = 2 Servicial
D = 6 Cuestionador   I = 1 Perfeccionista
E = 5 Observador

Recuerda que un test es sólo un indicador, nunca sustituirá el trabajo de auto observación que todos debemos hacer si queremos conocer realmente quiénes somos y cuáles son las conductas mecánicas y repetitivas que nos gobiernan y nos impiden crecer y ser mejores seres humanos.

No te quedes sólo con el resultado del test. Te invito a observarte diariamente y a viajar en tu interior para que descubras poco a poco que detrás de la máscara o tu tipo de personalidad, hay mucho más: está nuestra esencia, esa parte pura y espiritual llena de amor que hay en todos nosotros.

También ayuda en el proceso de auto conocimiento, pedirle a alguien que realmente te conozca y a quien le tengas mucha confianza, su opinión sincera acerca de ti.
www.eleneagrama.com Andrea Vargas D. R.

Bibliografía

Bartlett, Carolyn, *The Enneagram Field Guide. Notes on using the Enneagram in Counseling, Therapy and Personal Growth*, Enneagram Consortium, E.U.A., 2003.

Brady, Loretta, *Finding Yourself on the Enneagram*, Thomas Moore, E.U.A., 1997

Chernick, Fauvre Catherine, *Enneastyle. The 9 Languages of Enneagram Type*, E.U.A., 1995.

Condon, Thomas, *Enneagram Movie & Video Guide*, Metamorphous Press, Portland, Oregon, 1999.

Daniels, David, M. D. y Virginia Price, Ph. D., *The Essential Enneagram*, Harper Collins Publishers, E.U.A., 2000.

Freud, Anna, *El yo y los mecanismos de defensa*, Editorial Paidós, Psicología Profunda, México, reimpresión 2003.

Frings Keyes, Margaret, *Emotions and the enneagram. Working Through Your Shadow Life Script*, Molysdatur Publications, E.U.A., 1990.

Lapid Bogda, Ginger, Ph. D., *Bringing Out the Best in Yourself at Work. How to Use the Enneagram System for Success*, Mc Graw Hill, E.U.A., 2004.

Melendo, Maite, *En tu centro: el Eneagrama*, Editorial Sal Térrea, España, 1997.

——————————, *Vivencias desde el Eneagrama*, Editorial Desclée De Brouwer, España, 1999.

Naranjo, Claudio, M. D., *Carácter y neurosis. Una visión integradora*, Ediciones La Llave, España,1994.

——————————, *El Eneagrama de la sociedad. Males del mundo, males del alma*, Editorial La Llave, España, 2000.

—————————, M. D., *Ennea-Type Structure. Self Analysis for the Seeker,* Gateways Idhhb , Inc., E.U.A., 1990.

Olson, Robert, W., Ph. D., *Stepping Out Within. A Practical Guide to Personality Types, Relationships and Self Transformation,* Awakened Press, San Juan Capistrano, E.U.A., 1993.

Osorio Vigil, Sergio Gerardo, *El Eneagrama. Un camino hacia el autodescubrimiento. Un camino espiritual de nueva libertad,* Comunidad Pastoral de San José del Altillo, México D.F.

Palmer, Helen, *The Enneagram in Love and Work,* Harper Collins Publishers, Nueva York, 1995.

—————————, *The Enneagram. Understanding Yourself and the Others in Your Life,* Harper Collins Publisher, Nueva York, 1988.

Palmer, Helen y Paul B. Brown, *The enneagram Advantage. Putting the 9 Personality Types to Work in the Office,* Harmony Books, E.U.A., 1998.

Pangrazzi, Arnaldo, *El Eneagrama. Un viaje hacia la libertad,* Editorial Sal Térrea, España, 1997.

Riso, Don Richard y Russ Hudson, *La sabiduría del Eneagrama,* Editorial Urano, Barcelona, 2000.

—————————, *Personality Types. Using the Enneagram for Self Discovery,* Houghton Mifflin Company, E.U.A., 1987, 1996.

—————————, *Understanding the Enneagram,* Houghton Mifflin Company, E.U.A., 2000.

Sheppard, Lynette, *The Everyday Enneagram,* Nine Points Press E.U.A., 2000.

Tomasino, Justin E., Ph. D., y W. Inga Tomasino, *What´s the Point? The Enneagram of Life,* E.U.A., 2002.

Vollmar, Klausbernd, *El secreto del Eneagrama.* Editorial Edaf, España, 1998.

Wagele, Elizabeth, *The Enneagram of Parenting. The 9 Types of Children and How to Raise Them Successfully,* Harpers San Francisco, E.U.A., 1997.

Wagele, Elizabeth y Renee Baron, *The Enneagram Made Easy. Discover the 9 Types of People,* Harpers San Francisco, E.U.A., 1994.

Wagner, Jerome, Ph. D., *The Enneagram Spectrum of Personality Styles. An Introductory Guide,* Metamorphous Press, E.U.A., 1996.

Webb, Karen, *The Enneagram,* Harper Collins Publishers, Hong Kong, 2001

Datos de contacto

Existen muchos aspectos del Eneagrama que no se pueden transmitir fácilmente por escrito, es por eso que durante décadas este conocimiento se ha transmitido de forma oral a través de grupos pequeños que se comparten experiencias muy enriquecedoras.

Para mayor información sobre el Diplomado en Eneagrama, Conferencias, Consultoría, cursos para empresas privadas o talleres vivenciales impartidos por Andrea Vargas consulta:
www.eleneagrama.com
Comentarios e informes: andreavarg@hotmail.com
Tel: (55) 5403 4932
Facebook: /EneagramaConocete
Twitter: @conecetemvs
Ilustraciones: adriana_arbide@yahoo.com.mx

Eneagrama, de Andrea Vargas
se terminó de imprimir en agosto de 2015
en los talleres de Litográfica Ingramex, S.A. de C.V.
Centeno 162-1, Col. Granjas Esmeralda,
C.P. 09810 México, D.F.